Peter Bamm, 1897 geboren, war Sachse. Als Schiffsarzt und als Kassenarzt, als Chirurg und als studierter Sinologe hat er die Welt und die Menschen kennengelernt. Mit 26 Jahren begann er, für die *Deutsche Allgemeine Zeitung* nachdenkliche und heitere Feuilletons zu schreiben, die er während der Nazizeit, obwohl ein unbequemer Autor, in zwei Bänden veröffentlichte (heute: »Die kleine Weltlaterne« und »Anarchie mit Liebe«). Nach dem Zweiten Weltkrieg, den er als Militärarzt durchlebte, wurde Peter Bamm zu einem der meistgelesenen deutschen Autoren. Sein Bericht über den Rußlandfeldzug, »Die unsichtbare Flagge«, wurde ein außergewöhnlicher Erfolg. Es folgten viele erfolgreiche Bücher wie »Frühe Stätten der Christenheit«, »Welten des Glaubens« und »Alexander oder Die Verwandlung der Welt«. 1972 veröffentlichte er seine Autobiographie »Eines Menschen Zeit«. Seit 1956 war er Mitglied der Deutschen Akademie für Sprache und Dichtung und seit 1957 des PEN-Zentrums der Bundesrepublik Deutschland. 1972 erhielt er das Große Bundesverdienstkreuz. Peter Bamm starb 1975 in der Schweiz.

Von Peter Bamm sind außerdem
als Knaur-Taschenbücher erschienen:

»Anarchie mit Liebe« (Band 88)
»Die kleine Weltlaterne« (Band 105)
»Ex ovo« (Band 166)
»Eines Menschen Zeit« (Band 417)
»Am Rande der Schöpfung« (Band 424)
»Ein Leben lang« (Band 596)
»Eines Menschen Einfälle« (Band 645)
»Die unsichtbare Flagge« (Band 3016)
»Frühe Stätten der Christenheit« (Band 3042)
»An den Küsten des Lichts« (Band 3195)
»Alexander oder Die Verwandlung der Welt« (Band 3223)

und als Taschenbuch-Kassette mit 5 Bänden:

»Sämtliche Werke« (Band 451)

Vollständige Taschenbuchausgabe

Umschlaggestaltung Herbert Carl Traue
Gesamtherstellung Ebner Ulm
Printed in Germany · 9 · 5 · 382
ISBN 3-426-03265-1

Gesamtauflage dieser Ausgabe: 88 000

Peter Bamm:
Alexander der Große

Ein königliches Leben

250 Abbildungen

Knaur

Inhalt

Bronzestatuette. Alexander im Kampf, den Boukephalos reitend

Macht als Schicksal ist ein Geschenk der Götter aus der Büchse der Pandora. Die Macht zu erben war seit jeher ein Vorzug. Zwar schützt auch Legitimität nicht vor der Notwendigkeit, die Gewalttätigkeiten zu begehen, welche der Besitz der Macht erfordert; aber der Erbe kann doch wenigstens die Verbrechen vermeiden, welche den Erwerb der Macht begleiten. Alle alten Kulturen haben der Legitimität ein Charisma zuerkannt. Legitime Macht, selbst wenn sie nur eine Generation alt war, galt als gerechte Macht. Erst in der Französischen Revolution verblaßte dieser Glanz. Buonapartes Verbeugung vor der Apostolischen Majestät des Erzhauses Habsburg ist nur noch der Zynismus eines modernen Usurpators.

Die Macht, die Alexander bei seiner Thronbesteigung von seinem Vater Philipp erbte, war legitim; die, welche er durch seine Kriegszüge erwarb, war es nicht. Der Makedone verwandte viel gelassene Toleranz und viel zurückhaltende Klugheit darauf, seiner Herrschaft über Persien in der Nachfolge der Achaimeniden den Charakter der Legitimität zu geben. Nachdem die Eroberung des Persischen Reichs abgeschlossen war, heiratete König Alexander Prinzessin Stateira, älteste Tochter des letzten Perserkönigs Dareios III. Ein Sohn aus dieser Ehe hätte die Legitimität für das ganze Weltreich in seiner Wiege vorgefunden. Die Ehe blieb kinderlos. Rhoxane, die erste Frau Alexanders, Tochter des Königs Oxyartes, eines Fürsten im Karakorum, ließ die unglückliche Stateira, als sie beide Witwen geworden waren, ermorden. Rhoxanes Motiv für diesen Mord war der Wunsch, ihr Sohn, den sie kurz nach Alexanders Tod gebar, möge als einziger Erbe der Legitimität übrigbleiben. Als Kassandros, Jahre später, Rhoxane zusammen mit diesem ihrem Sohn Alexandros umbringen ließ, war das Motiv des Mordes gerade die Vernichtung der Legitimität. Mit Alexandros erlosch das königliche Haus der Argeaden, dem Alexander der Große entstammte.

Macht soll handeln und nicht reden, sagt Goethe in den »Maximen und Reflexionen«. Von den Männern, die Weltgeschichte machen, erfahren wir wenig über ihre Motive. Auf eines freilich verzichten sie nicht! Auch die Mächtigen der Erde haben seit jeher das Bedürfnis gehabt, ihre Maßnahmen moralisch zu begründen. Nicht nur der Besitz der Macht mußte gerecht sein; auch das Handeln mußte mit dem Willen der Götter übereinstimmen. Seit Sokrates wird das als sittliche Forderung empfunden. Der Briefwechsel, den König Alexander und König Dareios nach der Schlacht von Issos über die Beendigung der Feindseligkeiten führten, demonstriert in eindrucksvoller Weise, wie ernst diese Forderung genommen wurde.

Es gibt politisches Handeln, das sein Recht in sich trägt. Es gibt aber auch politisches Handeln, das bei höchster Nützlichkeit höchstes Unrecht ist. Das höchste Unrecht bedarf der moralischen Tarnung am dringendsten. Wahrheit und Heuchelei erkennen in gleicher Weise an, daß das oberste Prinzip alles Handelns das Recht zu sein habe. Behaglich hätte Sokrates seine Knollennase gerieben, wäre es ihm vergönnt gewesen zu erleben, wie das Gewissen in der Weltgeschichte zu schlagen begann.

Daß mit wachsender Macht und abnehmender Rechtmäßigkeit des Handelns auch die Überzeugungskraft der moralischen Begründungen abnimmt, hätte Sokrates wenig erstaunt. Er kannte die Welt! An die Stelle moralischer Begründungen treten die Argumente, welche die Nützlichkeit des Unrechts beweisen sollen, treten die »staatspolitischen Notwendigkeiten«. Seit Sokrates haben die Intellektuellen aller Zeiten die Namen, welche die Macht ihren Verbrechen gibt, als Lügen entlarvt. Darum sind sie bei den Mächtigen seit eh und je ebenso gefürchtet wie verhaßt.

In der Nachfolge des Sokrates haben die Biographen Alexanders des Großen mit Eifer die Argumente zusammengetragen, die beweisen sollen, daß des Königs Handeln – je nachdem – höchstes Recht oder höchstes Unrecht war. Niemand wäre mehr erstaunt und mehr belustigt gewesen als Alexander, hätte er erfahren, aus welchen Gründen er dieses und aus welchen er jenes getan habe. Aber diese Art und Weise, große Männer zu betrachten, ist, im feinsten Sinne, humanistisch. Die Mächtigen zu ihren Lebzeiten für ihre Taten zur Rechenschaft zu ziehen ist niemals jemand mächtig genug. Dafür ist die Nachwelt in ihrem Urteil um so strenger. Vor den Särgen der Könige sagt sich die Wahrheit leichter als vor ihren Thronen.

Macht verführt zum Handeln. Man kann sich nicht vorstellen, daß Alexander, nachdem er den kräftigen, gesunden, von seinem Vater aufgebauten Staat mit der besten Armee der damaligen Welt übernommen hatte, seine Macht nicht zur Anwendung gebracht, nicht gehandelt hätte! Natürlich, er hätte auf die Macht verzichten können. Aber das tun nur weise alte Männer wie Diocletian oder Karl v., die der Macht müde sind. Alexander war zu jung, von ihren Möglichkeiten nicht fasziniert zu sein. Sie wurde die Herrin seines Lebens! Doch stand es Alexandern keineswegs frei zu tun, was ihm beliebte. Auch seine Macht war nur eines der Elemente der politischen Welt seiner Zeit. Innerhalb dieses Koordinatensystems von Wirkungen und Gegenwirkungen gab es sogar für ihn – wenn er Erfolg haben wollte – nur eine beschränkte Zahl von Möglichkeiten.

Wie sah für Alexander bei seinem Regierungsantritt die politische und militärische Lage aus? Seine Jugend fiel in eine entschieden revolutionäre Epoche. Es ist das 4. Jahrhundert vor Christi Geburt, in dem in Hellas der Glaube an die Macht der Olympischen Götter zu erlöschen beginnt. Die Götter blieben im Bewußtsein der Menschen lebendig. Aber hinter der alten mythischen Welt Homers tauchten neue metaphysische Horizonte auf. Der Hellenismus hatte schon vor Alexander in Sokrates, Platon und Aristoteles seine Vorläufer. Sie leiteten jene Epoche ein, in der die griechische Philosophie im Westen und im Osten ihre Herrschaft errichtete, während der Osten sich damit bedankte, daß er neue Religionen in den Westen entsandte.
Zur Zeit Alexanders gab es im Bereich des Mittelmeers vier große griechische Gruppen, die zwar politisch voneinander unabhängig, in den Dingen der Kultur dagegen eng miteinander verbunden waren. Schiffahrt und Handel sorgten für den Austausch sowohl der materiellen wie der geistigen Güter. Olympia auf der Peloponnes war der Platz, an dem seit vielen Jahrhunderten alle vier Jahre die Griechen aus aller Welt sich zu musischen und gymnischen Spielen, zum »Agon«, trafen.
Die erste und wichtigste Gruppe waren die Griechen des Festlandes. Die Zeit ihrer politischen Größe war vorüber. Die ruhmvollen Schlachten, in denen sie den Angriff des Persischen Weltreichs auf ihre Unabhängigkeit tapfer und siegreich abgeschlagen hatten, lagen über hundert Jahre zurück. Sie waren nur noch melancholische Erinnerungen. Seit der Schlacht von Chaironeia im Jahre 338 vor Christi Geburt war Hellas ein Protektorat Makedoniens. Gewiß war die Herrschaft, die König Philipp II. nach seinem Sieg errichtete, von äußerster Milde. Er faßte die Städte des griechischen Festlands zu einer Liga zusammen, dem Korinthischen Bund, und begnügte sich innerhalb dieser staatsrechtlichen Konstruktion mit der Position eines »Bundesfeldherrn«. Aber an allen wichtigen strategischen Punkten in Hellas lagen, in wohlgeschützten Burgen, makedonische Garnisonen.
Die zweite Gruppe waren die Griechen an der Westküste Anatoliens. Die Ionischen Städte standen unter der Herrschaft der Perser. Das persische Regime war nicht weniger milde als das Philipps II. und sogar noch ein wenig klüger. Während die Makedonen über Hellas durch makedonische Garnisonen herrschten, übten die Perser ihre Souveränität über die ionischen Griechen durch ionische Griechen aus. Überall unterstützten sie die Partei der Oligarchen, deren Interessen mit den persischen übereinstimmten. Die Städte hatten

Frieden. Auf sicheren Straßen reichte der Handel bis tief nach Asien hinein. Von den Steuern überließen die Perser den Oligarchen einen fairen Anteil. Irgendwo im Hintergrund gab es einen Satrapen, der dem Großkönig in Susa für die Ionischen Städte verantwortlich war. Aber von dem sah und hörte man wenig.
Die dritte große Gruppe griechischer politischer Macht waren die Kolonien an den Küsten des Marmarameers und des Schwarzen Meers. Sie standen in vielfach variierenden Vertragsbeziehungen zu den Fürsten ihres jeweiligen Hinterlandes. Die Städte waren praktisch unabhängig, und nur insofern hatte Makedonien einigen Einfluß, als es eine gewisse Kontrolle über die Dardanellen ausübte. Es konnte den Schiffahrtsweg vom Mittelmeer ins Schwarze Meer blockieren! Doch war die makedonische Flotte zu schwach, als daß diese Kontrolle ein wirksames politisches Instrument gewesen wäre. Zur See waren sowohl Persien wie Athen den Makedonen überlegen.
Die vierte Gruppe bildeten die griechischen Kolonien im westlichen Mittelmeer, ebenfalls alles Hafenstädte. Im wesentlichen handelte es sich um die Städte auf Sizilien und in Unteritalien – in Magna Graecia.
Ein weiteres Element, das Alexander bei der Betrachtung seiner Möglichkeiten berücksichtigen mußte, war die Militärmacht Sparta, welche dem Korinthischen Bund nicht beigetreten war, dafür aber freundschaftliche diplomatische Beziehungen zu Persien unterhielt.
Der für Alexander wichtigste politische Faktor im östlichen Mittelmeer war Persien, das Weltreich der Achaimeniden. Zwischen den Persern und den Griechen bestand seit Jahrhunderten Feindschaft. Und auch wenn über lange Zeiten hin keine Kämpfe stattfanden, sie erlosch nicht. Selbst im tiefsten Frieden verzichteten die Perser nicht darauf, durch Gold und Intriguen die innergriechischen Auseinandersetzungen immer wieder zu Bürgerkriegen zu entfachen.
Welche Möglichkeiten besaß Alexander angesichts dieser Machtkonstellation? Sie waren merkwürdig gering. Was für Pläne auch immer er fassen mochte, überall stieß er auf denselben Feind.
Es war Persien, das das makedonische Protektorat über Hellas von innen her auszuhöhlen versuchte, indem es alle Freunde der griechischen Freiheit, die alle zugleich Feinde Makedoniens waren, unterstützte.
Es war Persien, das mit seiner Flotte die Aegaeis beherrschte und jederzeit die wenigen Häfen Makedoniens blockieren konnte.
Es war Persien, das mit Sparta verbündet war. Mit der Unterstützung der militärischen Macht Spartas konnte Hellas leicht sogar

zum offenen Aufstand gegen Makedonien verführt werden, was später, als Alexander schon tief in Asien stand, auch geschah.
Es war Persien, dessen gewaltiges Kriegspotential für Makedonien eine ewige Bedrohung bedeutete. Anatolien, das die Perser beherrschten, war die beste operative Basis, die es für einen Angriff auf Makedonien geben konnte. Eine Defensivstellung auszubauen und innerhalb ihrer seine Macht weiter zu verstärken, hätte für Alexander wenig Sinn gehabt. Niemals wäre für Makedonien eine günstigere Verteilung der Kräfte zu erwarten gewesen, und so hätte es für das Land niemals Sicherheit gegeben. Das Achaimenidische Reich hatte sich nach einer langen Periode durch innere Kämpfe bedingter äußerer Schwäche erholt. Das schon verloren gewesene Aegypten hatten die Perser zurückerobert. Satrapenaufstände, welche die Monarchie bedroht hatten, waren niedergeschlagen worden. Unter Dareios III. hatte Persiens Macht vieles von dem Glanz ihres Anfangs zurückgewonnen.
Alexander, der Heerfürst eines kleinen Volkes von Bauern und Hirten, beschloß, das Achaimenidische Reich, das erste Weltreich der Geschichte, anzugreifen. Dieser Entschluß hat Alexandern immer wieder den Vorwurf jugendlicher Leichtfertigkeit eingetragen. Tatsächlich war er das Ergebnis sorgfältiger politischer und militärischer Überlegungen, wie schon Philipp II., der schließlich ein eiskalter Realpolitiker war, sie angestellt hatte. Kühn freilich darf man des Jünglings Entschluß zu handeln schon nennen. Und Kühnheit geht über Kalkül immer hinaus. Niemals in der Geschichte war Macht so sehr Schicksal nicht nur eines einzelnen, nicht nur eines Volkes, sondern Schicksal der ganzen Welt.
Man hätte erwarten können, daß Alexander für seinen Angriff auf das Achaimenidische Reich den Beifall der Hellenen gehabt hätte. Das war nicht der Fall. Zwar versuchte Alexander, seinem Kriegszug gegen Persien einen panhellenischen Charakter zu geben. Aber das war ein aussichtsloses Unternehmen. Für die Festlandshellenen, insbesondere für die Athener, hatte es keinen Sinn, daß Alexander sie von ihrem Feind Persien befreite, solange er selbst der Feind ihrer Freiheit war. Als Patrioten mußten sie ihm eine Niederlage wünschen. Und das taten sie auch!
Die griechischen Mitarbeiter Alexanders stammten überwiegend aus Anatolien und von den Inseln. Sie empfanden, da auch ihnen für panhellenischen Patriotismus jedes Verständnis abging, die makedonische Herrschaft über das Festland nicht als Belastung. Auch waren die Griechen der Aegaeis und Ioniens durch ihre jahrhundertelangen engen Kontakte mit den alten Kulturen des Vor-

deren und Mittleren Orient für das, was die heraufkommende neue Zeit forderte, geistig besser gerüstet.
Ein Leben lang hat Alexander Athen als den Mittelpunkt der griechischen Kultur bewundert. Die Athener antworteten mit Haß, Schmähungen und Spott. Und der Spott der Agora war von brillanter Bösartigkeit! Später hat Alexander an seinen bewunderten Athenern eine eigentümliche Rache genommen. Er zwang sie, auf eines ihrer liebsten Laster zu verzichten, auf ihre Streitsucht, die doch das tägliche Brot ihres politischen Lebens war. Er zwang sie, die in den wilden innerpolitischen Kämpfen der letzten Jahre Verbannten wieder in die Stadt aufzunehmen. Da Verbannung gewöhnlich mit Beschlagnahme und Übergang des Besitzes an andere verbunden war, mußte diese Anordnung zu unendlichen Schwierigkeiten und Verwirrungen führen. Als Bundesfeldherr des Korinthischen Bundes hätte Alexander nicht das Recht zu einem solchen Erlaß gehabt. Da er aber nun schon als Pharao von Aegypten göttliche Ehren genoß, forderte er, auch in Hellas als Gott verehrt zu werden, und als solcher erließ er das Edikt der Amnestie. Im Persischen Reich hat Alexander niemals göttliche Verehrung gefordert. So kann man ausschließen, daß seine Forderung an Hellas auf Anerkennung als Gott irgend etwas mit Größenwahn zu tun gehabt hätte. Auch diese Forderung war eine politische Maßnahme. Ohnehin kam den griechischen Göttern keine Transzendenz zu. Schon zweihundert Jahre vor Alexander, also noch tief in der archaischen Zeit, hatte Hekataios von Milet die Götter unsterbliche Menschen, die Menschen sterbliche Götter genannt. Ahuramazda hingegen, dem Gott der Perser, kam immerhin jenes Maß von Transzendenz zu, welches die monotheistischen Religionen des Orient für ihre einzige Gottheit jeweils beanspruchen durften. Daß der König diese Nuance beachtete, zeigt, wie aufmerksam der Knabe Alexander dem Metaphysiker Aristoteles gelauscht hatte.
Die Feindseligkeit der Festlandshellenen wurde ergänzt durch die Gleichgültigkeit der Griechen am Schwarzen Meer und in Magna Graecia. Den Griechen des Schwarzen Meers lag nur daran, daß ihr Handel nicht gestört werde. Die Griechen in Italien und Sizilien hatten für panhellenisches Denken ebenfalls kein Verständnis. Weder mit der einen noch mit der anderen Gruppe hat Alexander engere Verbindung gehabt.
Alexanders Schwager, König Alexandros von Epeiros, hatte sich, während der makedonische König gegen den Osten Krieg führte, dem Westen zugewandt. Er unternahm den Versuch, Magna Graecia zu einer griechischen Großmacht im westlichen Mittelmeer zu-

sammenzufassen. Aber die italischen Griechenstädte waren ebensowenig wie die Griechen in Hellas imstande, auf ihre eifersüchtigen Machtkämpfe untereinander zugunsten einer politisch umfassenderen Idee zu verzichten. Alexandros wurde ermordet, und wenig später scheiterte auch König Pyrrhos von Epeiros. Die Römer traten auf den Plan.

Allein die Griechen Anatoliens, denen Alexander die Befreiung von der Herrschaft der Perser gebracht hatte, zeigten sich erkenntlich. Dafür machte der König sie zu seinen Bundesgenossen. Immer war das politische Kalkül bei ihm stärker als das Bedürfnis, errungene Macht geltend zu machen. So spielte in Ionien von Anfang an auch der Kult seiner Verehrung eine große Rolle. Wie eine Belohnung dafür, daß die Ionier sich für Alexanders Pläne und Taten begeisterten, war es, daß sie an der glänzenden Zukunft, der Alexander die griechische Kultur entgegenführte, den hervorragendsten Anteil haben sollten. Und jenes Athen, das von Alexander nichts hatte wissen wollen, mußte schon kurz nach des Königs Tod die Rolle, die es als Mittelpunkt der griechischen Kultur so lange und so glänzend gespielt hatte, an das von Alexander in Aegypten gegründete Alexandreia abgeben. Alexandreia wurde die geistige Hauptstadt des Hellenismus.

Moderner Geschichtsschreibung widerstrebt Heldenverehrung. So ist es verständlich, wenn Historiker sich nur schwer damit abfinden können, daß ein einzelner Mann Wirkungen so saecularen, so interkontinentalen Ausmaßes zustande gebracht habe. Es gibt nur einen einzigen Mann, dessen Taten in ihrer Größenordnung mit denen Alexanders verglichen werden können. Das ist Caesar. Mit der Eroberung Galliens schloß er den Aufbau des Imperium Romanum ab. Mit der Übernahme Aegyptens setzt er geradezu Alexanders Werk fort. Der Hellenismus, der den griechischen mit dem orientalischen Geist verschmolzen hat, dringt nunmehr auch in den Westen der mediterranen Welt ein. Alexander und Caesar haben dem Christentum die Wege geebnet.

Weitere, größere Pläne bewegten Julius Caesars mächtigen Geist. Er wollte, worüber Plutarch uns informiert, in einem großen Kriegszug am Westufer des Kaspischen Meeres entlang nach Norden ziehend die Barbaren des europäischen Ostens im Rücken fassen, um sie, wie die Gallier des Westens, dem Römischen Reich einzuverleiben. Man kann die Genialität dieses Plans nicht genug bewundern. Eben diese Welt, die Caesar zu unterwerfen schon entschlossen war, ist es, in der sich die Kräfte entwickelten, die zum Untergang des Römischen Reiches führten. Caesar wurde ermordet.

Globus mit der Einzeichnung der Grenzen, die das Reich Alexanders des Großen bei seinem Tod hatte. Das Gebiet, das König Philipp II. seinem Sohn vererbte, ist schraffiert. Niemanden je wohl hätte diese Karte mehr in Erstaunen setzen können als Alexander den Großen selbst. Sollte er wirklich den Plan gehabt haben, die ganze Welt sich zu unterwerfen, vor diesem Globus hätte er diesen Plan aufgegeben

Hätte er seinen Plan ausführen können, er hätte Alexandern übertroffen.
Immer wieder wird auch Napoleon mit Alexander verglichen. Aber dazu besteht wenig Grund. Daß Napoleon eine Menge Schlachten gewonnen hat, besagt wenig, wenn man erwägt, daß es die Schlachten von Leipzig und Waterloo waren, die er verlor. Es ist nicht von Bedeutung, daß sein Angriff auf Rußland scheiterte. Der Erfolg wäre ebenso sinnlos gewesen. Alexander brachte dem Orient die griechische Kultur. Caesar zwang den Galliern die ungeheure Wohltat auf, sie der mediterranen Zivilisation einzuverleiben. Was hätte Napoleon, wäre er Sieger geblieben, in Krieg und Frieden den Russen bringen können?
Sonst gibt es in der ganzen Geschichte nur noch einen Mann, aus dessen Wirken, obgleich er kein Mann der Tat, sondern ein Mann des Wortes war, ein Machtgebilde entstand, das sich seinem Format und seiner geschichtlichen Bedeutung nach dem Alexanderreich vergleichen läßt. Das ist der Prophet Mohammed. Nur daß Alexander das Schwert zog und damit ein Weltreich des Geistes begründete, während der Islam als geistige Bewegung begann und mit dem Schwert ein Weltreich der Macht schuf. Aber nicht einmal die Araber, die im Osten bis zu den Grenzen des Alexanderreichs vordrangen, haben den Geist von Hellas vertreiben können.
Die Leistungen Alexanders aus dem mythischen Reich des Wunderbaren in die Nüchternheit des Erklärbaren herabzuholen, gibt es viele Versuche. Immer wieder hört man die Redensart vom »morschen Riesenreich der Perser«. Die beste Armee der damaligen Welt mit ihrer unbesiegbaren Phalanx unter einem der genialsten Feldherrn der Geschichte hat nahezu ein Dezennium gebraucht, das Morsche zum Einsturz zu bringen!
Weiterhin sagen viele Gelehrte, die Durchdringung des Alten Orient mit griechischem Geist sei ein geschichtlicher Vorgang gewesen, der lange vor Alexandern begonnen habe und der auch ohne ihn zu einer Hellenisierung des Ostens geführt hätte. In der Tat gab es, wie wir hauptsächlich aus Münzfunden wissen, den Trend nach Osten schon vor seiner Eroberung durch den Makedonen. Aber in den Beziehungen zwischen Okzident und Orient hat es, und zwar schon von vorgeschichtlichen Zeiten an, niemals Stillstand gegeben, sondern immer nur Bewegung. Wenn die Flut lange genug in der einen Richtung geströmt war, schlug sie um. Nachdem jahrhundertelang griechische Bildung, griechische Vasen und griechischer Wein nach dem Osten exportiert worden waren, fing der Osten an, Seide, die Idee des Mitleids, Elfenbein und Kamelwolle

nach dem Westen zu exportieren. Das ging so weit, daß schließlich ein syrischer Baalspriester den römischen Kaiserthron bestieg und der ganze Westen eine Religion annahm, die im Orient entstanden war. Wohl also lief das Schiff, das Alexanders Schicksal trug, mit vollen Segeln vor dem Wind. Aber niemals hätte das Spannungsgefälle zwischen Ost und West allein zu so umwälzenden Veränderungen führen können, wie sie das Eingreifen Alexanders in die Geschichte zur Folge hatte.

Das Heer, das Alexanders Siege erfocht, war nicht nur Mittel der Macht, sondern selbst auch Schauplatz der Geschichte. Wir wissen nicht, zu welchem Zeitpunkt bei Alexander die Idee auftauchte, die Nachfolge der Achaimeniden auf dem Thron Persiens anzutreten. Wir können nur feststellen, daß von Anfang des Feldzuges an keine seiner Maßnahmen im Widerspruch zu diesem Plan steht. Alexander war ein Träumer und ein Realist zugleich. Gerade die Mischung ist ein Element seines Erfolges. Eine Zukunft, welche einen politischen Sinn haben soll, kann nicht realisiert werden, wenn sie nicht vorher geträumt wurde. Zukunften, welche von selbst entstehen, enden in Anarchie. Träume erst schaffen die Voraussetzungen für geschichtliche Schöpfungen. Nun ist es einem Realisten von der Geisteskraft Alexanders wahrscheinlich nicht gegeben, Träumen nachzuhängen, deren Verwirklichung außerhalb jeder Möglichkeit liegt. Der Traum, die hellenische mit der iranischen Kultur zu verschmelzen, enthielt die Möglichkeit seiner Verwirklichung.

Nach Gaugamela beginnt der König, seinen Traum in die Tat umzusetzen. Er bringt, ohne viel zu ändern, die ausgezeichnete, durch den Krieg nur kurz in ihrer Tätigkeit unterbrochene achaimenidische Verwaltung wieder in Gang. Er läßt persische Kontingente ausbilden, die dazu bestimmt sind, der makedonischen Armee einverleibt zu werden. Später geht Alexander sogar darüber noch hinaus. In seinem Steppenkrieg mit den Nomaden Baktriens und Transoxaniens füllt er seine Kavallerie mit Asiaten auf. Mongolen und Türken haben in seinen Diensten gestanden! Im Indischen Feldzug trat als neue Waffe die Elefantentruppe zur Armee. Mochten die Makedonen noch so stolz sein, mochten sie sich noch so sehr als Elite fühlen – gemeinsame Strapazen, gemeinsame Kämpfe, gemeinsame Siege verwandelten allmählich das Völkergemisch des Heeres in eine Gemeinschaft, die ein Modell für die Städte war, die Alexander überall entstehen ließ. Zu den integrierenden Bestandteilen des Heeres, die für die Entwicklung des Hellenismus von Bedeutung waren, gehörte der Troß, der das Heer begleitete – Marketender, bei denen der Soldat den Wein kaufte, Händler, die

die Beute zu Geld machten, Makler, welche auf künftige Beute Kredit gaben, Quacksalber, welche dem Soldaten erlaubten, sich vor seinem Truppenarzt zu drücken, Lazarette, in denen Marschkranke und Verwundete mitgeführt und gepflegt wurden, Musiker und Gaukler, welche für Tanz und Unterhaltung sorgten, die persönliche Dienerschaft der großen Herren, die in den Zeiten, in denen es keine Kämpfe gab, in orientalischem Luxus lebten. Dem Heere folgten Baumeister und Handwerker, welche sich in Alexanders neuen Städten niederlassen wollten in der Hoffnung, dort schneller reich zu werden, als das im übervölkerten Hellas möglich war. Und dazu endlich kamen die Mädchen.

Wir besitzen über diesen pittoresken Troß keinerlei Nachrichten. Wir können nur Schlüsse aus überlieferten Quellen ziehen. Weinhändler bedürfen keiner Quelle. Sie brauchen ein Faß. Händler, die Beute kauften, sind allen Armeen der Welt gefolgt, solange Plündern zu den Rechten des Siegers gehörte. Die Makler müssen Bankiers genannt werden, erwägt man die Höhe der Beträge, die sie der Armee geliehen hatten. Als Alexander in Susa diese Schulden bezahlen wollte, stellte sich heraus, daß die Veteranen es bei den Maklern auf das imponierende Debet von achtzig Millionen Mark gebracht hatten. Daß Mädchen in großer Zahl ein fester Bestandteil des Trosses waren, darf man daraus schließen, daß, als Alexander bei der großen Hochzeit in Susa zehntausend seiner Veteranen mit Perserinnen verheiraten wollte, er sie nicht zu suchen brauchte. Die zehntausend Mädchen standen hinter der Phalanx der Helden bereit.

Alexanders Hofstaat vereinigte das militärische Hauptquartier mit dem zivilen Verwaltungsapparat des Reiches. Dieser Hofstaat war kein isoliertes Gebilde. Er war Teil einer soziologischen Struktur. Die Basis der Struktur waren das Heer und der Troß. Der Hofstaat bildete den gesellschaftlichen Überbau. Die wandernde Residenz, von der aus Alexander sein wachsendes Reich regierte, ist die Zelle, von der aus der Hellenismus seinen Ausgang nahm. Erstaunlich ist die Schnelligkeit, mit der er sich ausbreitete. Schon fünfzig Jahre nach Alexanders Tod wurde an der Universität von Alexandreia das Alte Testament ins Griechische übersetzt. Diese Übersetzung ist die Septuaginta. »Das glühende Erz der Sprache der Propheten«, wie Hadas sagt, drang in das hellenistische Geistesleben ein. Der Hellenismus ergriff schließlich die ganze mediterrane Welt. Wenn Römer mit Karthagern verhandelten, sprachen beide griechisch. Es war ein Grieche, Gesandter des Königs Attalos II. von Pergamon, der sich in Rom ein Bein brach und die Langeweile der Rekonvaleszenz dazu benutzte, die erste Grammatik der lateinischen Sprache zu verfassen. Auch am Rubikon hat Caesar keineswegs »Alea jacta est!« gesagt. Der Würfel fiel griechisch. Er sagte: »'Ἀνερρίφθω κύβος – Anerriphtho kybos!« Seiner gründlichen griechischen Bildung hat Caesar es zu verdanken, daß er die Vorurteile der senatorischen Oligarchie Roms zu überwinden vermochte. Bis tief in die Kaiserzeit hinein sprachen gebildete Römer griechisch. In den christlichen Kirchen Roms wurde noch im zweiten Jahrhundert griechisch gepredigt. Marc Aurel war ein Weltbürger, weil er ein griechischer Philosoph war. Und wenn heute ein humanistischer Untertertianer über die grammatikalischen Schwierigkeiten des Aorist seufzt, ist es ein hellenistischer Seufzer.

Niemals in der ganzen Geschichte des Abendlandes hat es einen Hofstaat gegeben, der glänzender gewesen wäre als der Alexanders des Großen. Die Fülle bedeutender Persönlichkeiten ist es, die dem ephemeren Gebilde sein Gewicht und seine Bedeutung gaben. Während Athens alter Ruhm als Mittelpunkt des hellenistischen Geisteslebens zu verblassen begann und der neue Ruhm Alexandreias in Aegypten erst in seiner Morgenröte stand, war der Hof Alexanders Mittelpunkt der griechischen Kultur. An keiner anderen Sache so deutlich wie an dieser kann man ermessen, wes Ranges dieser junge König der Makedonen, wie umfassend seine Persönlichkeit, wie mächtig seine Wirkung auf Menschen war.

Der Kern des königlichen Hofstaates war natürlich das militärische Hauptquartier. Es wird immer erstaunlich bleiben, wie groß die Zahl talentvoller Generale war, die in des Königs Diensten standen. Wir stoßen hier auf das Problem der Generationen. Pinder hat vor vierzig Jahren in der Kunstgeschichte aufgezeigt, daß Begabungen in bestimmten, zeitlich eng begrenzten Epochen in einer unerklärlichen Häufung auftreten. Das gilt nicht nur für Begabungen in der Kunst. Das gilt für alle Talente. In Makedonien hat es im Abstand von nur einer Generation zweimal eine Häufung militärischer Begabungen gegeben. Das ist um so erstaunlicher, als sie alle einer einzigen Kaste, dem makedonischen Schwertadel, entstammten. Philipp II. schon verfügte über eine große Zahl hervorragender militärischer Mitarbeiter. Noch seinem Sohn haben sie vortreffliche Dienste geleistet – Parmenion als Generalstabschef, Antipatros als Statthalter in Makedonien, Kleitos als Führer der Hetairenreiterei. Die jüngere Generalität, mit welcher der König seinen Feldzug führte, war so zahlreich, daß die Aufzählung ihrer Verdienste beinah schon eine Geschichte des Alexanderzuges ergäbe.

Alexanders Leistung wäre gar nicht zu verstehen, wenn ihm nicht eine so große Zahl von tüchtigen, begabten und begeisterten Mitarbeiter ersten Ranges zur Verfügung gestanden hätte. Alexander besaß die Souveränität, Verantwortungen unbekümmert zu delegieren. So bekamen diese talentvollen Männer immer wieder Aufgaben anvertraut, an welchen sie ihr Können beweisen konnten. Die schwierigste Aufgabe, die Alexander je einem seiner Mitarbeiter übertrug, war der Befehl, mit einer kleinen Flotte von der Mündung des Indus in den Persischen Golf zu segeln. Der Kreter Nearchos war es, der diese Aufgabe löste.

Alexander, Meister in der Handhabung der Macht, verstand zu belohnen. Es gab beim makedonischen Heer ein in langer Tradition entstandenes System von mit steigenden Ehren verbundenen Rängen. Dieses Systems bediente sich Alexander, die Eitelkeit seiner ehrgeizigen Generale zu befriedigen. Er war ein so guter Kenner des militärischen Handwerks, daß es ihm möglich war, die Ehren sogar gerecht zu verteilen. Und wo das bei gleichen Leistungen Schwierigkeiten machte, half ihm ein Einfall. Hephaistion war sein persönlicher Freund, Krateros sein enger Vertrauter und Berater. Beide hatten bedeutende militärische Meriten, und natürlich waren sie aufeinander eifersüchtig, eine bei so leidenschaftlichen Naturen immer gefährliche Situation. Alexander nannte Hephaistion »den Freund Alexanders – *Φιλαλεξανδρος*«, Krateros »den Freund des Königs – *Φιλοβασιλεύς*«. Doch waren es nicht die Ehren und Reichtümer, die Alexanders Mitarbeiter an ihren König fesselten. Es waren die großen Aufgaben, welche sie immer von neuem reizten. Hier konnte ein Mann zeigen, was er wert war. Und Alexander – das war die Zukunft!

Sehr merkwürdig und schon von antiken Autoren angemerkt ist die Tatsache, daß zu Alexanders Lebzeiten keiner dieser jüngeren Generale als überragende Persönlichkeit erscheint. Sie alle sind tüchtige und tapfere Truppenführer, die sich den Aufgaben, die Alexander ihnen stellt, jederzeit gewachsen zeigen. Erst nach dem Tode des Königs, ihres Meisters, tritt das wahre Format seiner Mitarbeiter in Erscheinung. Erst jetzt können sie sich voll entfalten, und so stehen dann auf einmal so mächtige Männer da wie Ptolemaios I. Soter, der in Aegypten eine Dynastie gründet, die erst mit der Königin Kleopatra endet, Seleukos I. Nikator, der den asiatischen Teil von Alexanders Eroberungen in Besitz nimmt, Antigonos, zu Alexanders Zeit, wie Berve sagt, »ein blasser Schatten, nachmals der gewaltigste der Diadochen mit seinem reich bewegten Leben, seinem großartigen Wirken und seinem heroischen Tod in der Schlacht von Ipsos ...«

Von gleicher Prächtigkeit wie das militärische Hauptquartier war der zivile Hofstaat Alexanders. Der wichtigste Mann der Verwaltung war Eumenes, ein Grieche aus Kardia, einer auf dem Thrakischen Chersonnes gelegenen Stadt. Er war der Vorsteher der königlichen Kanzlei. Der Respekt gebildeter Hellenen vor ihrer Sprache kommt sehr schön zum Ausdruck in dem Titel, den Eumenes führte. Er war der *'Αρχιγραμματεύς* – der Archigrammateus, der Erzgrammatiker. Als solcher war er zugleich Chefredakteur der Ephemeriden, des Tagebuchs, das über die Ereignisse des Feldzugs geführt wurde. Ptolemaios, der als König von Aegypten eine Biographie Alexanders schrieb, hat sich der Ephemeriden noch bedient. Es scheint, daß sie veröffentlicht worden sind. Uns sind sie verloren.
Als Grieche war Eumenes den makedonischen Generalen um so verhaßter, je höher er in der Gunst des Königs stieg. Sein gefährlichster Feind war der hochfahrende und zum Jähzorn neigende Hephaistion. Trotz der Feindschaft mit ihm erwies Eumenes, um seinen König nicht zu kränken, in Ekbatana dem toten Hephaistion besondere Ehren. Eumenes war ein Mann von guten Manieren und untadeligem Charakter. In Susa verheiratete Alexander ihn mit Artonis, der Schwester der Alexandern morganatisch angetrauten Barsine, Witwe des Rhoders Memnon, seines einstigen Gegners im Seekrieg in der Aegaeis. Dem toten König noch hielt Eumenes die Treue. All sein Bemühen richtete er darauf, die legitime Erbfolge zu retten. Er hatte mit seinen Bemühungen keinen Erfolg. Er nahm, vom Haß seiner Gegner in die Enge getrieben, ein tragisches Ende.
Zum Hofstaat Alexanders gehörten Philosophen, ein ganzer Stab von Gelehrten, bildende Künstler, Literaten und Poeten. Dieser König mit seiner umfassenden Bildung, seinem hohen künstlerischen Verstand und seiner wissenschaftlichen Neugier vermochte Geister von vielerlei Art zu fesseln. Aber er hatte eben auch das Glück, so viele Talente in Kunst und Wissenschaft zu Zeitgenossen zu haben. Umwälzende Ereignisse trafen mit mächtigen künstlerischen Kräften zusammen. Es war eine Zeit voll von erstaunlichen Leistungen auf allen Gebieten des Lebens.
Welchen Gebrauch Alexander von der Macht über ein Weltreich, die das Schicksal ihm schenkte, im weiteren Verlauf seines Lebens gemacht hätte, wissen wir nicht. Sein allzu früher Tod machte alle weiteren Pläne, von denen er geträumt hat, zunichte. Wir kennen nur noch seinen letzten Plan. Den Seeweg vom Persischen Golf zur Mündung des Indus hatte Nearchos erschlossen. Alexander wollte

nunmehr auch den Seeweg vom Persischen Golf zum Roten Meer dem Handel öffnen. Die letzten Monate seines Lebens verbrachte er mit den Vorbereitungen zu diesem Unternehmen. Es war kein Kriegszug. Es war eher eine von allerdings starken militärischen Kräften begleitete Forschungsexpedition großen Stils. Wie muß man es bedauern, daß das Unternehmen nicht mehr zur Ausführung kam! Die Griechen hätten die Ostküste Afrikas kennengelernt. Sie hätten entlang derselben Kolonien gegründet. In ihrer unersättlichen Neugier wären sie immer weiter nach Süden vorgedrungen. Zur Zeit des Kaisers Augustus hätten sie wahrscheinlich Madagaskar schon erreicht gehabt. Am Sambesi würde heute Homer gelesen! So hingegen war der erste Europäer, an dessen Horizont Madagaskar auftauchte, ein Portugiese, der, auf dem Weg zu den Schätzen Indiens, Afrika umsegelt hatte.

Das letzte, was der große Kriegsheld Alexander tat, war die Eröffnung eines Kanals, der die Bewässerung der Felder am mittleren Euphrat verbessern sollte. Vielleicht daß sich der König, der längere Zeit in den überschwemmten Gebieten weilte, dort die Malaria holte, an der er starb.

In dem Augenblick, als das Schicksal den König vom Schauplatz seiner Macht abberief, begann der Zerfall seines Reiches. Seine Ideen beherrschten weiterhin die Welt. Alexanders des Großen Vision einer Orient und Okzident umspannenden Oikumene hellenischen Geistes und hellenischer Kultur wurde zur wunderbaren Wirklichkeit einer über Jahrhunderte sich erstreckenden Epoche der Geschichte.

Goldmedaillon aus Tarsos mit dem Kopf Alexanders des Großen ▶

1 Alexandri Imago

Alexander der Große ist eine weltgeschichtliche Persönlichkeit ersten Ranges. Droysen beginnt sein klassisches Werk *Geschichte Alexanders des Großen* mit dem Satz: »Der Name Alexander bezeichnet das Ende einer Weltepoche, den Anfang einer neuen.« Diese Feststellung hat auch nach weiteren hundertdreißig Jahren historischer und archaeologischer Forschung nichts von ihrer Gültigkeit verloren.
Alexander hat die Welt verwandelt, und das in einer glänzenden, heroischen, pittoresken Art. Die Welt will wissen, wer dieser Mann gewesen ist. Welche Begabungen hatte er? Was für ein Charakter war er? Was für Gedanken haben ihn bewegt? Welche Ideen und Pläne beschäftigten ihn? Welche Motive haben sein Handeln bestimmt? Was waren seine Ansichten über Kunst, Politik, Wissenschaft? Woran glaubte er?
Die Zeugnisse über den Ablauf der Ereignisse sind zahlreich. Wenn auch von den Berichten der Zeitgenossen keiner erhalten geblieben ist, durch Übernahme in spätere Werke gelangte vieles auf uns. Nach ausgedehnten, mit Scharfsinn durchgeführten Untersuchungen vermögen unsere Gelehrten zu sagen, welche von den antiken Autoren glaubwürdig sind und welche nicht. So ist es nicht schwierig, sich von Alexanders Wirken auf Erden ein Bild zu machen. Ob dieses Wirken groß und edel oder groß und grausam war, ob sein Charakter mehr der Tugend oder mehr dem Laster zuneigte, ob seine geschichtliche Rolle Glück oder Verderben über die Völker gebracht hat, darüber war schon seine Mitwelt sich nicht einig. Die Nachwelt hat diesen Streit mehr als zweitausend Jahre lang fortgesetzt. Das Urteil über Alexander schwankt bis zum heutigen Tage zwischen schrankenloser Bewunderung und schärfster Ablehnung, zwischen Verständnis für seine Fehler und Herabsetzung selbst seiner bedeutendsten Leistungen. Es ist aber nicht nur die Wißbegier, welche in die Geheimnisse einer so einzigartigen Persönlichkeit einzudringen wünscht. Auch die Phantasie bemächtigt sich einer solchen Figur. Der schon so glänzende, so heroische, so pittoreske Verlauf der Ereignisse wird nur immer noch weiter ausgeschmückt. Das fängt an mit den Anekdoten, diesem alten Skandalon der Historiker. Dutzende von ihnen werden über Alexander erzählt. Die meisten sind amüsant; fast immer spielt der König eine ausgezeichnete Rolle. Natürlich hat sich keine einzige genau so, wie sie erzählt wird, abgespielt; aber keine einzige, die nicht ein Körnchen Wahrheit enthielte. Anekdoten fassen verstreute Ereignisse zusammen wie eine Linse. Anekdoten sind charakteristisch, was doch eben bedeutet, daß wir etwas über den Charakter der Person

erfahren, von welcher die Anekdote handelt. Es besagt etwas, daß Anekdoten sich ranken. In dem Wort schon steckt etwas vom Geheimnis ihrer Wahrheit. Daß die Sprache die Anekdote sich in der Art einer Pflanze entwickeln läßt, beweist eben, daß sie aus »der Natur der Sache« hervorgeht. Alle Anekdoten zusammen geben ein Bild der Wirklichkeit.

Neben die Anekdote tritt die Legende. Sie freilich kümmert sich nicht mehr um Realitäten. Sie entwirft ihr Heldengemälde, wie es ihr gefällt, bis in ihrer Märchenfigur die Wirklichkeit nicht mehr zu erkennen ist. Alexanderlegenden sind noch heute lebendig in Aethiopien, am Rhein, in Arabien, in Indien. Noch heute gibt es in den Tälern des Hindukush und des Himalaja Fürsten, die den eigenen Stammbaum auf Alexander zurückführen und den ihrer Pferde auf den Boukephalos, das berühmte Leibroß des Makedonenkönigs. Wenn schon der große Mann den Erdkreis durchmessen hatte, mußte er in der Legende natürlich auch noch zum Himmel hinauf- und zum Meeresgrund hinabfahren. Wenn er schon als König eines kleinen Landes ein Weltreich zum Einsturz brachte, war er nicht vielleicht – ein altes Sagenmotiv – der im Verborgenen aufgewachsene Sohn des letzten Herrschers dieses Weltreichs? So ist die paradoxe Situation entstanden, daß eine ganz und gar historische Persönlichkeit zugleich eine ganz und gar mythische Figur ist.

Bewunderung und Ablehnung, Wißbegier und Phantasie haben in gleicher Weise Alexanders Ruhm vermehrt. Es ist leicht, über den Ruhm als Motiv des Handelns zu spotten. What price glory? Aber Spott geht am Kern der Sache vorbei. Der Ruhm und sein goldener Schatten, der Nachruhm, ist den Alten stets als etwas der höchsten Anstrengungen Würdiges erschienen. Alexander, schließlich ein Mann von Intelligenz und Bildung, hat darüber geklagt, daß kein Homer seine Taten besingen werde. Diese Klage beweist erstens einmal, wieviel wichtiger für die Nachwelt als die Helden, die die Taten begehen, die Dichter sind, welche sie besingen. Und zweitens zeigt sie, daß wir uns von der Faszination, die etwas so Ephemeres wie Ruhm für Menschen der Antike hatte, kaum noch eine Vorstellung machen können. Im Siebenten Gesang der Ilias sagt Hektor, der einen Achaier zum Zweikampf herausgefordert hat und seines Sieges sicher ist:

> Dann aber spräche wohl einer im Volke der Spätgebornen,
> Der im vielrudrigen Schiff auf dunkler Woge vorbeizieht:
> Seht das ragende Grab des längst gestorbenen Mannes,
> Der so tapfer im Streit hinsank dem göttlichen Hektor.
> Also redet man einst, und mein ist ewiger Nachruhm...

Das blendende Licht der auf das Jenseits gerichteten Metaphysik des Christentums ließ die alten Valeurs des Diesseits ins Dunkel versinken. Auf dem Berge Athos, auf dem das Jenseits schon hienieden beginnt, gibt es ein Bild, das dem Beschauer die Vergänglichkeit alles Irdischen so eindringlich wie möglich vor Augen führen will. Der Patriarch von Alexandria steht vor dem geöffneten Sarg Alexanders des Großen und weist mit verächtlicher Gebärde auf das kümmerliche Skelett hin, das einst der Herrscher der Welt war. Sehen wir davon ab, daß im Sarg Alexanders kein Skelett lag, sondern ein sorgfältig balsamierter Leichnam, an dem noch Kaiser Augustus die Schönheit der Gesichtszüge bewundert hatte – dem Patriarchen von Alexandria können wir zugestehen, daß seine christliche Attitude ihm wohl anstand. Er dürfte kaum darüber nachgedacht haben, daß das Irdische so vergänglich gar nicht ist und daß es ohne Alexander den Großen niemals einen Patriarchen von Alexandria gegeben hätte. Aber für uns ist es nicht angängig, Menschen des 4. vorchristlichen nach Begriffen des 20. nachchristlichen Jahrhunderts zu beurteilen. Wie sehr wir in dieser Sache voller Vorurteil sind, beweisen schon unsere Vokabeln. Für den Wunsch, seine Taten von Homer besungen zu wissen, haben wir nur Begriffe wie Ruhmsucht oder Ruhmbegierde. Und weder eine Sucht noch eine Begierde kann tugendhaft sein. Schon die Wörter enthalten jenes Quentchen Überheblichkeit, das fromme Christen so leicht bereit haben für Sterbliche, deren Seelen keine Hoffnung auf Unsterblichkeit tröstete. Große Taten um des Ruhmes willen vollbringen zu wollen ist eine Leidenschaft, die durchaus verständlich wird, wenn man die Situation des antiken Menschen bedenkt. Solange es nur die Aussicht auf ein Schattendasein im Hades gab, war Nachruhm ein kleiner metaphysischer Ersatz für Unsterblichkeit.

Es entbehrt nicht der Ironie, daß es durchaus nicht der mit so viel Ruhm bedeckte König Philipp war, der den Drang nach großen Taten in seines Sohnes Seele pflanzte. Das tat der Philosoph, der sein Lehrer war. Aristoteles machte den Homer zur Grundlage der Erziehung des ihm anvertrauten Prinzen. Ein von dem großen Gelehrten kommentiertes Exemplar der Ilias hat Alexander auf seinen Feldzügen begleitet. Dieser königliche Papyros wurde später als kostbarer Schatz in der Bibliothek von Alexandreia aufbewahrt. Die Wirkung der Lektüre Homers kann man im Verhalten Alexanders lange verfolgen. Erst als seine Welt kontinentale Ausmaße angenommen und sein strategisches Denken sich eines Ozeans bemächtigt hatte, wurde Homer auch für ihn Literatur.

Unter Alexanders Motiven gibt es außer seinem Verlangen nach Ruhm noch ein zweites irrationales Element. Das ist der von allen antiken Autoren erwähnte πόθος. Es ist ein schwer zu übersetzendes griechisches Wort. Zu seinen Grundbedeutungen gehört Verlangen, Wunsch, Liebe, aber auch Entbehrung, schmerzliches Vermissen, Mangel. Pothos bezeichnet in unserem Zusammenhang eine unbestimmte Sehnsucht, eine Art kosmischer Neugier, ein Fernweh, eine Begierde, über alle Grenzen hinauszugehen, die Welt bis an ihr Ende kennenlernen zu wollen. Man kann nicht sagen, daß dies eine sehr griechische Eigenschaft gewesen sei. Platon spottet einmal über seine Landsleute: »Wie die Frösche um einen Teich sitzen wir um das Meer herum.« Am ehesten noch ist Alexanders Pothos vergleichbar dem Forschungsdrang moderner Naturwissenschaftler, die ja auch für ihre Begierde keine Grenzen gelten lassen.
Den irrationalen Elementen im Wesen Alexanders standen gegenüber eine souveräne Intelligenz, eine Urteilskraft von großer Schärfe, kalte politische Vernunft, durchdringende Menschenkenntnis, eine unerschöpfliche Phantasie, in der Not immer neue Wege zu finden, immer neue Mittel zu erfinden, und schließlich seine militärische Begabung. Als Taktiker war er ein Talent hohen Ranges, als Stratege ein Genie. Alle diese Fähigkeiten waren in der Aktion einem Kalkül von solcher Nüchternheit unterworfen, daß man Alexander einen Pedanten des Risikos nennen könnte. Nur selten hat er sich in der Beurteilung einer Lage geirrt.
Dieser mit so glänzenden Gaben ausgestattete Liebling der Götter war der Herr einer jungen, gesunden, seit Generationen aufsteigenden Nation, in der die Monarchie fest verankert war. Von seinem Vater hatte er einen geordneten Staat und eine allen Heeresformen der damaligen Zeit überlegene Armee geerbt. Das Schicksal hatte für ihn die Aufgabe bereit, den Machtkampf zwischen Hellas und Persien zu entscheiden. Zweihundert Jahre lang hatte dieser Streit die Weltpolitik beherrscht. Glänzend zwar waren die hellenischen Siege von Marathon, Salamis und Plataiai gewesen; aber die persische Diplomatie hatte es immer wieder verstanden, die innergriechischen Zwistigkeiten durch Gold und Drohungen in Gang zu halten. Geschickt spielte der Hof von Susa Athen gegen Sparta, Sparta gegen Athen aus, so lange, bis beide erschöpft waren. König Philipp von Makedonien errichtete eine milde Hegemonie über Hellas und verschaffte so dem geplagten Land einige Jahre der Ruhe. Während dieser Zeit begann er, den Kampf gegen Persien vorzubereiten. Er hatte sogar schon eine kleine Armee unter seinem General Parmenion nach Anatolien in Marsch gesetzt, als er einem Attentat zum

◄ *Makedonien. Landschaft bei Kašanik mit dem Ljubok*

Opfer fiel. Alexander übernahm die Aufgabe und löste sie. Wäre er gescheitert, die Weltgeschichte hätte einen anderen Verlauf genommen. Ohne Alexander, wie Jacob Burckhardt einmal sagte, wüßten wir wenig von den Griechen, und das Wenige würden wir zu wissen nicht begehren. Alexanders des Großen Sieg über das Persische Weltreich war ein Sieg des Westens über den Osten, ein Sieg Europas über Asien. Er bedeutete das Ende des Alten Orient, den Anfang des Hellenismus.

Alexander der Große hat seine Jugend in Landschaften verbracht, die zu den schönsten Europas gehören. Die Makedonen, in deren Mitte er aufwuchs, waren freie Hirten und Bauern. Die Aristokratie, landbesitzender Schwertadel, hielt sich, wenn nicht irgendwelche Kriegszüge stattfanden, bei Hofe auf. In ihren Anfängen haben die

Makedonien. Ochridasee

Blick von Aigai, dem modernen Edessa, auf die Ebene von Pella

Makedonen im Tal der Vistritza gesessen, in den Bergen an der Grenze zwischen Albanien und Serbien. Von da aus sind sie in die Ebene von Monastir und zum Ochridasee vorgedrungen. Der Ochridasee ist erdgeschichtlich ein sehr merkwürdiges Gewässer. Er ist der Rest eines tertiären Urmeeres mit einer Fauna, die auf der übrigen Welt seit Millionen von Jahren untergegangen ist mit Ausnahme von Wasserflöhen, wie sie auch noch im Baikalsee vorkommen. Vom Ochridasee aus hat sich das kleine Bergvolk nach Süden an den Rand des Gebirges vorgearbeitet. Dort wurde Aigai gegründet, die erste geschichtlich überlieferte Hauptstadt der Makedonen. Wie ein Adlerhorst schwebt sie über der wasserreichen, fruchtbaren Ebene, die sich vom Fuß des Gebirgshangs bis zum Golf von Saloniki hinzieht. Ein Gebirgsbach mit klarem grünem Wasser strömt durch das übrigens noch heute lebendige Städtchen und stürzt als großartiger Wasserfall in die Tiefe. Von archaeologischer Seite ist die Vermutung geäußert worden, daß in einer hinter diesem Wasserfall verborgenen Berghöhle die bisher vergeblich gesuchten Gräber der makedonischen Könige liegen. Im Anfang des 7. Jahrhunderts begannen die Makedonen, von Aigai aus die Ebene, auf die sie bisher nur hinabgeblickt hatten, zu erobern. Nachdem ihnen das gelungen war, gründeten sie an der Küste Pella, ihre zweite Hauptstadt. Doch blieb Aigai der geheiligte Mittelpunkt des Reiches und die Ruhestätte der Herrscher. Alle großen Feste wurden auch weiterhin in Aigai gefeiert.

Wasserfall von Aigai

Spät erst treten die Makedonen in die griechische Geschichte ein. Sichere Nachrichten über sie gibt es vor dem 7. Jahrhundert nicht. Der erste König von Makedonien, von dem wir historisch zuverlässige Kunde haben, Amyntas I., lebte in der zweiten Hälfte des 6. Jahrhunderts vor Christi Geburt. Er war ein Vorfahr Alexanders in der siebenten Generation. Als Dareios der Große auf seinem Zuge gegen die Skythen Thrakien militärisch besetzt hatte, war es Amyntas, der dem Großkönig Erde und Wasser sandte. Seine Unterwerfung war ein Akt politischer Klugheit, aber Makedonien wurde so doch, wenigstens formal, ein Vasallenstaat der Perser. Dieses von vielen Feinden umgebene Land war sogar noch, kurz bevor Philipp II. König wurde, den an seiner Nordgrenze sitzenden Illyrern tributpflichtig geworden. Wie klein und bescheiden sind die Anfänge, aus denen das Weltreich Alexanders des Großen hervorgegangen ist!

Schon im Altertum wurde darüber gestritten, ob die Makedonen Hellenen seien oder nicht. Von den Griechen wurden sie nicht als solche anerkannt. Die Frage ließe sich entscheiden, besäßen wir schriftliche Denkmäler ihrer Sprache. Es sind aber fast nur Namen erhalten geblieben. Lange hatten die Griechen hochmütig auf die

Thrakien. Blick auf die Ruinen des von Philipp II. gegründeten Philippi

Makedonen herabgeblickt. Nachdem Alexander Persien erobert hatte, blickten die Makedonen hochmütig auf die Griechen herab. Diese wechselseitige Arroganz entbehrt nicht der Ironie. Niemand hat für die Griechen, die von den Makedonen verachtet wurden, mehr getan als die Makedonen, die von den Griechen verachtet wurden.

Den Griechen galten die Makedonen als Barbaren, weil sie bei ihrer bäuerlichen Verfassung geblieben waren. Ihr König war ein Heerfürst. Ihr noch bis zu Alexander ganz patriarchalischer Staat hatte die hellenische Entwicklung zur Polis nicht mitgemacht. Es war auch nie der Versuch unternommen worden, das griechische Vorbild nachzuahmen. Für die Griechen war die Polis der Inbegriff politischer Weisheit. Zweifellos ist sie das für die wichtigsten Jahrhunderte der griechischen Kulturgeschichte auch gewesen. Erst ihre Entartung führte zum Verlust der griechischen Freiheit. Der Hochmut der Makedonen dagegen beruhte auf ihrer soldatischen Tüchtigkeit, von allen Arten des Hochmutes derjenige, welcher den geringsten Aufwand an Intelligenz erfordert.

Die Meinung der Gelehrten geht heute dahin, daß die Makedonen zu den Doriern gehört haben, welche um 1200 vor Christi Geburt von Norden her in Hellas einbrachen und die Mykenische Kultur zerstörten. Die Helden der Ilias haben noch Söhne gehabt, aber keine Enkel mehr. Die Makedonen dürften eine letzte Welle dieser Dorier gewesen sein, welche Hellas selbst nicht mehr erreichte. Sie ließen sich in den Gebirgen des südlichen Balkan nieder und begannen mit dem langsamen Aufbau ihrer Macht. Sie hatten das Glück, daß ein politisch begabter und tatkräftiger Herrscher dem anderen folgte. Philipp II. schließlich gab dann diesem jahrhundertelangen Aufstieg einen Abschluß, indem er sein Makedonien neben Athen, Sparta und Persien in den Rang einer vierten Großmacht der Aegaeis erhob. Eine besonders wertvolle Erwerbung, um die Philipp die Macht Makedoniens erweiterte, war Thrakien. Seine Gebirge lieferten Schiffsbauholz, Teer und Pech, seine Bergwerke Gold und Silber. Im Osten des neuerworbenen Landes gründete der König eine nach ihm benannte Stadt. Bei Philippi erfochten Antonius und Octavian im Jahre 42 vor Christi Geburt ihren Sieg über Brutus und Cassius, die Mörder Caesars. Später hat die Stadt eine wichtige Rolle im Leben des Apostels Paulus gespielt.

Die Grabungen der Archaeologen in Aigai haben noch zu keinem Ergebnis geführt. In Pella dagegen kommen Jahr für Jahr neue köstliche Dinge ans Tageslicht. Man entdeckte einen ausgedehnten Palast, dessen Bestimmung sich zunächst nicht festlegen ließ. Doch beweisen spätere Funde, daß er der königlichen Familie gehört hat.

Schwierig war zunächst, die Frage zu entscheiden, ob es tatsächlich Pella sei, auf das der Spaten der grabenden Gelehrten gestoßen war. Der Platz der Ausgrabung ist zwanzig Kilometer von der Küste entfernt, und Pella hat am Meer gelegen! Tatsächlich haben

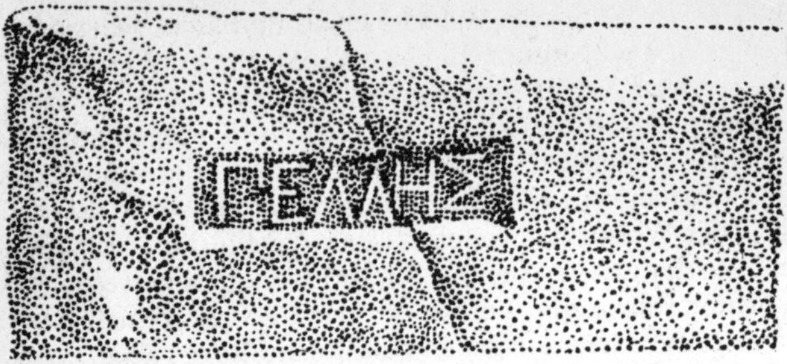

Pella.
Bruchstück eines Dachziegels mit eingeprägtem Namen der Stadt

die Flüsse mit den Jahr für Jahr vom Gebirge herabgeschwemmten Erd- und Gesteinsmassen in vierundzwanzig Jahrhunderten die Küste um diese zwanzig Kilometer ins Meer hinausgeschoben. Den endgültigen Beweis dafür, daß es sich tatsächlich um Pella handelte, erbrachte die Ausgrabung eines Dachziegels, in den der Name der Stadt eingeprägt ist.
Die im königlichen Palast ausgegrabenen Mosaiken sind von hoher Qualität. Sie sind aus Kieseln zusammengesetzt. Ihre wunderbaren Effekte beruhen allein auf den natürlichen Farben der Steine. Auf diesem hübschen Mosaikfußboden, der so erstaunlich gut erhalten ist, hat der Knabe Alexander mit seiner nur ein Jahr jüngeren Schwester, der Prinzessin Kleopatra, gespielt.
Dem kleinen Mädchen war bestimmt, als letzte Trägerin der Legitimität des makedonischen Königshauses übrigzubleiben, und eben deshalb wurde sie, fünfzehn Jahre nach dem Tod ihres Bruders, zusammen mit ihrem Sohn von einem der Diadochen ermordet. Vielleicht haben in diesem Saal auch die feierlichen Empfänge befreundeter Fürsten oder der Gesandten fremder Mächte stattgefunden. Eine Schöpfung von großartiger Bewegtheit ist das Bild eines Hirschs, der von einem Greifen angegriffen wird. Wie elegant auch ist dieser auf einem Gepard reitende Dionysos mit dem bandgeschmückten Thyrsosstab in der linken Hand! Aus einer etwas späteren Zeit stammt die Löwenjagd. Das Mosaik auf Seite 34/35 zeigt eine Szene, die sich, wahrscheinlich in der Nähe von Babylon, abgespielt hat. Bei einer Löwenjagd geriet König Alexander – links in Verteidigungsstellung – in Lebensgefahr. Krateros – rechts mit erhobenem Schwert – greift mutig den Löwen an und tötet ihn. Bemerkenswert an dem Mosaik ist die aufs feinste ausgewogene

Pella. Kieselmosaik. Dionysos, einen Gepard reitend

Pella. Kieselmosaik. Hirsch, von einem Greifen angegriffen

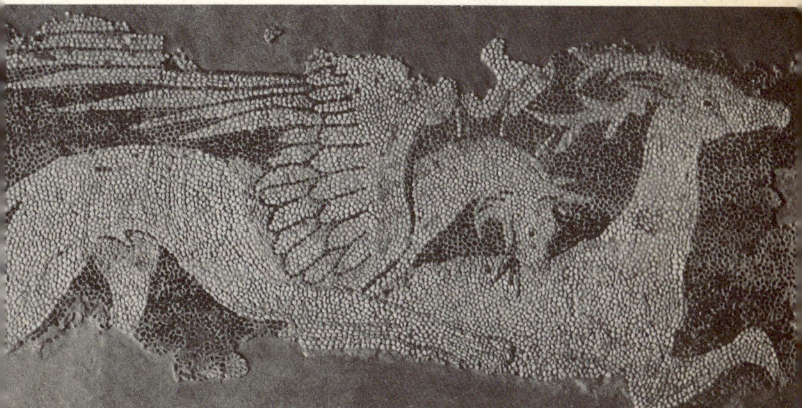

Pella. Kieselmosaik. Alexander und Krateros auf einer Löwenjagd

Verteilung der Figuren im Raum. Mit den einfachsten Mitteln erzielten die Künstler aesthetisch faszinierende Wirkungen.
Fülle und Qualität der Kunstwerke zeigen, auch wenn die meisten der Künstler sicherlich Griechen waren, daß es keinen Grund gab, auf die Makedonen herabzusehen. Das königliche Pella war kein Provinznest!
Schon zur Zeit der Perserkönige hatte Alexander I. begonnen, sein Volk mit der griechischen Kultur vertraut zu machen. Er setzte es durch, zu den Olympischen Spielen, die ja ausschließlich Griechen vorbehalten waren, zugelassen zu werden. Er begann mit der Prä-

gung eigener Münzen. Sie sind von köstlicher Feinheit. Alexander I. war es, ein Makedone also, der einer der ungeheuerlichsten Brutalitäten der griechischen Bürgerkriege etwas von ihrem Schrecken nahm. Mykenai auf der Peloponnes war die einzige griechische Stadt gewesen, welche mit ihrem Kontingent von Hopliten in der Schlacht von Marathon Athen gegen die Perser unterstützt hatte. Die Spartaner waren erst nach errungenem Sieg auf dem Schlachtfeld erschienen. Die Tapferkeit der Mykenaier hinderte wenig später Argos nicht, Mykenai anzugreifen, zu erobern und sämtliche Einwohner, denen die Flucht nicht gelang, hinzurichten. Alexander I. nahm die Flüchtlinge in Makedonien auf. Für Philipp II., der in seiner Jugend von dieser Katastrophe noch gehört haben mag,

Silbermünze. Alexander I. von Makedonien. Vorderseite und Rückseite

Goldmedaillon aus Tarsos mit dem Portrait Philipps II. ▶

ist das Ereignis sicherlich eine eindrucksvolle Demonstration dafür gewesen, daß die politischen Vorgänge in Hellas sich ständig an der Grenze der Anarchie bewegten.

Der Schauplatz der kulturellen Bemühungen war der makedonische Hof. Perdikkas II. hatte Hippokrates zu Gast gehabt. Alexander I. war mit Pindar befreundet. Am Hof des Königs Archelaos hatte Euripides gelebt. Sogar den Sokrates hat Archelaos nach Pella zu holen versucht. Seinen Palast ließ er von Zeuxis ausmalen, was ihn zu einer Sehenswürdigkeit für die ganze griechische Welt machte. Philipp II. berief Aristoteles. Mit Isokrates war er befreundet. Die Angehörigen des makedonischen Adels und somit alle Feldherrn Alexanders haben griechisch gesprochen.

Philipp II., Alexanders Vater, war ein bedeutender und erfolgreicher Staatsmann, ein Realpolitiker, weltklug und voller Tatkraft, ein Zyniker, der das Leben genoß, ein großer Trinker, ein Liebhaber der Frauen, ein hervorragender Soldat. Charakteristisch für ihn ist, als Quintessenz seiner politischen Erfahrung, der Spruch: »Ein mit Gold beladener Esel erklimmt die steilste Festung.« Das in Tarsos gefundene Goldmedaillon zeigt ihn in der Vollkraft seiner Jahre – ein Kopf voller Würde und Majestät, hier vielleicht im Anklang an manche Darstellungen des Zeus ein wenig idealisiert.

Ein Potrait von unheimlicher Lebendigkeit ist die Plastik aus der Ny-Carlsberg-Glyptothek in Kopenhagen. Man weiß eigentlich gar nicht so genau, ob das wirklich Philipp II. ist. Aber das Kunstwerk gehört seinem Stil nach in die zweite Hälfte des 4. Jahrhunderts. In dieser Zeit hat es niemanden gegeben, der so ausgesehen haben könnte, außer Philipp II. Der kräftige, sinnliche Mund, die in den Backenknochen zum Ausdruck kommende hartnäckige Energie, der

Marmorkopf Philipps II.

herrscherlich strenge Blick, die undurchschaubare Hintergründigkeit des Ausdrucks, die spöttische Überlegenheit – das alles ist Philipp II. Dabei kann man sich durchaus vorstellen, daß dieser Mann gerne lachte – vielleicht manchmal etwas zu laut. Auf jeden Fall war er intelligent genug, Humor zu haben.
Nichts gereicht Philipp zu größerem Ruhm, als daß er mit Isokrates befreundet war. Gewiß hat er mit Aristoteles einen vortrefflichen Lehrer für seinen begabten Sohn gewählt, und die Welt hat Grund, dem König dafür dankbar zu sein. Aber zur Zeit der Berufung des Aristoteles ahnte noch niemand etwas von der Bedeutung und Größe dieses Mannes. Anders stand es mit Isokrates. Er ist zwar nicht in der gleichen Weise in unser Bildungsbewußtsein eingegangen wie seine Zeitgenossen Sokrates, Platon, Demosthenes. Aber er gehört zu den bedeutenden und einflußreichen Figuren der grie-

chischen Geschichte. Er erreichte ein Alter von fast hundert Jahren. Er ist geboren sieben Jahre vor Perikles' Tod und gestorben wenige Tage nach der Schlacht von Chaironeia. Das entspräche dem Leben eines Mannes, der sieben Jahre vor Napoleons I. Tod das Licht der Welt erblickt und das Ende des Ersten Weltkrieges noch erlebt hätte.
In Athen gab es in den sechziger Jahren des 5. Jahrhunderts eine Theorie der Macht, deren Vertreter die Koexistenz zweier rivalisierender Großmächte auf die Dauer für unmöglich erklärten. Man sieht, daß moderne Theorien nicht unbedingt dümmer sein müssen als antike. Perikles, unglücklicherweise, war ein Anhänger dieser Theorie. Geradezu mit Gewalt brach er den Peloponnesischen Krieg vom Zaun, einen Krieg, der in seinen Folgen zum Untergang der hellenischen Freiheit führte. Übrigens konnten sich die Griechen den Peloponnesischen Krieg nur leisten, weil gerade in diesen Dezennien die persische Macht durch innere Wirren in ihrer außen-

Silbermünze. Philipp II. zu Pferde

politischen Aktivität geschwächt war. Isokrates, von Haus aus ein reicher Mann, verlor durch die Niederlage Athens sein Vermögen. Auf diese Weise auch in der Praxis bitter belehrt, predigte er sein langes Leben lang den Griechen, untereinander Frieden zu halten und sich zum Krieg gegen Persien zu rüsten. Nachdem er die Vergeblichkeit seiner Bemühungen eingesehen hatte, wandte er sich an Philipp II., der für ihn die letzte Hoffnung darstellte, Hellas geeinigt zu sehen. Isokrates war weit entfernt von den politischen Utopien Platons. Er war ein weltoffener Pragmatiker der Realitäten. Schon darum muß er Philipp II. sympathisch gewesen sein. In Übereinstimmung mit Philipp war Isokrates der Meinung, ein geeintes Griechenland werde den Persern so gefährlich erscheinen, daß sie über kurz oder lang ihren Angriff auf Hellas wiederholen würden. Besser, als sich von ihnen überraschen zu lassen, werde es sein, ihnen zuvorzukommen. Isokrates' Ideen sind zweifellos Gegenstand heftiger Diskussionen am Hofe zu Pella gewesen. Der junge Alexander ist aufgewachsen in einer politisch-intellektuellen Atmosphäre, in der Persien immer das Hauptthema war. Alexander war nicht, wie Niebuhr einmal sagt, »ein prachtvoller Räuber«, der einfach sich aufmachte, zu seinem Vergnügen die Welt zu erobern. Die west-

▶ *Chaironeia. Marmorlöwe zum Gedächtnis der Schlacht*

Marmorbüste des Isokrates

östliche Auseinandersetzung hat, angefangen mit dem Trojanischen Krieg, eine lange politische und geistige Vorgeschichte.
Ein Blick auf den Marmorkopf des Isokrates zeigt, daß er ein vornehmer, gescheiter und wohlwollender Mann gewesen ist. Er ist es, der die griechische Prosa zur Vollendung gebracht hat. Nach ihm beruht die Überlegenheit der griechischen Bildung auf ihrer Geistbestimmtheit und ihrer formalen Vollendung. Er hat stilistisch und gedanklich die ganze hellenistische Geschichtsschreibung beeinflußt. Die Schlacht von Chaironeia brachte ihm die Erfüllung nahezu aller seiner Hoffnungen. Isokrates hat noch einen Brief an Philipp II. geschrieben und ihn zu seinem Erfolg beglückwünscht. Ein paar Tage später hat er seine klugen Augen geschlossen. Selten ist ein Greis so glücklich gestorben. In späteren Jahren mag Alexander, als er – durchaus ohne den Beifall des Aristoteles – die hellenische Kultur mit der iranischen zu verschmelzen begann, zuweilen des Isokrates gedacht haben.

Pfeilspitze aus Olynth mit dem Namen Philipps II.

Marmorkopf des Demosthenes ▶

Philipp hat unzählige Feldzüge geführt, hauptsächlich gegen die immer bedrohlichen Bergvölker des Balkan. Makedonien hat das kaum je gewürdigte Verdienst, Hellas jahrhundertelang vor Einbrüchen nördlicher Barbaren bewahrt zu haben. Doch hat König Philipp in seinen Auseinandersetzungen mit Athen und Sparta sich auch gegen griechische Städte der Aegaeis gewandt. In Olynth auf der Halbinsel Chalkidike, das Philipp eroberte und zerstörte, wurde eine mit seinem Namen versehene Pfeilspitze gefunden. Es wird erzählt, daß eines Tages ein Bogenschütze, ein Mann namens Aster aus Amphipolis, dem König seine Dienste angeboten habe. Er prahlte damit, daß er mit seinem Pfeil sogar einen Vogel im Fluge treffen könne. Philipp antwortete lachend, er werde ihn in Sold nehmen, sobald er gegen die Stare zu Felde ziehen würde. Natürlich war Aster beleidigt. Als Philipp Methone belagerte, schoß der zu den Verteidigern der Stadt übergegangene Aster einen Pfeil ab, auf den er geschrieben hatte: »Dem König Philipp in sein rechtes Auge.« Der Pfeil traf das angegebene Ziel. Philipp ließ den Pfeil zurückschießen mit der darauf geschriebenen Drohung, welche er nachher auch wahr machte: »König Philipp wird, wenn er Methone erobert, den Aster hängen lassen.« Ein antiker Briefwechsel! Philipp II. hatte in der Tat nur ein Auge, was er bei Gelagen dadurch zu verdecken versuchte, daß er sich einen goldenen Lorbeerkranz aufs Haupt setzte und denselben tief in die Stirn drückte. Dieser Kopf mit dem einen Auge, dem schräg sitzenden Lorbeerkranz und dazu der ganze Mann des Weines voll – es muß ein Anblick von grausiger Großartigkeit gewesen sein. Plutarch schildert die Szene eines Streites Philipps mit seinem Sohn Alexander bei einem Gelage, bei dem der König vollständig betrunken war. Die Sache endete mit der Flucht Alexanders zu den Barbaren nach Illyrien.

Der große Gegner Philipps, ebenfalls ein bedeutender Kopf, war der athenische Staatsmann Demosthenes. Doch hat dieses Gesicht

bei aller Intelligenz etwas Fanatisches, fast etwas Verkniffenes. Dieser Mann kann nicht von großer Souveränität gewesen sein. Über die Ermordung seines Feindes Philipp hat er seine Freude offen geäußert. Demosthenes hatte frühzeitig die weitgesteckten Ziele Philipps II. durchschaut. In seinen berühmten Reden auf der Agora von Athen, die ihm den Ruf des besten Rhetors griechischer Sprache einbrachten, griff er den Makedonenkönig immer von neuem mit Schärfe an. Philipp kümmerte sich nicht um diese Reden. Er nützte die wechselnden griechischen Machtkonstellationen für seine Pläne aus, so lange, bis er in einer letzten Schlacht die letzten Widerstände gegen die makedonische Herrschaft über Hellas beseitigen konnte. Die Schlacht von Chaironeia im Jahre 338 vor Christi Geburt bedeutete das Ende der griechischen Freiheit. Der erst achtzehnjährige Kronprinz Alexander entschied durch eine im taktisch richtigen Augenblick brillant gerittene Attacke die Schlacht. Ein mächtiger Löwe, der den Gefallenen zu Ehren errichtet wurde, wacht über dem Schlachtfeld, auf dem einer der größten Feldherrn der Geschichte seinen ersten Sieg erfocht.
Ein weit schwierigeres Problem als sein Vater Philipp war für den jungen Alexander seine Mutter Olympias. Bei Philipp, dem kühlen Realisten, konnte er sich ungefähr ausrechnen, was er von ihm zu erwarten hatte. Olympias dagegen war stolz und launisch, intelligent und leidenschaftlich, ehrgeizig und rachsüchtig. Sie stammte aus einer großartigen Familie. Als Mädchen trug sie den wunderschönen Namen Myrtale. Nach allen Berichten muß sie eine *grande beauté* gewesen sein. Auf einer aus Alexandria stammenden Gemme des Kunsthistorischen Museums in Wien, die noch ins 3. Jahrhundert vor Christi Geburt gehört, ist sie zusammen mit ihrem Sohn Alexander abgebildet. Es ist wahrscheinlich, daß dem Künstler ältere Bildnisse als Vorlage gedient haben. So kann man annehmen, daß trotz der offensichtlich vorliegenden Idealisierung die beiden Köpfe eine gewisse Ähnlichkeit nicht nur miteinander, sondern auch mit der Wirklichkeit haben. Ein Goldmedaillon aus Abukir ist sehr viel realistischer, obgleich es erst aus römischer Zeit stammt. Es zeigt, daß die dargestellte Dame schön, vornehm und energisch war. Olympias war eine Tochter des Molosserkönigs Neoptolemos I. Der Name Neoptolemos allein schon enthält einen ganzen Mythos. Olympias' Vater führte seine Abstammung auf den ersten Träger dieses Namens zurück, den Sohn des Achilleus. Bei der Teilung der Beute nach dem Fall Troias wurde Andromache, Hektors Witwe,

◀ *Goldmedaillon aus Abukir mit dem Bildnis der Olympias*

Neoptolemos' Sklavin. Ihrer beider Sohn Molossos wurde König von Epeiros. Von den Kombattanten des Trojanischen Krieges ist Achilleus der einzige, dessen Stamm die Dorische Wanderung überlebt hat. Das ist wohl darauf zurückzuführen, daß die Myrmidonen, das Volk des Achilleus, in so abseitigen und verborgenen Tälern von Epeiros gelebt haben, daß die nach Süden zum Meer drängenden Dorier einfach an ihnen vorübergezogen sind.
Alexander hatte keinen Grund, die Echtheit seines Stammbaums zu bezweifeln. Zwischen Mythos und Geschichte gab es im Bewußtsein eines griechischen Menschen keine scharfe Grenze. Vermag doch sogar unsere ganz und gar rationalistische Wissenschaft diese Grenze nicht genau anzugeben. Von Zeit zu Zeit sieht sie sich genötigt, ein weiteres Stück Mythologie in die Historie einzubeziehen. Der Trojanische Krieg hat stattgefunden. Den Achilleus hat es gegeben. So aufgeklärt auch immer Alexanders Jahrhundert gewesen sein mag, die alten Mythen waren lebendig geblieben, und Olympias war nicht die Frau, sich etwas abhandeln zu lassen von einem Stammbaum, der auf eine Göttin zurückging. Thetis, Achilleus' Mutter, eine Nereïde, war eine Meergöttin. König Philipp wiederum mag sich, um gegen Olympias nicht allzusehr abzufallen, auf seine Abstammung von Herakles eindringlicher berufen haben, als es seiner Skepsis entsprach. Auch war das alles schließlich noch keine tausend Jahre her. Die Gesänge der Dichter hatten die Überlieferung lebendig erhalten, und Mythen waren fast das einzige

▶
Griechisches Vasenbild. Achilleus verbindet den Patroklos

Griechische Vase. Herakles im Kampf mit dem Nemëischen Löwen

Thema der Kunst. In Marmorstatuen, Bronzen, Mosaiken, Fresken, Gemälden, Vasenbildern waren sie ein Bestandteil des täglichen Lebens. Wenn auf dem Tisch ein Weinkrug stand, auf dem Herakles dargestellt war, wie er mit dem Löwen kämpft, der gerade die linke Hinterpranke zum vielleicht tödlichen Schlag hebt – wie muß das die Phantasie des Knaben Alexander erregt haben! Auch Achilleus zu betrachten, wie er den verwundeten Patroklos verbindet, war für den späten Enkel sicherlich ein großes Vergnügen. Alexanders Patroklos wurde später Hephaistion. Er war der einzige wirkliche Freund, den er als König gehabt hat.

Olympias, die schöne Frau, liebte Schlangen. Immer hatte sie einige um sich. Im Frühjahr schwärmte die Königin mit den Maenaden, den Frauen im Gefolge des Dionysos, durch die Wälder, mit aufgelösten Haaren, den Thyrosstab schwingend, wie Euripides es in den »Bakchai« schildert. Für den heranwachsenden Prinzen muß sie eine höchst beunruhigende Mutter gewesen sein. Immer wieder auch hat sie sich in Andeutungen ergangen, daß Alexander nicht der Sohn Philipps, sondern ein Sohn des Zeus sei. Sogar Alexandern selbst hat sie, mindestens später, in dem Glauben an eine göttliche Abstammung bestärkt. In einem Brief aus der Oase Siwah in der Libyschen Wüste schreibt Alexander seiner Mutter, der Hohepriester des Ammon habe ihm ein Geheimnis anvertraut, das er nur ihr allein weitergeben dürfe. Olympias hat das Geheimnis nie erfahren. Alexander ist nie heimgekehrt.
In den ersten Jahren ihrer Ehe überließ Philipp der Königin die Erziehung seines Sohnes. So war Alexanders Jugend erfüllt von unvereinbaren Widersprüchen. Die Wirkungen, die das mächtige Bild des Vaters, dieses zynischen, aber klar denkenden Mannes, auf der einen, die faszinierende Mutter mit ihren aufregenden Geheimnissen auf der anderen Seite auf Alexander ausgeübt haben, kann man sein ganzes Leben hindurch verfolgen. Es war kein leichtes Erbe, das er zu tragen hatte.
Und wie nun sah Alexander der Große aus? Wir kennen Darstellungen von ihm in Marmor und in Bronze, auf silbernen und goldenen Münzen, auf Plaketten und Gemmen. Alexander selbst hat nur drei Meistern erlaubt, ihn darzustellen – dem Apelles, dem Lysippos und dem Leochares.
Apelles, den Maler, traf Alexander in Ephesos. Er kannte ihn von Pella her. Sie waren Freunde. Apelles bekam den Auftrag, Alexandern für den Artemistempel in Ephesos zu malen. Aus dieser Zeit wird eine reizende Anekdote erzählt. Apelles malte die Geburt der Aphrodite aus dem Schaum des Meeres. Für eine solche Aufgabe war er besonders befähigt. An seiner Malkunst wurden gerühmt die Charis, die natürliche Anmut und die Schönheit der Linie. Er muß wie Botticelli gemalt haben. Als Modell diente ihm Pankaste, eine Geliebte des Königs. Bei den Sitzungen im Atelier stieß dem Künstler das Unglück zu, daß er sich in sein Modell verliebte. Als Alexander davon hörte, schenkte er das schöne Mädchen dem Freund. Das Körnchen Wahrheit in dieser Anekdote ist selbstverständlich nicht, daß Alexander sich nichts aus Frauen gemacht habe.

Marmorkopf des jugendlichen Alexander, aus Kleinasien stammend ▶

Seine Großmut sollte gezeigt werden. Es gibt für sie eine Menge historisch gesicherter Beweise. Nur ist keiner so amüsant wie die Geschichte von der verschenkten Geliebten.
Lysippos, der vor allem ein Meister in Bronze war, hat einmal gesagt, daß man die Menschen darstellen soll nicht wie sie sind, sondern wie sie erscheinen. Man könnte ihn einen Impressionisten nennen. Leochares, der dritte der von Alexander bevorzugten Künstler, ist der Schöpfer des Apoll von Belvedere. In dieser Auswahl kommt Alexanders sicherer Geschmack zum Ausdruck. Die drei waren die Elite ihres Zeitalters. Es waren hellenistische Kunstwerke, deren Wiederentdeckung am Anfang der Renaissance steht. Das klassische und gar das archaische Griechenland hat Europa erst viel später kennengelernt.
Das Erscheinungsbild Alexanders wird von Zeitgenossen ausführlich beschrieben. Der König war, bei mittlerer Größe, von kräftigem Körperbau, geschickt in allen Leibesübungen, ein vorzüglicher Reiter. Sein Gesichtsausdruck war lebhaft und intelligent. Den Kopf trug er stets ein wenig zur Seite geneigt. Mag das ursprünglich ein Tic gewesen sein, er wurde manifest durch eine Verwundung am Hals, die er sich schon im Anfang seiner Laufbahn, bei einer Expedition in den Donauraum, zuzog. Immer wieder wird erwähnt, wie gepflegt Alexander gewesen sei. Noch seine Kleider hätten einen angenehmen Geruch ausgeströmt. Eine feine Besonderheit war seine Heterochromie. Das eine Auge war dunkler als das andere. Sein Blick hatte etwas Verträumtes, Verschleiertes, in die Ferne Schweifendes. Doch war er flammenden Zornes fähig. Seinen Generalen bezeigte er Höflichkeit. Im Umgang mit Soldaten war er voller Humor. Er liebte es, bis tief in die Nacht hinein beim Wein zu sitzen und gelehrte oder heitere Gespräche zu führen. Er muß, alles in allem, ein wohlgelungener Mann gewesen sein.
Einen Marmorkopf, der Alexander im Alter von sechzehn Jahren zeigt, besitzt der Louvre. Lassen wir es uns nicht verdrießen, daß der Bildhauer idealisiert hat. Wie reizend, wie sympathisch, wie gescheit sieht dieser Jüngling aus! Freilich – müßte man die Frage beantworten, von welcher Art wohl die Zukunft sein könnte, die in dieses Gesicht geschrieben steht, würde man eher die eines Künstlers vermuten als die eines Staatsmanns und Feldherrn. In einer Bronze aus dem Museo Archeologico in Florenz ist Alexander noch einmal in ebenso liebenswerter Weise dargestellt wie in dem Marmorkopf des Louvre. Es handelt sich um die Zähmung des Boukephalos. Boukephalos war ein edles Roß, das Philipp II. für die enorme Summe von fünfzehn Talenten – nach unserem Geld etwa

Bronzeplastik. Alexander zähmt den Boukephalos

dreihunderttausend Mark – angeboten worden war. Der Preis kann nicht übertrieben gewesen sein. Die Makedonen verstanden etwas von Pferden. Aber niemand wurde mit dem ungebärdigen, nervösen Tier fertig. Philipp lehnte den Ankauf ab. Der junge Alexander erbot sich, das Pferd zu reiten. Erst zweifelnd, dann besorgt, dann entzückt sahen der König und sein Gefolge zu, wie Alexander das Roß zähmte. Die Bronze stellt die erste Phase des Geschehens dar. Noch scheut das Tier. Noch bäumt es sich auf. Noch blickt sein Auge furchtsam. Aber schon spürt es die feine, leichte Hand seines künftigen Herrn. Die Bronze ist nur zwölf Zentimeter hoch. Sie ist schwierig zu bestimmen, dürfte aber wohl hellenistisch sein. Einige Gelehrte glauben, etruskische Stilelemente feststellen zu können. Auf jeden Fall ist der Boukephalos das berühmteste Roß der ganzen Weltgeschichte. Es hat Alexandern in allen Schlachten getragen und

hat ihn bis Indien begleitet. Am Hydaspes ist es gestorben. Sein Herr gründete ihm zu Ehren eine Stadt, der er den Namen Boukephala gab. Im Hindukush, im Hamalaja, im Punjab ist die Erinnerung an den Boukephalos lebendig geblieben. Noch heute gibt es in der Nähe von Rawalpindi einen buddhistischen Stupa, der von den Bauern der Gegend als Grab des Boukephalos verehrt wird.
Zum Lehrer Alexanders berief König Philipp II. den Aristoteles. Aristoteles ist geboren im Jahre 384 vor Christi Geburt in einem abgelegenen Tal der Chalkidike in Stagira, einem kleinen Ort, der noch heute von herrlichen Wäldern umgeben ist. Sein Vater Nikomachos hatte als Arzt dem makedonischen Königshaus gedient. Diese alte familiäre Beziehung mag zur Berufung des Aristoteles nach Pella beigetragen haben.
Aristoteles ist nächst Platon der bedeutendste Geist der griechischen Philosophie. Das dürfte der höchste Ehrentitel sein, den die Herrin der Wissenschaft zu vergeben hat. Nach Aristoteles' eigener Definition umfaßt Philosophie die Gesamtheit aller erkennbaren Gegenstände. So war er Zoologe, Botaniker, Meteorologe, Physiker, Metaphysiker, Ethiker. Besonders eindringlich hat er sich mit den Grundformen des Denkens, der Logik, befaßt. Aristoteles hat die Geistesgeschichte Europas entscheidend mitbestimmt. Viele Jahrhunderte lang haben die Gelehrten des Westens aus dem Born seines Wissens geschöpft. Sogar im philosophischen Denken des Judentums und später des Islam hat er eine Rolle gespielt. Avicenna war einer

▶ *Römisches Mosaik aus Pompeji. Die Platonische Akademie*

Marmorbüste des Aristoteles

seiner Anhänger. Viele der Werke des Aristoteles wären ohne die arabischen Übersetzungen für uns verloren gewesen. Thomas von Aquin verschmolz die aristotelische Philosophie mit der christlichen Theologie. In unserem Jahrhundert wurde Aristoteles von Husserl und seinen Schülern als Ahnherr der Phaenomenologie und der Ontologie wiederentdeckt.
Mit siebzehn Jahren ging Aristoteles nach Athen und trat in die Akademie Platons ein. Er blieb dort bis zu seiner Berufung nach Pella – mehr als zwei Dezennien. Ein Mosaik aus Pompeji zeigt Platon im Kreis seiner Schüler. Der Meister lehnt sich an den Ölbaum und zeichnet mit dem Stock in den Sand. Aristoteles ist wahrscheinlich der, der an der Säule sitzt.

»Der Ölbaum des Platon« an der Straße von Athen nach Eleusis

In der rechten oberen Ecke ist, ganz der Topographie entsprechend, die Akropolis wiedergegeben. Die Akademie lag etwas außerhalb Athens an der Straße nach Eleusis. Der Ölbaum, an den Platon sich lehnt, existiert noch. Der Umfang seines Stammes erlaubt die Annahme, daß der Baum tatsächlich zweieinhalbtausend Jahre alt ist. Es ist ein geschichtlicher Glücksfall gewesen, daß es Aristoteles war, der zum Lehrer Alexanders berufen wurde. Er hat seinen Schüler in allen Wissenschaften unterrichtet und so dem jungen Prinzen zu einer gediegenen Bildung verholfen. Auch dürfte es nicht ohne Bedeutung gewesen sein, daß Aristoteles ein Mann war, zu dem sogar Alexander aufblicken konnte. Der König hat während seines ganzen Feldzuges mit Aristoteles Briefe gewechselt, in denen wissenschaftliche Fragen die Hauptrolle spielten.

Die Grundlage der moralischen Erziehung des Prinzen war das Heldenlied der Ilias. Der Papyros BM 486 D enthält die Verse 502 bis 537 des Elften Gesangs der Ilias. Er stammt noch aus dem 3. Jahrhundert vor Christi Geburt und ist damit eines der ältesten uns erhaltenen Homerfragmente. Erzählt wird, wie Paris den Arzt Machaon verwundet, welchen alsbald auf Idomeneus' Rat Nestor in seinem Wagen zu den Schiffen rettet, und wie Kebriones den machtvoll kämpfenden Hektor antreibt, gegen Ajax und seine Gefährten vorzudringen.

Flinders Petrie, der den Papyros entdeckt hat, gesteht, er habe zunächst nicht erkannt, daß es Verse der Ilias seien. Das lag nicht daran, daß die Schrift so verstümmelt ist, sondern, daß mehrere der Verse in keinem uns bekannten Homermanuskript vorkommen. Die uns erhalten gebliebenen Texte gehen fast alle auf die textkritische Ausgabe des Aristarchos von Samothrake zurück, der etwa hundert Jahre nach Alexanders Tod an der Universität Alexandreia einen Lehrstuhl der Homerologie innehatte. Von Alexandreia wurde der Homer des Aristarchos an Byzanz weitergegeben. Dort war der Homer Schullektüre. Wie aber hat Homer die Eroberung Konstantinopels durch die Türken im Jahre 1453 nach Christi Geburt über-

Papyrosfragment der Ilias aus Aegypten

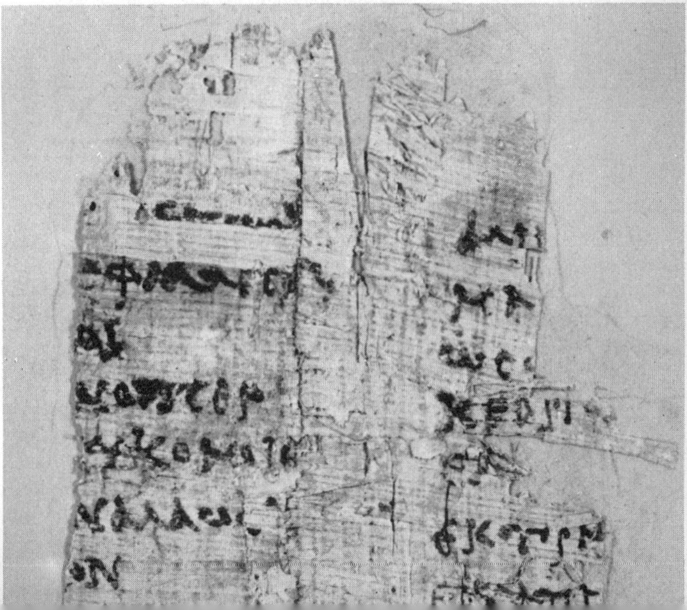

lebt? Dies ist das Verdienst eines einzigen Mannes, des Kardinals Bessarion. Er ist, auf Grund einer merkwürdigen Karriere, der einzige griechisch-orthodoxe Christ, der es, ohne das Schisma abzuschwören, zur Würde eines römischen Kardinals gebracht hat. Johannes Bessarion ist geboren im Jahre 1400 in Trapezunt, das damals Hauptstadt eines Kaisertums war. Er wurde Mönch und später Erzbischof von Nicaea, dem Ort, in dem das christliche Glaubensbekenntnis seine endgültige Fassung fand. Kaiser Johannes VIII. aus dem Hause der Palaiologen nahm Bessarion mit nach Rom, allwo er die Feindseligkeiten zwischen den beiden großen christlichen Kirchen beilegen wollte. Als der Versuch trotz der kaiserlichen Absichten am Widerstand der Kleriker des Ostens gescheitert war, blieb Bessarion in Italien. Papst Eugen IV. ernannte ihn zum Kardinal und schließlich sogar zum Lateinischen Patriarchen von Konstantinopel. Bessarion holte seine kostbare Bibliothek nach Italien. Bei seinem Tod vermachte er sie der Stadt Venedig. Unter den Manuskripten befand sich eines der Ilias, das, im 18. Jahrhundert von einem Franzosen herausgegeben, die Grundlage aller unserer Ausgaben bildet. Die Erhaltung des Hauptwerkes des größten Dichters der Antike verdanken wir der Gelehrsamkeit eines nicht allzu orthodoxen Mönches und dem theologischen Trotz einiger allzu orthodoxer Praelaten.

Von allen Darstellungen Alexanders des Großen ist die wertvollste die sogenannte Azara-Herme im Louvre. Sie wurde in Tivoli entdeckt. Das Verdienst, sie uns erhalten zu haben, gebührt Don José Nicolo de Azara, dem »Wirklichen und Bevollmächtigten Gesandten Seiner Allerkatholischsten Majestät von Spanien beim Heiligen Stuhl«. Azara war jahrzehntelang der Doyen des Diplomatischen Korps in Rom – ein großer Herr, ein Literat von Rang, der Maezen des Malers Raphael Mengs, einer der ersten Sammler von europäischem Format.

Die Gelehrten sind sich darüber einig, daß die Azara-Herme eine römische Kopie einer Marmorplastik des Lysippos ist. Noch als Kopie ist sie von hoher künstlerischer Qualität. Sie entspricht auf das genaueste einer Beschreibung des Plutarch, die er von der berühmtesten Arbeit des Lysippos »Alexander mit dem Speer« gibt. Die Azara-Herme trägt die Inschrift:

ΑΛΕΞΑΝΔΡΟΣ ΦΙΛΙΠΠΟΥ ΜΑΚΕ(ΔΩΝ)

ALEXANDROS SOHN PHILIPPS DER MAKE(DONE)

◀
Gentile Bellini.
Tür eines Tabernakels mit dem Portrait des Kardinals Bessarion

Alexander der Große. Die Azara-Herme

▶ *Alexander der Große. Marmorstatuette aus Priëne*

In jedem Detail spürt man die Hand eines Meisters, den sein großartiges Modell zu einer künstlerischen Leistung höchsten Ranges angespornt hat.
Die in Priëne gefundene Statuette von etwa ein Drittel Lebensgröße, jetzt in den Staatlichen Museen in Berlin, gehört noch ins 4. Jahrhundert, also in die ersten Jahre nach Alexanders Tod. Die linke Hand wurde getrennt von der Plastik gefunden. Sie hielt ein Schwert. Das Bild hat nicht den gleichen künstlerischen Rang wie die Azara-Herme, entschädigt aber durch seinen kräftigen Realismus. Das Haus in Priëne, in dem das Kunstwerk gefunden wurde, war dem Kult Alexanders geweiht.
Ein weiteres Werk ist in Alexandria entdeckt worden. Es stammt aus einer späteren Zeit, dem 2. Jahrhundert vor Christi Geburt. In

der Weichheit der Züge und der ein wenig zu gefühlvoll wiedergegebenen Kopfhaltung ist es ein typisches Beispiel für den Höhepunkt hellenistischer Romantik. Die Plastik befindet sich heute in den Vereinigten Staaten von Amerika.
Ein ganz unglaubliches Schicksal hat der etwas kleiner wiedergegebene Alexanderkopf. Er ist sowohl vorhanden wie nicht vorhanden. Er wird hier zum erstenmal abgebildet. Die Plastik ist offensichtlich nach einem Werk kopiert, das dem Vorbild des Pergamonkopfes sehr ähnlich gewesen sein muß. Ein deutscher Maler hatte, zusammen mit einem Freund, die Plastik im Jahre 1900 in Aegypten erworben. Der Maler starb. Der Freund hatte das kostbare Stück in seinem Haus in Schlesien aufgestellt. 1945, bevor er

Alexander der Große. Marmorkopf aus Aegypten

◀ *Alexander der Große. Marmorkopf aus Alexandria*

nach dem Westen floh, vergrub er es im Garten. Der Garten war groß, halt ein schlesischer Obstgarten. Später, als er einen Lageplan zeichnen wollte, mußte er feststellen, daß er die Stelle, an der er den Schatz vergraben hatte, nicht mehr wußte. Unterdessen ist auch er gestorben.

Von künstlerischer Feinheit und menschlicher Anziehungskraft zugleich ist der aus Pergamon stammende Kopf Alexanders aus dem Museum in Istanbul. Auch hier ist wohl Lysippos das große Vorbild gewesen. Die Tradition der Darstellung hat sich über viele Generationen hin kaum verändert. Seinem künstlerischen Rang nach steht das Werk hinter der Azara-Herme nicht zurück. Es gehört der Zeit Eumenes' II. an, des Fürsten, der den berühmten Altar von Pergamon errichten ließ. Alexander ist hier, wie die Stirnfalten zeigen, etwas älter, als er gewöhnlich dargestellt wird. Der ein wenig melancholische Blick dieses männlichen Gesichts bewegt das Herz.

Alexander der Große. Marmorkopf aus Pergamon

Die Imago des großen Alexander zu vervollständigen, sei noch auf einige Darstellungen hingewiesen, die sich auf Münzen und Medaillons finden. Die hier gezeigten Münzen gehören ins 4. Jahrhundert vor Christi Geburt. Die Medaillons sind aus römischer Zeit und stammen aus Abukir. Sie sind eine ganz berühmte Angelegenheit. Freilich beruht dieser Ruhm auf der seit einem halben Jahrhundert unentschiedenen Frage, ob sie ein Wunder römischer Goldschmiedekunst oder ein Wunder meisterhafter Fälschung sind. Im Jahre 1902 erschienen einige orientalische Gentlemen von, wie es in den Berichten heißt, fragwürdigem Aussehen und geheimnisvollem Gebaren in Paris und legten den erstaunten Experten eine Anzahl Goldmedaillons vor, die sehr an die in Tarsos gefundenen erinnerten, zu denen das schon gezeigte Portrait Philipps II. gehört. Die Fachleute der Bibliothèque Nationale mißtrauten den Levantinern. Auch bei den Numismatikern des Britischen Museums in London fanden sie keine Gegenliebe. Die Gentlemen reisten nach Berlin. Heinrich Dressel, der Direktor der Antikenabteilung des Königlichen Münzkabinetts, kaufte fünf der Medaillons für einen abenteuerlichen Preis. Dressel galt in Fachkreisen als ein Kenner von europäischem Rang. So entbrannte alsbald ein heftiger Streit um die Echtheit der Stücke, und dieser Streit ist bis heute noch nicht beigelegt. Auf den Münzen blickt der Kopf jeweils nach rechts, auf den Medaillons nach links. Das erste Paar zeigt Alexandern mit den Ammonshörnern als Andeutung der Abstammung von Zeus. Das zweite Paar (Seite 64 oben) zeigt ihn links in einem Elefantenkopf-

Silbermünze des Lysimachos. Alexander mit den Ammonshörnern

Goldmedaille aus Abukir. Alexander mit den Ammonshörnern

Silbermünze Ptolemaios' I. Alexander mit dem Elefantenkopfschmuck

Goldmedaillon aus Abukir. Alexander als römischer Imperator

Silbermünze. Alexander mit dem Löwenfell des Herakles

schmuck, der an seinen indischen Feldzug erinnert, rechts in der Rüstung eines römischen Imperators. Auf der Münze (unten) trägt Alexander das Löwenfell des Herakles.

Das Abukir-Medaillon Alexanders mit Schild und Speer ist eines der merkwürdigsten Bildnisse, die es von ihm gibt. Es ist von einem geradezu erschreckenden Realismus. Ist es echt, kann es nur nach einem verlorengegangenen zeitgenössischen Vorbild gefertigt sein. Es ist nicht unglaubhaft, daß Alexander so ausgesehen hat

nach dreizehn Jahren Krieg, Strapazen, Verwundungen, Krankheiten, Attentaten, nach dem Tod seines Freundes Hephaistion und all den Enttäuschungen großen Formates, denen der Staatsmann ausgesetzt war.
Was wir von Alexander wissen, in seinem Gesicht finden wir es wieder. Dies war der Mann, der in der kurzen Dauer seines königlichen Lebens »die Welt verwandelt hat«.

Goldmedaillon aus Abukir. Alexander mit Schild und Speer

Der Gott Ahuramazda am Tor des Tripylon von Persepolis ▶

II Wunder und Rätsel eines Weltreichs

Das Persische Reich, das Kyros der Große aus dem königlichen Hause der Achaimeniden in der Mitte des 6. Jahrhunderts vor Christi Geburt begründete, war das erste Weltreich der Geschichte. Zwar hatten schon vorher im Alten Orient bedeutende Staaten weite Gebiete beherrscht – Aegypten, Babylon, das Hethitische, das Assyrische Reich. Sie alle sind durchaus Großmächte gewesen. Eine Schöpfung jedoch, welche ihrer Macht, ihrer Ausdehnung, ihrer Dauer und Ausstrahlung nach mit Fug ein Weltreich genannt werden kann, haben als erste die Perser hervorgebracht.
Die Perser sind Iranier. Sie kamen aus der Steppe, die sich quer durch den eurasischen Kontinent von der Donau bis zum Baikalsee hinzieht, jenem grenzenlosen Weideplatz ungezählter Nomadenvölker, von denen von Zeit zu Zeit eines aufbrach, die Zivilisation zu erobern. Die iranische Sprache ist ein Zweig des Indogermanischen. Sie ist mit dem Griechischen und dem Sanskrit verwandt. Den Alten Orient, den Schauplatz ihrer Geschichte, betraten die Perser, etwa um die Wende vom zweiten zum ersten Jahrtausend vor Christi Geburt, im nördlichen Iran. Allmählich drangen sie nach Süden vor. Zu Beginn ihres Aufstiegs saßen sie in der fruchtbaren Persis, dem Kernland ihres späteren Weltreichs. Sie waren ein junges Volk, das in eine Welt alter Überlieferungen einbrach. Und diese Welt, wie – mit einem Gedankenblitz Horizonte erhellend – Olmstead sagt, war nicht nur alt; sie wußte auch, daß sie alt war. Nichts konnte überraschender sein, als daß die Eroberer, weit entfernt, Barbaren zu sein, die Zivilisation bereicherten.
Das Weltreich der Perser wurde in weniger als einem halben Jahrhundert errichtet. Es erstreckte sich schließlich von den Grenzen Aethiopiens im Süden bis zum Kaukasus, zum Kaspischen Meer und zum Aralsee im Norden, von den Küsten des Mittelmeers im Westen bis zum Tal des Indus im Osten. Die Baumeister dieses Imperiums waren Kyros und Dareios I., der Große. Ihre Schöpfung hat zweihundert Jahre bestanden.
Es hat in diesem riesigen Reich natürlich immer irgendwo irgendwelche Schwierigkeiten gegeben – Abfall von Randvölkern, Revolten wilder Gebirgsstämme, Satrapenaufstände und dazu, beinahe überlieferungsgemäß, bei jedem Thronwechsel mörderische Intriguen. Aber Kriege hat es in diesen beiden Saecula nur wenige gegeben. Die Völker genossen Frieden, Sicherheit, Wohlstand. Die Pax Achaemenica war eine der glücklichen Epochen in der Geschichte der Menschheit.
Das Wunder des historischen Erfolgs der Perser läßt sich erklären. Ein natürliches Talent für politische Organisation hatten sie als

Erbe der Steppe mitgebracht. Sie hatten, ein sympathisches Symptom ihrer jugendlichen Frische, Respekt vor Traditionen. Beide Eigenschaften verbanden sie auf die glücklichste Weise miteinander, indem sie die Ehrwürdigkeit jeder Tradition zugleich immer auch auf ihre politische Brauchbarkeit hin prüften. Dieses Verhalten erklärt ihre Toleranz in Dingen der Religion. Sie war von einer Generosität, der Europa wenig an die Seite zu stellen hat.

Religiöse Toleranz war in dieser Welt etwas völlig Neues. Fühlte doch jeder Sieger sich verpflichtet, den Gottheiten, die ihm zum Sieg verholfen hatten, so viele opferbringende Anhänger wie möglich zuzuführen. Die Völker des Alten Orient ertrugen die wechselnden Herren und die wechselnden Götter mit Gelassenheit. Sie besaßen eine in langen Zeitläuften, in tausend Nöten des Lebens, in Gefahren, Kriegen und Aufständen, in Dürre und Pestilenz erworbene Geduld, eine schier unbegrenzte Fähigkeit, Unglück zu ertragen, insbesondere das Unglück, regiert zu werden. Sie wußten, wie alt sie waren! Diese Geduld machte das Regieren leicht, solange die Herrscher die Regierten nicht übermäßig bedrückten. Die Perser hatten die Vernunft, milde zu sein. Es war der angenehmste Gegensatz zu der Grausamkeit der vor kurzem erst von den Babyloniern besiegten Assyrer. Sogar bei Jesaja wird Kyros, der die von den Assyrern nach Babylon verschleppten Kinder Israels in ihre Heimat entließ, der Gesalbte genannt. Jehova sagt, Er habe des Königs rechte Hand ergriffen, auf daß Er die Heiden ihm unterwerfe.

Was die Baumeister des Persischen Reiches, die für eine große Zukunft bauten, wohl am wenigsten von dieser Zukunft befürchteten, war, daß ihre Vortrefflichkeit dazu führen würde, dem Eroberer ihres Reiches seinen Sieg zu sichern. Aber gerade daß Alexanders Genie Kyros' und Dareios' politische Weisheit begriff und daß er den Versuch unternahm, Sieger und Besiegte miteinander zu versöhnen, war eine der Ursachen dafür, daß der Genius Persiens die makedonische Eroberung überlebte. So einzigartig Alexander war, so sichtbar die von ihm herbeigeführte Verwandlung der Welt den Stempel seiner außerordentlichen Persönlichkeit trug, seine politische Intelligenz war von so souveräner Vorurteilslosigkeit, daß er sich niemals scheute, von Gegnern zu lernen. Alexander hatte guten Grund, die staatliche Organisation der Perser zu bewundern. An seinen eigenen Mühen und Anstrengungen konnte er ermessen, von welch zäher Lebenskraft dieses Staatswesen war. Es zu erobern hat er doch immerhin ein Dezennium lang kämpfen müssen. Noch bevor dieser Kampf beendet war, stellte Alexander die von Dareios I. geschaffenen politischen Institutionen, soweit sie infolge des Krieges zu funktionieren aufgehört hatten, wieder her. Er ließ die staatliche Einteilung des riesigen Reiches in Satrapien zunächst unverändert. Vielfach übergab er die örtliche Regierungsgewalt sogar denselben Satrapen, die sie schon unter Dareios III. innegehabt hatten. Er übernahm die aus Elamiten, Babyloniern und Syrern bestehende Verwaltungsbürokratie. Sie hatte im Perserreich ausgezeichnet funktioniert. Sie funktionierte, wie es die Art von Bürokratien ist, unter Alexander und sogar noch unter seinen Nachfolgern, den Seleukiden, ausgezeichnet weiter. Kanzleisprache blieb das bis dahin im Achaimenidischen Reich verwendete Aramaeische. Damit wurde für weitere Jahrhunderte diese Sprache zur Lingua franca des ganzen Ostens, wie später das Griechische die *κοινή* der mediterranen Welt wurde und noch später das Lateinische die Sprache der Kanzleien, der Kirche und der Wissenschaft des europäischen Mittelalters. Noch Jesus hat, unbeschadet dessen, daß er als Schriftgelehrter ein Kenner des Hebraeischen war, im täglichen Leben Aramaeisch gesprochen.

Die Sprache ist bis heute lebendig geblieben. Sie wird in Teilen der jüdischen Liturgie rezitiert, wird in der Syrischen Kirche verwendet und wird noch gesprochen in Dörfern des Antilibanon, Südostanatoliens und in Armenien am Ostufer des Urmiasees. Noch ihre letzten Reste weisen durch die weite Verbreitung auf ihre einstige Weltgeltung hin.

Das Wichtigste, was Alexander aus dem alten in sein neues Weltreich übernahm, war die Königstradition. Sie war schon von den Medern ohne Bruch auf Kyros übergegangen. Alexander, selbst königlichen Geblütes, respektierte das Charisma der Königswürde seines Gegners. Er ließ den von seinen eigenen Leuten ermordeten Dareios mit königlichen Ehren begraben. Später heiratete Alexander Prinzessin Stateira, eine Tochter Dareios' III. Wäre dieser Ehe ein Sohn entsprossen, er hätte das Charisma der makedonischen und der persischen Könige geerbt.

Zu den Rätseln des Achaimenidischen Reiches gehört seine Kunst. Obwohl ein junges Volk von hoher künstlerischer Begabung, haben die Perser im Rahmen ihrer neuen Weltmacht keine junge, neue, einer Zukunft fähigen Kunst hervorgebracht. Die alten Kunstdenkmäler, mit denen sie als Eroberer in Berührung kamen, haben wohl Eindruck auf sie gemacht und vielleicht sogar einen zu tiefen. Die

Die Ebene von Pasargadai in der Persis ▶
mit dem Grabmal Kyros' des Großen

achaimenidische Kunst ist synkretistisch, ist aus elamischen, mesopotamischen, urartischen Elementen gemischt. Die Perser haben diese Kunst zu einer wunderbaren Blüte gebracht. Persepolis gehört zu den bedeutendsten und schönsten Denkmälern, die das Altertum hinterlassen hat. Es wurde ungefähr ein Menschenalter früher als die perikleische Akropolis erbaut. Merkwürdigerweise haben die Griechen bis zu Alexanders Zeit von der Existenz dieser Königspfalz nichts gewußt. Wirkungen hat die großartig monumentale achaimenidische Kunst nur auf die Kunst der Maurya ausgeübt, jenes mächtigen indischen Reiches, das kurz nach Alexanders Auftreten im Punjab von Chandragupta gegründet wurde. Chandragupta war ein indischer Prinz, der als Jüngling Alexandern in seinem Feldlager am Hydaspes besucht hatte und tief von der Erscheinung des Makedonenkönigs beeindruckt worden war. Dieser Maharadscha hat dann auf eine merkwürdige Weise zur Entscheidung der Diadochenkämpfe, die Alexanders Tod folgten, beigetragen. Elefanten, die er nach einer machtpolitischen Auseinandersetzung mit König Seleukos diesem geschenkt hatte, entschieden im Jahre 301 die Schlacht von Ipsos, die zur endgültigen Aufteilung des Alexanderreiches führte. Auch bei den nomadischen Skythen läßt sich der Einfluß der persischen Kleinkunst bis nach Ostsibirien hinein verfolgen. Für den Westen blieb die achaimenidische Kunst ohne Bedeutung. Und für sich selbst blieb sie, was sie von Anfang an gewesen war. Als zweihundert Jahre nach der Erbauung von Persepolis Alexander den Platz besetzte, hatte die achaimenidische Kunst seit Dareios I. keine Veränderungen durchgemacht. Man vergleiche damit, was sich in diesem Zeitraum in Hellas abgespielt hat! Die achaimenidische Kunst ist alt und schön. Aber sie war eine letzte Schönheit des Alten Orient.

Vollends unerklärlich ist aber nun das Rätsel der folgenden Jahrhunderte. Als fünfhundert Jahre nach Alexanders Zeit die Blüte der hellenistischen Epoche vorüber war und die Römer ihr Imperium bis zum Euphrat ausgedehnt hatten, erwachte Persien zu neuem Leben. Und diesmal wurde das politische Aufblühen des Sasanidischen Reiches von einer Renaissance der persischen Kunst begleitet, die von außerordentlichem Reichtum war und tiefen Einfluß auf Europa ausgeübt hat. Auch das teilweise noch aus achaimenidischer Zeit stammende Zeremoniell des sasanidischen Königshofes gelangte über Byzanz an die europäischen Fürstenhöfe, und sogar das mittelalterliche Ritterwesen hat hier seinen Anfang genommen. Noch ein drittes Mal hat dieses begabte Volk die Welt mit seiner schöpferischen Kraft in Erstaunen gesetzt. Nach der Eroberung

Persiens durch die arabischen Mohammedaner trat zwar, in ähnlicher Weise wie nach der Eroberung durch Alexander, eine schöpferische Pause von mehreren Jahrhunderten ein; aber die Renaissance der persischen Kunst vom 9. Jahrhundert nach Christi Geburt an war von einer so überwältigenden Großartigkeit, daß Frye für diese Epoche die Formel geprägt hat: »Persien erobert den Islam.« Von Kyros dem Großen, dem Begründer des Persischen Weltreichs, sind erhalten geblieben sein linker Fuß in Stein, sein Grabmal und sein Ruhm. Auf der Hochebene von Pasargadai in der Persis lag seine Residenz. Die Landschaft ist karg und großartig zugleich. Bei Reisen durch den Hohen Iran, ob man nun auf dem Kamel, im Auto oder mit dem Flugzeug unterwegs ist, hat man immer den Eindruck, daß das Land nur »aus Bergen und Dürre« besteht. Aber überall, wo es Wasser gibt, erblüht sogleich ein Paradies. »Paradies« ist das persische Wort für »Garten«. Die ganze heute fast baumlose Ebene von Pasargadai war ein einziger Park, darin verstreut einige Paläste, deren Grundmauern ausgegraben sind. Dabei ist auch das Bruchstück einer Darstellung Kyros' des Großen ge-

Pasargadai. Bruchstück einer Darstellung Kyros' des Großen

funden worden. Ein geflügelter Genius steht noch heute einsam in der Landschaft. Das Motiv der ›Vier Flügel‹ taucht bei den Erzengeln byzantinischer Mosaiken wieder auf. Die Paläste waren prunkvoll geschmückt. Die ganze Anlage dieser Residenz hatte in ihrer Großzügigkeit etwas tatsächlich Imperiales.
Das Grabmal des Kyros hat den Lauf der Zeiten verhältnismäßig gut überdauert. Freilich, die Grabkammer ist heute leer. Doch ist diese Kammer, in der man gerade eben stehen kann, der einzige in der Welt erhalten gebliebene Innenraum, von dem mit Sicherheit gesagt werden kann, daß Alexander der Große in ihm geweilt hat. Das Grabmal war, als Alexander nach Pasargadai kam, verwahrlost. Der König ordnete an, daß es wieder hergerichtet werde, und vertraute es einigen Magiern zur Pflege an. Als er nach seiner Rückkehr aus Indien erfuhr, daß die Magier sich um seine Befehle nicht gekümmert hatten, bestrafte er sie streng.

◀ *Pasargadai. Relief eines geflügelten Genius*

Pasargadai. Das Grabmal Kyros' des Großen

Das Grabmal wurde 1638 wiederentdeckt von einer Gesandtschaft, die Königin Christine von Schweden an Shah Zafi auf die Reise geschickt hatte. Die Zeichnung ist die erste Darstellung des berühmten Bauwerks, die in Europa bekannt wurde. Wenn auch der Zeichner es in rührend naiver Weise ein wenig europäisiert hat, ist es doch gut zu erkennen. Die Zahl der Stufen freilich stimmt nicht. In Pasargadai wurden die achaimenidischen Könige gekrönt. Die Zeremonie bestand darin, daß der Thronanwärter ein Gewand des Kyros anzog und eine Bauernmahlzeit einnahm.

Das Monument gilt merkwürdigerweise bei den Nomaden als das Grabmal der Mutter König Salomos. Wenn sie auf ihren Trecks im Frühjahr und im Herbst in Pasargadai vorbeikommen, führen sie in feierlichem Ritus das Leitkamel des Stammes dreimal um das Grabmal herum und bestreichen die steinernen Stufen mit Stutenmilch und Honig. Wann und wie dieser Brauch entstanden ist, weiß man nicht.

Pasargadai. Skandinavische Gesandtschaft entdeckt 1638 das Grabmal

Pasargadai. Feueraltäre aus Kyros' Zeit

Eine archaeologische Besonderheit von Pasargadai sind zwei Feueraltäre aus Kyros' Zeit. Sie sind nicht ausgegraben; sie stehen seit ihrer Errichtung auf dieser von einem Bach durchflossenen Wiese inmitten blühender Blumen und verwittern still vor sich hin. Wieviel von ihnen mag wohl nach weiteren zweieinhalbtausend Jahren noch übrig sein?
Das Zagrosgebirge, das sich von Nordnordwest nach Südsüdost über mehr als tausend Kilometer erstreckt, trennt Mesopotamien, die von Euphrat und Tigris durchflossene Niederung, vom Hochland Iran. Die Gipfel des wilden Gebirges erheben sich bis zu viertausenddreihundert Meter, also fast zur Montblanc-Höhe. Der Zagros ist ein Fluchtgebirge. In schwer zugänglichen Tälern leben

»Das Tor Asiens« im Zagrosgebirge

viele Reste besiegter Völker. In der Wildnis haben sie Schutz gesucht und Schutz gefunden. In alten Geschichten träumen sie vom Glanz verlorener großer Vergangenheit. An manchen Stellen ziehen noch immer, wenn das Gras in der Steppe zu welken beginnt, Nomaden mit ihren Herden auf die grünen, wasserreichen Hochalmen hinauf.

Bei Bisutun, etwa in der Mitte des Gebirgszuges, hat der Zagros einen Einschnitt. Die Perser, die in Mesopotamien gelernt hatten, Straßen zu bauen, verbanden über diesen bequemen Paß hinweg Babylon mit Ekbatana. Später wurde dieses Stück zu einem Teil der berühmten »Straße der Seide«, auf der die Kamelkarawanen die Ballen des kostbaren Stoffes von China zum Mittelmeer brachten. Der Paß von Bisutun wird das Tor Asiens genannt. Ungezählte Feldherrn, siegreiche und geschlagene, sind im Lauf der Jahrhunderte mit ihren Heeren hier vorbeigezogen. Die erste war die Königin Semiramis von Babylon, der letzte General Ahmed-Pasha, der 1731 Ekbatana auf fünfzig Jahre für den türkischen Sultan in Besitz nahm. In dieser Landschaft großer Geschichte ließ König Dareios I. in eine schroffe Felswand, sechzig Meter oberhalb der Karawanenstraße, ein Relief einmeißeln, das darstellt, wie ein Rebell, den Dareios unterworfen hatte, in Ketten vor den König geführt wird. Die Inschrift zählt die Taten des Königs auf. Ausführlich berichtet sie, wie Dareios die Thronwirren nach dem Tod des Kambyses beendete. Ein Magier namens Gaumata, der erfolgreichste Hochstapler der Weltgeschichte, hatte sich durch eine Namensfälschung in den Besitz des Thrones gebracht. Dareios, ein echter Achaimenide aus königlichem Hause, machte sich zum Haupt einer Verschwörergruppe und tötete Gaumata. Dann stellte er mit schnellen, kräftigen Schlägen, darin Alexander dem Großen ähnlich, die schon der Anarchie verfallende Ordnung des Reiches wieder her.

Der König ist eine machtvolle Erscheinung gewesen. Die Darstellung auf dem Relief von Bisutun zeigt bei all ihrer Monumentalität und archaischen Vereinfachung doch sehr deutlich, daß dieser Mann ein Herrscher von Geblüt war. Er hat in Krieg und Frieden gewaltige Taten vollbracht. Er eroberte das Fünfstromland, und wahrscheinlich hat er sogar den Ganges erreicht. Nichts könnte ungerechter sein, als Alexandern seinen Zug nach Indien als ein romantisches Abenteuer vorzuwerfen. Der Punjab war eines der

◀ *Felsen von Bisutun von Südost gesehen*

Bisutun. Felsrelief Dareios' des Großen ▶

Bisutun. Detail des Felsreliefs. Kopf Dareios' des Großen

reichsten Gebiete des Achaimenidischen Reiches. Allein an Steuern lieferte die Indische Satrapie jährlich dreihundertsechzig Talente in Goldstaub ab, eine gewaltige Summe. Alexander folgte nur der großräumigen strategischen Planung seines erfolgreichen Vorgängers. Zweihundert Jahre Frieden beweisen, wie recht Dareios und mit ihm Alexander hatten. Daß Alexanders früher Tod die Konsolidierung seiner Eroberungen unterbrach, spricht nicht gegen ihn. Den Seleukiden, seinen Nachfolgern, ist sie kurze Zeit später gelungen. Auch den Ganges haben baktrische Griechen schon vier Jahrzehnte nach Alexander erreicht. Lange Jahrhunderte hindurch stand die Kunst Indiens unter griechischem Einfluß.

Dareios gründete, wie vor ihm schon Kyros, Städte in der Mark Baktrien, um das Land zwischen Oxos und Jaxartes vor Einbrüchen der immer angriffslustigen Reitervölker der mittelasiatischen Steppe zu schützen. Auch hierin ist Alexander ihm gefolgt. Er hat noch von Kyros angelegte Befestigungen intakt vorgefunden. Und auch hier

wird durch spätere Katastrophen bestätigt, wie berechtigt die Vorsicht war.
Der Perserkönig setzte nach Europa über. Mit der militärischen Besetzung Thrakiens brachte er die Nordküste des Aegaeischen Meeres in seine Hand. Der König von Makedonien, Amyntas, schickte Wasser und Erde als Zeichen der Unterwerfung. Dareios überschritt die Donau zu einem Feldzug gegen die Skythen. Das Fragment einer Tontafel mit altpersischem Keilschrifttext ist kürzlich in Rumänien ausgegraben worden. Am Nordrand des Schwarzen Meeres entlang marschierend, gelangte Dareios bis zur Wolga in der Gegend von Stalingrad.
Die Hellenen des Festlandes hatten einen Aufstand der Ionischen Städte Kleinasiens gegen die Perser unterstützt. Dafür wollte der Großkönig sie bestrafen. Doch wurde das Heer, das er nach Hellas schickte, bei Marathon besiegt. Aber noch nicht einmal das war die erste Ursache der Feindschaft zwischen Persern und Hellenen. Schon unter Kyros hatte der Streit um die Ionischen Städte begonnen. Es war eine »Erbfeindschaft«. Im Grunde galt schon der Trojanische Krieg Persern und Hellenen als eine Auseinandersetzung zwischen Asien und Europa.
So gewaltig die Kriegstaten des großen Dareios auch immer gewesen sein mögen, bedeutender noch war er als ein Vater des Friedens. Vom Punjab aus schickte er eine Expedition den Indus hinab, den Seeweg von der Indusmündung nach Aegypten zu erforschen. Er befahl den Bau eines »Suezkanals«, einer Wasserstraße, die den Nil und auf diesem Wege das Mittelmeer mit dem Roten Meer verband. Er teilte das Reich in Satrapien ein. In seiner Grabinschrift werden deren neunundzwanzig genannt. Er ordnete die Verwaltung. Er ordnete sie so gut, daß noch Alexander sich ihrer erfolgreich bedienen konnte. Er baute Straßen. Er schuf – auch dies eine persische Premiere der Weltgeschichte – die erste Post. Er förderte den Handel. Er befahl, einen Gesetzeskodex aufzustellen. Zum Vorbild nahm er sich den großen Hammurabi. Er führte den Gebrauch von Münzen ein. Er ist in der Geschichte des Geldes der erste Herrscher, dessen Bild auf einer Münze erscheint. Alle Monarchen der Welt haben ihn nachgeahmt. Von dem goldenen Dareikos mit dem Bild des Königs gibt es auf der Welt nur noch ganz wenige Exemplare. So ist dieser Dareikos heute so viel wert wie in Dareios' Tagen eine ganze Kamellast Goldes. Der König ist dargestellt mit dem Bogen als dem Symbol seiner Macht. Wie Herodot erzählt, lehrte man die jungen Aristokraten am persischen Hof nur drei Dinge – Reiten, Bogenschießen und ›die Wahrheit sagen‹.

Die Inschrift von Bisutun ist offenbar vervielfältigt und in alle Satrapien verschickt worden. Die Staatlichen Museen in Berlin besitzen Fragmente eines Papyros aus einer persischen Militärkolonie in Elephantine, Oberaegypten, die in aramaeischer Sprache Stücke des Textes der Bisutun-Inschrift enthalten. Diese geringfügigen Fragmente sind in ihrer Zufälligkeit ein Beweis für die Größe des Achaimenidischen Imperiums und die Vortrefflichkeit seiner Verwaltungsorganisation.

In Bisutun ließ der König, nachdem die Steinmetzen und Bildhauer ihre Arbeit beendet hatten, die Stufen, die zum Relief hinaufführten, beseitigen. Das hatte zur Folge, daß nun zwar niemand mehr das steinerne Dokument beschädigen konnte; aber auch lesen konnte es von da an niemand mehr. Es ist fast, als hätte Dareios sowohl den Propheten Mohammed als auch die modernen Archaeologen vorausgesehen. Auf diese Weise nämlich ist das Relief der bilderfeindlichen Zerstörungswut fanatischer Moslimin entgangen. Geheimnisvoll, wie von Geistern erschaffen, schmückte es die Felswand fünfundzwanzig Jahrhunderte hindurch. Als die Schrift, in der der Text des Reliefs gemeißelt ist, vollständig in Vergessenheit geraten war, wurde dieses jedem Beschauer unzugängliche steinerne Dokument der Schlüssel zur Entzifferung der Keilschrift. Europäische Reisende am Beginn der Neuzeit studierten die Inschrift durchs Fernrohr und zeichneten Teile davon ab. Dem Göttinger Oberlehrer Grotefend gelang es als erstem, einige Namen und Titel zu entziffern. Ein junger Offizier der East India Company namens Rawlinson erkletterte schließlich unter beträchtlichem per-

Aramaeischer Papyros mit Text aus der Bisutun-Inschrift

Goldmünze Dareios' I. *Goldmünze Dareios' III.*

sönlichen Risiko die Felswand und begann die Inschrift zu kopieren. Auf einer zweiten Expedition brachte er alpinistische Ausrüstung mit. An einem Seil ließ er sich an der Felswand bis zur Inschrift hinunter, um seine Arbeit des Kopierens fortsetzen zu können. Die Mühe muß unsäglich gewesen sein. Später, als Rawlinson die Entzifferung der Keilschrift gelungen war, fand man heraus, daß die Inschrift in drei Sprachen abgefaßt ist – in Medisch, Altbabylonisch und Altpersisch. Das Altpersische war königlichen Inschriften vorbehalten.

Die zweite Goldmünze zeigt Dareios III., den Gegner Alexanders, in der gleichen Stellung als Bogenschütze wie Dareios I. Die Überlieferung war vollständig stabil. In hundertundfünfzig Jahren hat es keine künstlerische Entwicklung gegeben. Das Zylindersiegel zeigt den Großkönig bei der Löwenjagd, diesem königlichen Sport, dem auch Alexander mit Leidenschaft oblag. Über dem Wagen ist das Symbol Ahuramazdas, des von den Achaimeniden verehrten Gottes, angebracht. Die Frage, zu welcher Religion die persischen Könige sich bekannt haben, ist ein schwieriges und noch nicht gelöstes Problem. Die Inschrift auf dem vergrößert dargestellten Siegel (Seite 86) ist ebenfalls dreisprachig – Persisch, Elamisch und Babylonisch.

Abdruck eines Zylindersiegels. Dareios der Große auf der Löwenjagd

Das Leben am Hofe der Achaimeniden war prunkvoll und gefährlich. In seinem eigenen Herrschaftsgebiet lebte jeder Satrap wie ein kleiner König. Bei Hofe dagegen war er, wie es bei den Machtkämpfen in absolutistischen Systemen immer der Fall ist, allen Intriguen und Verleumdungen ausgesetzt. Es genügte, daß der König – und wenn es auch nur im Zorn geschah – einen Mann seiner Umgebung beim Gürtel packte, schon ergriffen die Wachen ihn, führten ihn hinaus und erdrosselten ihn. Dies war auch das Schicksal eines Griechen, der Dareios III. einen Ratschlag gegeben hatte, dessen Befolgung zu Alexanders Verderben hätte führen können. Diese höfische Welt wurde noch bereichert durch all die Unruhe, die ein von Eunuchen bewachter Harem auszustrahlen pflegt. Betrachten wir das Schicksal eines der großen Satrapen, über den wir nicht nur besonders gut orientiert sind, von dem wir sogar wissen, wie er ausgesehen hat!
Tissaphernes, persisch Cithrafarna, war Satrap von Lydien und Karien und gleichzeitig Oberbefehlshaber der persischen Armee in Kleinasien. Alexander hat später die zivile von der militärischen Befehlsbefugnis getrennt. Zu genau hatte er persische Innenpolitik studiert! Tissaphernes hat etwa zur Zeit des Peloponnesischen Krieges gelebt. Die Münze, ein Exemplar von außergewöhnlicher Schönheit, trägt sein Bildnis. Schon sie prägen zu lassen war eine kühne Tat und zugleich ein Beweis für den souveränen Hochmut

Zwei frühe, von persischen Satrapen geschlagene Silbermünzen, die linke mit dem Kopf des Tissaphernes, die rechte mit dem des Pharnabazos

des Satrapen. Noch nie war bisher auf der Vorderseite einer Münze etwas anderes dargestellt gewesen als ein Gott, ein Hero oder ein idealisierter König. Diese Tetradrachme ist nicht nur die erste Münze, die einen Menschen zeigt, der nicht königlichen Geblütes ist, sie ist auch die erste Münze, die einen Menschen portraitähnlich wiedergibt. Wenig früher nur hatten die hellenischen Bildhauer damit begonnen, Portraitbüsten in Marmor auszuführen. Persische Portraitkunst in Marmor ist nicht bekannt; wie denn überhaupt die persische Kleinkunst lebendiger war als die Monumentalkunst der Paläste. Tissaphernes' Arroganz kann man leicht an seinem Gesicht ablesen. Zweifellos ist das ein großer Herr und ein Mann von hoher Intelligenz gewesen; und dabei sieht er doch eigentlich auch wieder ganz sympathisch aus.

Sein Malheur begann, als Dareios II. ihn aufforderte, Tribute der Ionischen Städte Kleinasiens an die Hofkammer abzuführen. Tissaphernes besaß das Geld nicht mehr. Um es wiederzubeschaffen, schaltete er sich in die Intriguen ein, die zwischen Sparta, Athen, dem Persischen Hof in Susa und den Ionischen Städten gesponnen wurden. Bei diesem Versuch hatte er kein Glück. Er erregte das

Mißfallen des Hofes und wurde seines Kommandos in Lydien enthoben. Sein Nachfolger wurde Kyros der Jüngere, ein Bruder Artaxerxes' II. Tissaphernes geriet mit ihm in Streit. Kyros sammelte ein Heer. Seine offizielle Version war, daß er Tissaphernes bekämpfen wolle; in Wahrheit war dieses Heer dazu bestimmt, Artaxerxes II. vom Thron zu stoßen. Tissaphernes warnte den König. Dann besiegte er Kyros' Armee bei Kunaxa. Kyros fiel. Die griechischen Söldner des Rebellenprinzen beraubte Tissaphernes durch einen Trick ihrer Offiziere. Doch konnte er nicht verhindern, daß die Söldner unter der Führung Xenophons, eines Gentleman, der nie Soldat gewesen war, in ihrer berühmten »Anabasis« durch ganz Kleinasien zur Küste des Schwarzen Meeres »hinaufzogen«. Dem uns erhaltenen Bericht, den Xenophon über diesen Marsch verfaßt hat, verdanken wir eine Menge Kenntnisse über das persische Kleinasien. Schon in Pella mag es Alexandern nachdenklich gestimmt haben, daß eine Armee von griechischen Söldnern ungestört so große Teile des Achaimenidischen Reiches durchqueren konnte. Tissaphernes geriet schließlich in Streit mit Pharnabazos, dem Satrapen von Phrygien. Pharnabazos war zweifellos ein ebenso großer Herr wie Tissaphernes und von der gleichen Arroganz. Vielleicht war er nicht ganz so nett. Es war die gleiche Welt der Intriguen, in der jeder der beiden seine Rolle spielte. Nur daß Tissaphernes, als er, von Pharnabazos besiegt und vertrieben, nach Susa kam, trotz all seiner Verdienste um den Thron auf Betreiben der Königinmutter, die den Tod ihres Lieblingssohnes Kyros nicht verwinden konnte, hingerichtet wurde, während Pharnabazos ungeachtet seiner Mißerfolge bei der Reorganisation der persischen Flotte eine Tochter des Königs zur Frau bekam und dazu den Auftrag, das verlorengegangene Aegypten wiederzuerobern. Obgleich er auch darin erfolglos war, ist er in Ehren gestorben.

Von solcher Art waren die Granden Persiens, die in ihrer Jugend nichts lernten als Reiten, Bogenschießen und ›die Wahrheit sagen‹. Sie alle haben ihr Land gegen Alexander tapfer verteidigt. Nachdem sie verloren hatten, wurden einige von ihnen treue Anhänger des Siegers, andere spielten das alte Spiel der Intrigue weiter, und nur einige wenige haben gegen den Eroberer bis zu ihrem Untergang gekämpft.

Die auf einer kunstvoll ausgebauten Terrasse vor einer felsigen Bergkulisse gelegene Palastanlage von Persepolis bietet einen großartigen Anblick. Vergleichen kann man diese Pracht höchstens noch mit der Schönheit der Akropolis von Athen. Die Akropolis freilich ist älter. Seit mythischer Vorzeit war sie dem Dienst der Götter ge-

Persepolis. Luftbild der Terrasse

Athen. Luftbild der Akropolis

Persepolis. Zeichnung der Ruinen aus dem 17. Jahrhundert

Persepolis. Die große Treppe ▶

weiht, während Persepolis die Residenz eines weltlichen Herrschers war. Jünger als Persepolis ist der Parthenon. Die alten Tempel auf der Akropolis hatte Xerxes zerstört. In größerer Herrlichkeit baute Perikles sie wieder auf. Immerhin – die Pracht der achaimenidischen Königsresidenz dürfte sogar auf die hochmütigen Griechen Eindruck gemacht haben. Nur Alexander konnte nicht vergleichen. Er kannte die Akropolis nicht. Er hat den Parthenon nie gesehen. Er ist niemals in Athen gewesen.
In der steil abfallenden Felswand von Naqsh-i-Rustam, von der ganz links im Hintergrund ein Stück zu sehen ist, befinden sich Grabkammern achaimenidischer Könige, die in Persepolis gelebt haben.
Tausende von Kubikmetern Erde sind bei den Grabungen bewegt worden. Doch erkennt man auf der Zeichnung von Daulier-Deslandes aus dem Jahre 1673, wie viel noch im 17. Jahrhundert über der Erde sichtbar war.
Das eine nach dem Berghang zu gelegene Viereck der Palastanlage ist deutlich dunkler als das übrige Gelände. Diese Verfärbung ist eine letzte Spur des Brandes der »Halle der hundert Säulen«, die nach der Eroberung von Persepolis durch Alexander in Flammen aufging.

Die aus schweren Quadern gefügte Mauer wird an einer Stelle von einer doppelläufigen Treppe unterbrochen. Schreitet man die breiten, niedrigen Stufen hinauf, nimmt man ganz von selbst die Haltung gelassener Würde an. Schon der alte Cornelis de Bruin, der diese Treppe im Jahre 1704 hinaufgestiegen ist, meinte, die Maße ihrer Stufen, die er in seinem Bericht auf den Zoll genau angibt, machten sie zur bequemsten Treppe, die es auf der Welt gebe. Er hat die Treppe zur Brühlschen Terrasse in Dresden nicht gekannt! Oben empfing den Besucher das »Tor des Xerxes«. Es ist hier von der Rückseite her aufgenommen. Die meilenlang schnurgerade Straße, die auf Persepolis zuläuft, kommt von Süden her. Die anreitenden Satrapen hatten angesichts des Palastes ihres Herrschers viele Stunden Zeit, über ihre Sünden nachzudenken. Der Berg, der hinter Persepolis aufragt, hatte den Namen »Berg der Gnade«. Die weite Ebene, an deren Rand die königliche Residenz liegt, ist fruchtbares Land. In Front der Mauer konnte das ganze Reichsheer sich vor seinem Herrscher aufstellen.

Persepolis. Tor des Xerxes

Persepolis. Goldtafel mit Gründungsinschrift in ihrer Steinkassette

Eine großartige Belohnung für die Mühen der Grabungen in Staub und Hitze war der dramatische Augenblick der Entdeckung einer mit Keilschriftzeichen bedeckten Platte, so ehrwürdig, so kostbar und so schön, wie es in der ganzen Welt keine zweite mehr gibt. Die Platte ist aus reinem Gold. Sie hat ein Gewicht von fast fünf Kilogramm. Sie enthält die Daten der Gründung von Persepolis durch Dareios den Großen. Die goldene Platte wurde aus ihrer Steinkassette unversehrt geborgen. Auf der Ausstellung »*Sept Mille Ans d'Art en Iran*« konnte das 20. Jahrhundert das einzigartige Stück bewundern als ein glänzendes Exempel königlichen Stolzes.
Obgleich die Erbauer von Persepolis hauptsächlich auf Monumentalität als Ausdruck der Macht der Großkönige ausgingen, haben sie es an Sinn für Harmonie nicht fehlen lassen. Die weiten freien Plätze stehen in schönem Maßverhältnis zur Größe der Hallen und Paläste. Die Plätze sind mit Trümmern übersät. Eindrucksvoll sind zahlreiche herabgestürzte Kapitelle, mächtige Monolithe, die einst das hölzerne Gebälk trugen. Viele solcher Kapitelle sind Stierköpfe. Hier ist es ein Greif. Die Säulen waren bis zwanzig Meter hoch, während die Säulen des Parthenon nur eine Höhe von etwas über

zehn Meter haben. Vom Apadana, der Audienzhalle, stehen noch dreizehn Säulen. Eine von jeher bewunderte Meisterleistung der Baukunst ist die Lösung, welche die Architekten für das Problem fanden, daß die Felsbastion von Persepolis aus drei Terrassen von verschiedener Höhe besteht. Die Treppe zu der jeweils höheren Terrasse und ihre Mauern sind mit Reliefs geschmückt. Auch hier ist für die künstlerische Konzeption das Leitmotiv gewesen, die Erhabenheit des Königs der Könige darzustellen. Die Gestalten zum Beispiel, die auf einem der Reliefs in langer Reihe einander folgen,

Persepolis. Greifenkapitell

Persepolis. Das Apadana mit dem östlichen Aufgang

bilden die Prozession, welche alljährlich die von Karawanen aus allen Teilen des Reiches herbeigeführten Tribute dem Herrscher darbrachte. Trotz einer gewissen Monotonie ist die Darstellung keineswegs schematisch. Die physiognomischen Unterschiede der Völker sind erkennbar wiedergegeben. Die drei bärtigen Männer auf dem Ausschnitt dürften Syrer sein. Ein witziger Zufall hat es gefügt, daß von den Gegenständen, welche die Syrer in den Händen tragen, einige wiedergefunden worden sind. Die goldene Schale, in die König Xerxes' Name eingraviert ist, wird in Teheran aufbewahrt. Der goldene Armreif stammt aus dem sogenannten Oxosschatz. Er befindet sich heute im Britischen Museum. Die silberne Amphore aus einer Privatsammlung in Basel ist zumindest ganz ähnlich den Gefäßen, die der vorderste der drei Bärtigen trägt.

Persepolis. Leibwächter am östlichen Aufgang zum Apadana ▶

Syrer, die Vasen, Schalen und Armreifen als Tribut darbringen. Die auf dem Relief abgebildeten, von den Syrern getragenen Gegenstände sind zum Teil noch vorhanden.
◄

Goldene Schale mit eingraviertem Namen des Xerxes. Goldener Armreif aus dem Oxosschatz. Silberne Amphore mit Griffen in Form von Pferden

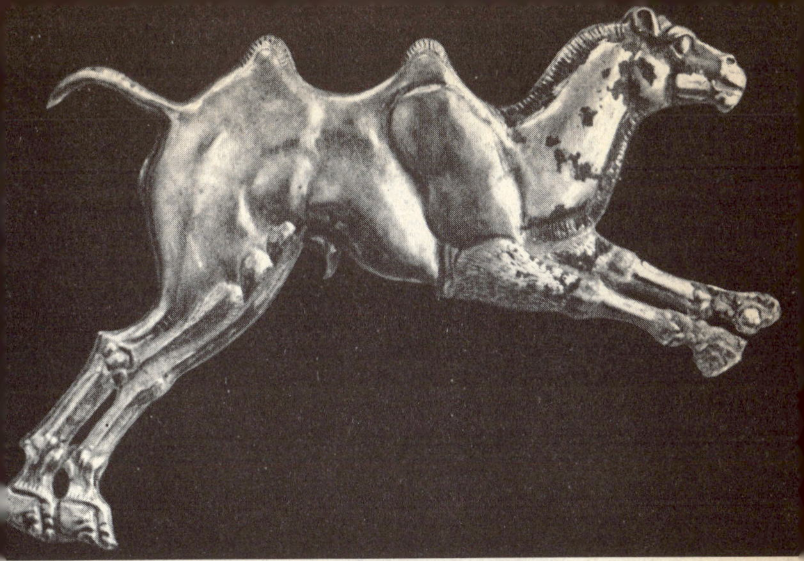

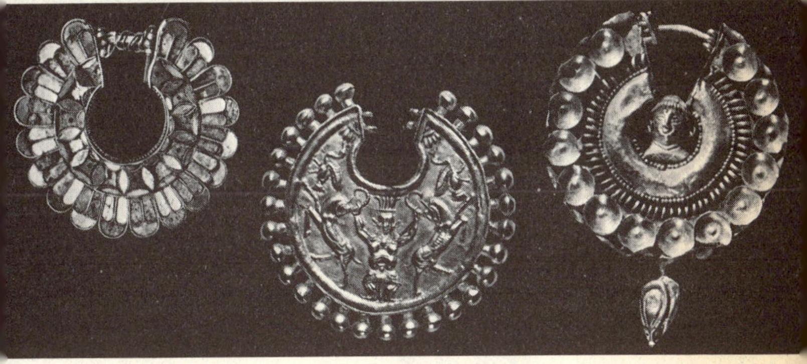

Oben: Goldplastik eines baktrischen Kamels
Unten: Goldene Ohrringe aus dem 5.–4. Jahrhundert v. Chr.

◀ *Silberner, teilweise vergoldeter Vasengriff in Form eines Steinbocks*

Persepolis. Palast Dareios' des Großen ▶

Die Werke der achaimenidischen Kleinkunst sind zuweilen von hinreißender Eleganz; so der Steinbock aus den Staatlichen Museen in Berlin oder der wahrscheinlich den Xerxes darstellende, aus Lapislazuli geschnitzte Kopf, der in Persepolis gefunden worden ist. Zu den köstlichsten Stücken gehören der goldene Rhyton, das springende Kamel und die goldenen Ohrringe.

Dareios der Große. Griechisches Vasenbild

◀ *Persepolis. Relief Dareios' des Großen mit seinem Sohn Xerxes*

Von den Bauten am besten erhalten ist der Palast Dareios' des Großen. Die dunkle Farbe seines Diorit verstärkt den Eindruck feierlicher Strenge. Und doch hat es auch in diesem Palast eine kleine Blumenterrasse gegeben, auf der der Herrscher der Welt sich ergehen konnte.

Große Reliefs finden sich vor allem in den Türdurchgängen. Am Tripylon ist Dareios auf dem Thron sitzend dargestellt. Hinter ihm steht sein Sohn Xerxes. In Neapel gibt es eine ins 4. Jahrhundert vor Christi Geburt datierte Vase mit einer vergleichbaren Szene. Die Darstellungen nebeneinander betrachtet zeigen, daß die achaimenidische Welt den Griechen zur Zeit Alexanders nicht unbekannt gewesen sein kann. Auf der Vase ist der Name des Perserkönigs *ΔΑΡΕΙΟΣ* über seinem Kopf in den Ton geritzt.

Zuweilen brachte es die persische Reliefkunst zu vollendeter Schönheit. Die zarte Figur mit dem Tuch über dem linken Arm und dem Salbentopf in der rechten Hand ist von gleichem künstlerischem Rang wie eine attische Grabstele der klassischen Zeit.

Über all der Pracht von einst ist die Sonne der Geschichte untergegangen.

Persepolis. Relief einer Dienerin im Palast des Dareios

Persepolis. Blick von der Terrasse bei Sonnenuntergang

▼

Naqsh-i-Rustam. Felswand mit Gräbern achaimenidischer Könige

Naqsh-i-Rustam. Sasanidisches Felsbild. Triumph Shapurs I. über Philippus Arabs

◀ *Naqsh-i-Rustam. Das Grab Dareios' des Großen*

Erhaben, streng und großartig wie im Leben waren die weltbeherrschenden Könige auch im Tode. In Naqsh-i-Rustam, nur eine Stunde zu reiten von seinem Palast entfernt, fand Dareios eine Felswand in den Bergen, aus der in halber Höhe seine Grabkammer auszuhauen er befahl. Die Front des Grabes ist, wie der Felsen von Bisutun, mit Reliefs und Inschriften geschmückt. Andere Könige sind seinem Beispiel gefolgt. Heute sind die Gräber leer. Nur die Texte künden noch von den alten Zeiten der Größe. Der sasanidische Herrscher König Shapur I. hat ein halbes Jahrtausend später seinen Sieg über den römischen Kaiser Philippus Arabs an derselben Wand darstellen lassen, um, wie Luschey einmal sagt, den Fürsten der Vergangenheit zu melden, daß Persien seine Freiheit wiedergewonnen habe und die Zeiten des Glanzes zurückgekehrt seien.

Naqsh-i-Rustam. Sasanidisches Felsbild. Investitur Ardashirs I. An dieses Felsbild schließt sich rechts ein weiteres Relief mit Resten eines elamischen Kultbildes an

Sasanidische Felsbilder gibt es viele im Iran. Aber nur in Naqsh-i-Rustam kommen sie zusammen mit achaimenidischen vor. Es gibt an dieser Felswand sogar Reste einer noch früheren Kunst. An die Darstellung der Investitur König Ardashirs I. durch Ahuramazda schließt sich rechts ein weiteres sasanidisches Relief an, das ein älteres elamisches zum Teil überdeckt. Nur eine Figur dieses älteren Kultbildes ist erhalten geblieben. Es schmückte die Felswand schon über tausend Jahre, als Dareios sie zur Grabstätte wählte. Die Schreiber des Dareios konnten die elamische Schrift noch lesen. Die Gelehrten des Atomzeitalters können es wieder.

Zweikampf zwischen einem Griechen und einem Perser. Detail vom Sarkophag des Königs Abdalonymos von Sidon, dem sogenannten Alexandersarkophag

Der Feldzug Alexanders des Großen gegen das Achaimenidische Reich begann mit dem Übergang des makedonischen Heeres über den Hellespont im Frühjahr des Jahres 334 vor Christi Geburt. Alexander III., König von Makedonien, war zweiundzwanzig, Dareios III., König der Könige, Herr und Gebieter der Weltmacht Persien, sechsundvierzig Jahre alt. Im selben Jahr wie Alexander, 336 vor Christi Geburt, zur Regierung gekommen, war Dareios auch darin seinem künftigen Gegner gleich, daß er nach der Thronbesteigung die innere Ordnung seines Reiches hatte wiederherstellen müssen. Dann schlug er einen Aufstand in Aegypten nieder. Zwei Jahre vor Alexander wurden ihm im alten Land am Nil Rang und Würden des Pharao übertragen. Dareios ist keinesfalls ein Schwächling gewesen. Auch in militärischen Dingen war er nicht ohne Erfahrung. Die Welt freilich, in welcher er vor seiner Thronbesteigung gelebt hatte, war trotz ihrer feudalen Struktur nicht kriegerisch. Es war eine Welt des Luxus in Kunst und Leben, eine Welt des Reichtums und der Verschwendung. Politik betrieben die Perser seit Generationen mit Mitteln der Diplomatie. Für die Erledigung militärischer Aufgaben von geringerer Wichtigkeit hatte man griechische Söldner. Es gab deren genug. Hellas mit seiner ständig wachsenden Bevölkerung litt in jenen Dezennien an einer chronischen Lebensmittelknappheit, die zuweilen in Hungersnot ausartete. Auch Alexander hat es nicht zuwege gebracht, diesen Notstand zu beseitigen, und natürlich betrachteten die Griechen, wenn auch nicht ganz mit Recht, ihn und seinen Kriegszug als die Ursache des Übels. Die inneren Streitigkeiten der griechischen Staaten untereinander, zu deren gewöhnlichen Kampfmitteln das Verdikt der Verbannung gehörte, machten immer wieder auch Männer hohen Ranges heimatlos. Themistokles, der aus Athen verbannte Sieger von Salamis, begab sich in den Schutz des Perserkönigs, der ihn großartig aufnahm. Seine ersten Erfolge gegen die Perser mußte Alexander gegen hellenische Söldner in persischen Diensten erkämpfen.
Die kleine Armee, die König Philipp noch im letzten Jahr seiner Regierung nach Kleinasien entsandt hatte, die Ionischen Städte gegen die Perser zu unterstützen, hatte Alexander zunächst zurückrufen müssen. Doch hatte Parmenion, der alte erfahrene General und Kampfgefährte König Philipps, ein kleines Kontingent am Hellespont zurückgelassen. So erfolgte der Übergang des makedonischen Heeres nach Anatolien ohne Störung durch den Feind. Es war eine Trennungslinie, die Alexander überschritt, die Linie, die Europa von Asien trennt. Im Gefühl der Menschen des östlichen Mittelmeers hat es sie seit vorgeschichtlichen Zeiten gegeben. Sie

verlief durch die Aegaeis, den Hellespont, das Marmarameer, den Bosporus und das Schwarze Meer bis zum Kaukasus. Sie ist durch alle Jahrhunderte die gleiche geblieben.

Alexander betrat den Boden Asiens an derselben Stelle, an der Agamemnon mit der Flotte der Achaier gelandet war, Troia zu erobern. Von Agamemnon trennten Alexander nur achthundert Jahre. Das ist derselbe Zeitraum, der uns von den Kreuzzügen trennt. So darf es nicht wundernehmen, daß der König sich für seine Aktion des Homer erinnerte. Auf dem Wasser opferte er dem Poseidon. Es war für ihn wichtig, sich mit dem Herrn der Meere gut zu stellen. Von nun an war die Nachschublinie des makedonischen Heeres an dieser einen Stelle von Wasser unterbrochen, und die feindliche Flotte war der Alexanders weit überlegen. Nach der Landung opferte der König den bei der Belagerung von Troia gefallenen Helden, als erstem Achilleus, dem Stammvater der Familie seiner Mutter. Alexander war höflich genug, auch König Priamos ein Opfer darzubringen. Bei der Eroberung Troias hatte Neoptolemos – als Achilleus' Sohn auch er ein Vorfahr Alexanders – die fragwürdige Heldentat vollbracht, den greisen Herrscher Troias am Altar seines Palastes mit dem Speer zu durchbohren.

Es besteht kein Grund, über den mythologischen Aufwand dieses Kriegsbeginns zu spotten. Ihn romantisch zu nennen, ist ein von modernem Hochmut getrübtes Urteil. Auch die aufgeklärten Intellektuellen des 4. Jahrhunderts vor Christi Geburt standen den Mythen skeptisch gegenüber. Für Soldaten waren sie existent wie die Wolken am Himmel. Hatte doch sogar Xerxes, der Perserkönig, als er sich aufmachte, Hellas zu erobern, erklärt, daß es gälte, die Zerstörung Troias durch die Achaier zu rächen.

Bei seinem Entschluß, die Ionischen Städte militärisch zu unterstützen, hatte König Philipp II. zwei Problemen gegenübergestanden. Der von ihm geschaffene Staat war eine Landmacht. Zur See bedeutete Makedonien nichts. Dauer konnte dieser Schöpfung nur beschieden sein, wenn es gelang, die ausgedehnten Küsten gegen Angriffe von See her zu schützen. Nun hatte Philipp zwar Holz, Pech und Gold genug, Schiffe zu bauen, aber seine makedonischen Bauern waren keine Seeleute. Griechische Matrosen, die er hätte anmustern können, waren ihm nicht zuverlässig genug. Er beschloß, Anatolien zu erobern in der Hoffnung, die persische Flotte, indem er sie ihrer Stützpunkte in Ionien beraubte, aus der Aegaeis vertreiben zu können. Wie sein Sohn später feststellen mußte, ging diese Rechnung nicht ganz auf.

Neben den militärischen Gründen, die aegaeische Gegenküste zu

besetzen, hatte Philipp ein psychologisches Motiv. In seiner Herrschaft über Hellas hatte er sich in weiser Zurückhaltung mit der Stellung eines »Bundesfeldherrn« des von ihm begründeten Korinthischen Bundes begnügt. Mit Ausnahme Spartas gehörten alle wichtigeren griechischen Staaten dem Bund an. Doch hatte Philipps Weisheit nicht vermocht, die Griechen darüber hinwegzutrösten, daß sie sich nicht mehr gegenseitig umbringen konnten. Philipp hoffte, ein von Makedonen und Griechen gemeinsam geführter Krieg werde seiner Stellung als Bundesfeldherr einen panhellenischen Charakter geben.
Alexander, so jung er war, machte sich die auf der politischen Erfahrung eines ganzen Lebens beruhenden Gedankengänge König Philipps zu eigen. Wie kühl hat der junge König kalkuliert! Als er – die erste seiner Regierungshandlungen – die Barbaren an seiner Nordgrenze zur Raison gebracht hatte und nun in unglaublich schnellen Märschen nach Süden rückte, den Aufstand in Hellas zu unterdrücken, wurde ihm berichtet, Demosthenes verspotte ihn auf der Agora als »den Knaben Alexander«. »Nun«, meinte der König, »an den Thermopylen werde ich für Demosthenes ein Jüngling und vor Theben ein Mann geworden sein.« Er war ein Mann von allem Anfang an.
Der mythologische Pomp des Übergangs über den Hellespont faszinierte die makedonischen Soldaten. Zugleich stellte er den panhellenischen Gedanken des Kriegszuges heraus. Mit seiner Werbung um Sympathie bei den Griechen freilich hat Alexander kein Glück gehabt. Je weiter er sich von Europa entfernte, um so weniger waren sie geneigt, ihm zu folgen, bis sie schließlich, als Alexander schon am Fuß des Hindukush stand, einen gefährlichen Angriff gegen seine Basis Makedonien unternahmen. Antipatros, dem Statthalter Alexanders, gelang ein großartiger Sieg über Sparta, die führende Macht des griechischen Widerstandes. Aber das waren spätere Sorgen. Noch stand alles, wie Kriege es so an sich haben, im Glanz heroischen Anfangs.
Den Übergang über den Hellespont haben die Perser nicht gestört, obwohl das für sie leicht gewesen wäre. Der Anmarsch der makedonischen Armee durch Thrakien kann ihnen nicht verborgen geblieben sein. Vielleicht waren die Perser zu hochmütig und ihrer Sache zu sicher. Alexander hat sicherlich seine Erfolge verdient, aber er hat auch immer wieder Glück gehabt. Wie mag wohl sein Horoskop ausgesehen haben?
Der Granikos, an dessen Ufern die erste Schlacht stattfand, entspringt am Berge Ida und fließt in den Hellespont. Es war kein

großes Aufgebot, das die Perser zusammengebracht hatten. In dieser Schlacht war das Heer Alexanders dem des Gegners zahlenmäßig überlegen. Die Perser begingen eine Menge taktischer Fehler, Alexander keinen. Er gewann.
Am Granikos wurden die militärischen Kräfte, über die die Perser in diesem Teil ihres Imperiums verfügten, vernichtet. So kostete es keine große Anstrengung mehr, Anatolien zu besetzen. Sardeis war die alte Hauptstadt Lydiens. Nach dem Sieg der Perser über die Lyder wurde es Mittelpunkt der persischen Macht in Anatolien. Die Stadt wurde mit allen ihren Schätzen ohne Kampf übergeben. Alexander nahm Mithrenes, den persischen Satrapen von Sardeis, in seinen Hofstaat auf und behandelte ihn, sehr zum Erstaunen seiner makedonischen Granden, mit erlesener Höflichkeit. Er bediente sich später dieses vornehmen Mannes, den bei Issos in seine Gefangenschaft geratenen königlichen Frauen die Botschaft seines Wohlwollens zu überbringen, zusammen mit der Nachricht, daß König Dareios noch lebe. Die Städte Smyrna und Ephesos öffneten ihre Tore »dem Befreier vom persischen Joch«. Milet wurde nach kurzem Kampf genommen. Halikarnassos, die Hauptstadt Kariens in der Südwestecke Anatoliens, leistete längere Zeit Widerstand, fiel aber schließlich auch in makedonische Hand.
Gegen Ende dieses ersten erfolgreichen Jahres seines Krieges unternahm Alexander mit einer ausgewählten Schar – Gebirgsjäger sozusagen – einen Feldzug zur Unterwerfung Lykiens, Pisidiens und Pamphyliens. Nur wenige Soldaten der Weltkriege unseres Jahrhunderts dürften sich dessen bewußt gewesen sein, daß sie das Frieren im Winter Alexander dem Großen zu verdanken hatten. Diese seine militärische Aktion in Südwestanatolien, die vom Herbst 334 bis zum Frühjahr 333 dauerte, ist der erste Winterfeldzug der Geschichte. Die Bergvölker in den schwer zugänglichen Tälern des Taurosgebirges hatten sich unter den Persern einen hohen Grad von Unabhängigkeit bewahrt. Der Sinn der Unternehmung Alexanders war, jeder Überraschung, die aus der Etappe kommen konnte, nach Möglichkeit vorzubeugen. Im Frühjahr vereinigte sich der König wieder mit der Hauptmacht seines Heeres, die unter Parmenions Befehl in Gordion überwintert hatte.
Es wäre sehr wohl möglich gewesen, daß Alexander sich mit der Eroberung Anatoliens begnügt hätte. Aber das ist offenbar von Anfang an nicht sein Plan gewesen. Um den ganzen Norden und Osten Kleinasiens hat Alexander sich in einer zunächst überraschenden Nonchalance überhaupt nicht gekümmert. Er ließ diese großen und reichen Gebiete, die sich gegen eine Besitznahme nicht hätten

wehren können, unerobert. Er hat diese Unterlassung auch später nicht nachgeholt. Zwar ernannte er einige Jahre darauf Mithrenes zum Satrapen von Armenien; doch scheint es Mithrenes nicht gelungen zu sein, das ihm zugesprochene Gebiet tatsächlich in seinen Besitz zu bringen. Der noch von Dareios III. eingesetzte Satrap Orontes war sechs Jahre nach Alexanders Tod noch immer Herr über Armenien.

Alexanders Verzicht auf den Osten Anatoliens hat an einer ganz unerwarteten Stelle eine Rolle gespielt. In dem nicht in das Alexanderreich einbezogenen Kappadokien traf die hellenische mit der persischen Kultur sozusagen in Freiheit zusammen. Ein Urenkel des letzten von Dareios III. eingesetzten Satrapen machte sich zum König. Aber dieser Perser war schon ein begeisterter Philhellene. Unter solchen Bedingungen konnte sich ein lebhafter geistiger Austausch ungehindert entfalten. Er ist eine Ursache dafür geworden, daß sich Kappadokien zu einem Zentrum nicht nur des christlichen Glaubens, sondern vor allem auch des christlichen Denkens entwickelte. Die Träger dieser geistigen Bewegung waren die »Kappadokischen Väter«. Die christliche Theologie ist, wie Harnack einmal gesagt hat, eine Schöpfung der griechischen Philosophie auf dem Boden des Evangeliums.

Mit seinem Verzicht ging Alexander ein außerordentliches Risiko ein. Wäre Feldmarschall Kutusow sein Gegner gewesen, dieser große Stratege hätte Alexandern in die weiten Räume Asiens hineinmarschieren lassen und ihn, während er ins Leere vorstieß, über Armenien angegriffen und von seiner Basis abgeschnitten. Der Ratschlag, gegen Alexander in dieser Weise vorzugehen, ist Dareios von einem griechischen Berater tatsächlich gegeben worden. Aber für den König der Könige war der Vorschlag eine Beleidigung, die den Ratgeber das Leben kostete. König Philipp wäre diese Möglichkeit persischer Strategie zu bedrohlich gewesen. Er hätte sich mit Anatolien begnügt. Nur hätte er natürlich, wie es seine Art war, seine Eroberung sorgfältig ausgebaut. Es wäre der Anstrengung wert gewesen, die makedonische Macht auf das Schwarze Meer auszudehnen, an dessen Küsten es zahlreiche griechische Kolonien gab. Die an der Nordküste gelegenen waren die Ausfuhrhäfen der damals wie heute reichen Getreidegebiete zwischen Bug und Don. Dieses staatliche Gebilde wäre sehr stabil gewesen. Es hätte einem Status entsprochen, den das Byzantinische Reich Jahrhunderte hindurch gegen alle Angriffe aus dem Osten verteidigt hat. Alexanders Ziele waren weiter gesteckt. Ihm war, in seiner innersten Seele, gerade daran gelegen, seinen Vater Philipp zu übertreffen.

In seinem Entschluß, in das Zentrum der achaimenidischen Macht vorzustoßen, wurde Alexander durch die Maßnahmen der Perser bestärkt. Zu Lande besiegt taten sie, was in ihrer Lage am schnellsten Erfolg versprach – sie griffen zur See an. Eine Insel der Aegaeis nach der andern fiel in ihre Hand. In Besorgnis erregender Weise näherten sie sich dem empfindlichsten Punkt in Alexanders Position, dem Hellespont. Wie sich herausstellte, genügte es nicht, die persische Flotte aus ihren Stützpunkten in Ionien zu vertreiben. Von See aus konnte jeder einzelne dieser Stützpunkte immer wieder vom Feind zurückerobert werden. Alexander konnte die Perser zur See nur ausschalten, wenn er sie aller ihrer Häfen im östlichen Mittelmeer beraubte. Dies zu erreichen, war sein Plan, als er im Frühsommer des Jahres 333 v. Chr. das Taurosgebirge überschritt. Zunächst besetzte er ohne Widerstand das fruchtbare Kilikien. Ein heftiges Fieber warf ihn aufs Krankenlager. Kaum genesen, brach er im Herbst 333 von Tarsos, der kilikischen Hauptstadt, gen Süden auf. An der Küste Syriens entlangmarschierend, traf er auf das persische Reichsheer unter Führung des Dareios. Es kam zur Schlacht von Issos. Dareios wurde besiegt. Alexander verzichtete auf eine Verfolgung. Er ließ den Rest des persischen Heeres nach Osten entweichen. Damit setzte er sich über eine der ältesten Regeln der Kriegskunst hinweg, nämlich, daß es nach einer gewonnenen Schlacht nichts Wichtigeres gebe als die Verfolgung des geschlagenen Feindes. Alexander widerstand der Versuchung. Seine Landsiege waren ein Bestandteil seiner maritimen Strategie. Der Pedant des Kalküls hielt, ohne je zu zaudern, an seinem Ziel fest, zuerst die Perser aus dem Mittelmeer zu vertreiben.

Fast wäre Alexander in einem Zug bis Aegypten gelangt. Aber Tyros, das phoinikische Venedig, die Mutterstadt Karthagos, weigerte sich, den König in ihren Mauern zu empfangen. Sieben Monate lang mußte er die nie eroberte Stadt belagern. Tyros wurde vollkommen zerstört. Auch Gaza mußte noch belagert und erobert werden. Danach nahm Alexander, ohne Widerstand zu finden, Aegypten in Besitz. Sein erstes großes Ziel war erreicht. Es gab keine persische Flotte mehr. Dies ist das einzige Mal in der ganzen Weltgeschichte, daß eine Landmacht eine Seemacht besiegt hat.

Aegypten mit Hellas zu vereinen war ein Plan, von dem schon Perikles geträumt hatte. Die Griechen haben es Alexandern nicht gedankt, daß er den kühnsten Gedanken ihres größten Staatsman-

Die Dardanellen aus der Vogelperspektive ▶
Zeichnung eines französischen Reisenden des 17. Jahrhunderts

Constantinople
La Propontide ou Mer de Marmar
Gallipoli
Les Dardanelles
L'Hellespont
Chasteau neu
Chasteau neuf d'Europe

Le Mont Olympe
de Bitinie
Burse
Golfe de nicee
Le simois

nes in die Tat umsetzte. Der hellenischen Welt war das östliche Mittelmeer gewonnen. Die Krönung des triumphalen Sieges war die Gründung von Alexandreia in Aegypten. Unter den vielleicht siebzig Städten, die Alexander gründete, gibt es nur zwei Hafenstädte – die eine an der Mündung des Nils, die andere an der Mündung des Indus. Von Aegypten aus führten die Seewege nach Aethiopien und Indien. Was Alexander am Ende seines Kriegszuges nach dem Osten unternahm, war nicht die Eroberung Indiens, sondern die Eröffnung des Seeweges nach dem Fernen Osten. Alexandreia sollte die glanzvollste Stadt der hellenistischen Welt werden, eine strahlende Metropole der Wissenschaft, der Kunst, des Welthandels – wie Droysen sagt: »die Heimat der aus Orient und Okzident zusammenströmenden Weltbildung und Weltliteratur«. Alexandreia ist das schönste Denkmal, das Alexander der Große als Erinnerung an seine Taten der Nachwelt hinterlassen hat.

Von Memphis aus unternahm der König die Pilgerfahrt nach der Oase Siwah in der Libyschen Wüste, das Orakel des Zeus Ammon zu befragen. Der Hohepriester empfing den neuen Pharao mit Ehrerbietung und führte ihn in das Allerheiligste des Tempels. Niemand freilich hat je erfahren, was das Orakel Alexandern verkündet hat. Für alle Zeiten wird es ein Geheimnis bleiben, was der Sohn der Olympias im Heiligtum der Wüste über die Göttlichkeit seiner Abstammung erfuhr.

Bevor König Alexander von neuem aufbrach zu seinen fernen Zielen im Osten der Welt, hatte er sich, durch einen Bündnisvertrag mit Kyrene, noch eben zum Nachbarn Karthagos gemacht.

Die Meerenge der Dardanellen, im Altertum Hellespont genannt, ist ungefähr sechzig Kilometer lang, die schmalste Stelle zwölfhundert Meter breit. Die Dardanellen verbinden das Aegaeische Meer mit dem Marmarameer. Grelot, ein französischer Forscher, der am Ende des 17. Jahrhunderts den Orient bereiste, zeichnete die Landschaft stark verkürzt; doch wird dadurch die geographische Situation sehr schön übersichtlich. Bei Konstantinopel beginnt der Bosporos, der das Marmarameer mit dem Schwarzen Meer verbindet.

Die Dardanellen zu beherrschen, ist zu allen Zeiten ein machtpolitisches Ziel der Seemächte des östlichen Mittelmeers gewesen. Auch der Trojanische Krieg – die Poesie in Ehren! – hatte einen handelspolitischen Hintergrund. Die Troer kontrollierten die gesamte Schiffahrt, die diesen Wasserweg benützte. Die Zerstörung Troias verschaffte den Achaiern freien Zugang zum Schwarzen Meer.

So köstlich die Sage von der Fahrt der Argonauten nach Kolchis ist, dahinter verbirgt sich eine Forschungsexpedition mit realen Zielen.

Immerhin war es das Goldene Vlies, das zu erbeuten die Argonauten auszogen. Das Goldene Vlies ist ein schönes Symbol für die Reichtümer, die im Lauf der Jahrhunderte aus den blühenden Ländern an den Küsten des Schwarzen Meeres nach Hellas strömten. Die Erinnerung an den Zug der Argonauten ist bei den Griechen immer lebendig geblieben. Wie man in Amerika, um zur Aristokratie zu gehören, einen Stammvater haben muß, der 1620 mit der »Mayflower« über den Atlantik gekommen ist, galt es in Hellas als vornehm, einen Ahnherrn zu haben, der die Fahrt auf der »Argo« mitgemacht hatte.
Die Achaier haben von ihrem Sieg über Troia keinen Nutzen gehabt. Die Mykenische Kultur erlag kurz nach dem Trojanischen Krieg dem Ansturm der dorischen Griechen. Aber die Ionischen Städte Kleinasiens haben später an den Küsten des Marmarameeres und des Schwarzen Meeres zahlreiche Kolonien gegründet. Die Krim wurde griechisch. Tanaïs, die östlichste der Gründungen, lag an der Mündung des Don!
Im Bereich der Dardanellen haben sich viele historisch bedeutsame Ereignisse abgespielt. Hier hat König Xerxes sein Heer nach Europa übergesetzt. Aigospotamoi, bei dem die Seeschlacht stattfand, in der Lysander 405 vor Christi Geburt den Peloponnesischen Krieg zugunsten Spartas entschied, war eine Stadt auf dem »Thrakischen Chersones«, worunter Gallipoli zu verstehen ist, die auf der europäischen Seite weit in die Aegaeis hinaus sich erstreckende Halbinsel. Kaiser Konstantin der Große wollte die neue östliche Haupt-

Hissarlik. Der Hügel, der einst Troia war

Blick von Troia auf die Skamandrische Flur. Im Hintergrund die Halbinsel Gallipoli

stadt des Römischen Reichs an der Stelle von Troia errichten. Sehr merkwürdig, sich vorzustellen, Konstantinopel läge am Eingang der Dardanellen! Erst später entschloß sich Konstantin, das Neue Rom am Eingang des Bosporos an der Stelle des alten Byzantion zu erbauen. An den Dardanellen haben die osmanischen Türken zuerst den Boden Europas betreten. Hier auch lag während des Krim-Kriegs das Hauptquartier der gegen Rußland verbündeten europäischen Großmächte. Im Ersten Weltkrieg wurde um Gallipoli heftig gekämpft. Schließlich bleibe nicht unerwähnt die Heldentat eines Dandy. Lord Byron hat einmal die Dardanellen durchschwommen. Fast wäre er dabei ertrunken.

Die Ausgrabung von Troia war der Anfang der modernen Archaeologie. Für den Laien freilich ist der Hügel von Hissarlik nicht viel mehr als ein großer Schutthaufen. Blickt man von seiner Spitze nach Norden, hat man vor sich die bis zum Wasser sich erstreckende »Skamandrische Flur«, auf der sich die Kämpfe zwischen Achaiern und Troern abgespielt haben. Die Hügelkette am Horizont gehört schon zu Gallipoli. Die Krieger der Bronzezeit waren nicht imstande, einen befestigten Platz mit Waffengewalt zu nehmen. Eine Belagerungstechnik gab es im letzten Viertel des zweiten Jahrtausends vor Christi Geburt noch nicht. Nur durch eine List konnte die Feste genommen werden. Seitdem ist das Trojanische Pferd,

das eigentlich ein Achaiisches Pferd war, eine der beliebtesten Metaphern der Weltliteratur.
Als Alexander nach Troia kam, hat er die Ruinen des heiligen Ilion nicht mehr vorgefunden. Sie waren um diese Zeit schon tief in die Erde versunken. Was er vorfand, war eine ärmliche, kleine griechische Kolonialstadt – nach dem amerikanischen Archaeologen Blegen die Schicht VIII –, gegründet um 700 vor Christi Geburt, nachdem der Platz lange verlassen gelegen hatte. Doch war die Erinnerung an die Kämpfe der Helden nicht erloschen. In einem Tempel der Athene nahm Alexander einen Schild von der Wand, der als von Achilleus stammend galt, und hängte an dessen Stelle seinen eigenen auf. »Der Schild des Achilleus« dürfte nicht das von Homer so köstlich geschilderte Meisterstück gewesen sein, das Hephaistos in seiner göttlichen Werkstatt geschmiedet hatte. Der Schild Alexanders hingegen ist noch in römischer Zeit von Reisenden bewundert worden, so wie wir das Schwert Gottfried von Bouillons bewundern, das in der Grabeskirche in Jerusalem hängt.
Der Granikos, dieser bescheidene Fluß, an dessen Ufern wilde Schwäne hausen, dieses still fließende Wasser, in dem nur gelegentlich ein paar Rinder ihren Durst stillen, hat zwei glänzende Ereignisse gesehen. An seiner Quelle auf dem Berg Ida saß Paris, als er

Der Granikos. Erste Schlacht Alexanders gegen die Perser

die Entscheidung traf, welche von den drei Göttinnen Hera, Athene, Aphrodite die Schönste sei. Nicht einmal die Göttin der Weisheit war so weise, daß sie nicht auch ganz gern die Schönste gewesen wäre. Aber den Goldenen Apfel bekam nicht Athene, sondern Aphrodite, die Göttin der Liebe. Das andere Ereignis färbte das Wasser des Granikos rot. Zur Schlacht gegen die Makedonen hatten die Perser an einer unbewachsenen Böschung des rechten Ufers statt der Infanterie ihre Kavallerie aufgestellt. Die griechischen Söldner ließen sie im Hintergrund. Sie wollten die Ehre des Sieges nicht den Fremdlingen überlassen. Dieser stolze Unsinn brachte ihnen die Niederlage ein. Wenig hätte gefehlt, und der Granikos wäre die erste Niederlage und die letzte Schlacht Alexanders gewesen. Spithridates, der Oberkommandierende der persischen Armee, Satrap von Lydien und Ionien, Schwiegersohn des Großkönigs, hatte im Getümmel der Schlacht schon die Streitaxt erhoben, Alexanders Haupt zu spalten, als Kleitos, einer der alten Kampfgefährten Philipps, dem Perser mit einem gewaltigen Schwertstreich den erhobenen Arm vom Rumpf trennte.

Silbermünze des Spithridates

Daskyleion. Graekopersisches Relief. Opferszene

◀ *Daskyleion. Graekopersisches Relief. Berittene Prozession*

In Daskyleion, der östlich des Granikos gelegenen Hauptstadt der Satrapie Phrygien, sind zwei Reliefs ausgegraben worden – archaeologische Kostbarkeiten! Das eine zeigt Teile einer berittenen Prozession. Das andere stellt eine Opferszene dar. Beide Kunstwerke stammen aus der Mitte des 5. Jahrhunderts. Sie sind also etwa hundert Jahre vor Alexander geschaffen worden. Während in der achaimenidischen Plastik von Susa und Persepolis westliche Einflüsse kaum auftreten, zeigen diese beiden Reliefs das seltene Phaenomen, daß griechische und persische Elemente in ein und demselben Werk eine harmonische Verbindung miteinander eingegangen sind. Obwohl in ihrem Grundcharakter durchaus persisch, zeigen beide Reliefs in der Behandlung des Faltenwurfs und in dem Versuch, mit perspektivischen Kunstgriffen der dritten Dimension habhaft zu werden, deutlich den Einfluß griechischer Kunst. Ein Hauch von Hellas in der Residenz eines Satrapen des Ostens! Alexander hat die Reliefs wahrscheinlich nicht gesehen. Hätte er sie gesehen, wären sie für ihn ein Beweis gewesen, daß seine Idee, die hellenische mit der iranischen Kultur zu verschmelzen, durchaus keine Utopie war.

Sardeis war vom 8. bis zum 6. Jahrhundert die Hauptstadt des mächtigen Königreichs Lydien. Sein Artemistempel ist ausgegraben. Ursprünglich im 6. Jahrhundert von König Kroisos erbaut, wurde er im Ionischen Aufstand 498 vor Christi Geburt von den Athenern zerstört. Alexander befahl, das den Lydern teure Heiligtum wiederaufzubauen.

Kroisos war der letzte der lydischen Könige. Noch heute ist sein Name das Symbol unermeßlichen Reichtums. König Kroisos machte reiche Geschenke an die Orakelstätten von Delphi in Hellas und Didyma bei Milet. Doch dankte Apollon ihm schlecht. Als Kroisos das Orakel von Delphi befragte, ob er der Bedrohung durch die aufsteigende Macht der Perser mit einem Angriff entgegentreten solle, bekam er den Bescheid: »Wenn du den Halys überschreitest, wirst du ein großes Reich zerstören.« Der Halys war der Grenzfluß zwischen Lydien und Persien. Kroisos überschritt ihn; aber das große Reich, das er zerstörte, war sein eigenes. Auf der Amphore des Myson ist Kroisos dargestellt auf einem kostbaren Thron, der auf einem Scheiterhaufen steht. Euthymos, sein treuer Diener, setzt gerade den Holzstoß in Brand. Nach seiner Niederlage hatte Kroisos beschlossen, zur Sühne für seinen Übermut sich selbst den Göttern zum Opfer zu bringen. Apollon dann, so erzählt die Sage, habe

Sardeis. Tempel der Artemis-Kybele ▶

Amphore des Myson. König Kroisos auf dem Scheiterhaufen

ihn gerettet, indem er es regnen ließ. Wie fast jedes Thema der griechischen Mythologie mehrere Varianten hat, so auch dieses! Danach sei es Kyros gewesen, der den besiegten Gegner dem Flammentod übergeben wollte. Als der Holzstoß schon zu brennen anfing, rief Kroisos laut: »O Solon! O Solon!« Kyros, neugierig wie alle intelligenten Leute, wollte wissen, was der weise Solon von Athen mit der Situation zu tun habe. Er ließ das Feuer löschen und befragte Kroisos. Der besiegte König erzählte dem Sieger von dem Besuch Solons, und wie er sich seiner Macht und seines Reichtums gerühmt habe, und wie Solon nur gesagt habe, niemand sei vor seinem Tode glücklich zu preisen. Kyros, von der Weisheit Solons nachdenklich gestimmt, begnadigte Kroisos und nahm ihn in seinen Hofstaat auf. Noch seinen Sohn Kambyses hat Kroisos beraten. Die Variante hat den Vorteil, erbaulich zu sein. So dient sie seit der Antike den Erziehern der Jugend dazu, Knaben, welche des sittlichen Ernstes entraten, moralisch zu belehren.

Alexander, so gescheit er war, dürfte nicht viel über Solons Weisheit nachgedacht haben. Dazu war er, der Liebling der Götter, zu sehr von sprühendem Leben erfüllt. Sardeis, das ihn in diesem Frühling des Sieges so heiter empfing, war die Stadt, in der Alexanders Ahnherr Herakles von der lydischen Königin Omphale in eine rauschende Liebesgeschichte verwickelt worden war. Aber es war eben auch die Stadt, in der fünfzehn Jahre nach Alexanders Tod Kleopatra, seine einzige Schwester, zusammen mit ihrem Sohn ermordet wurde. Mit ihm starb der eine der beiden noch lebenden Träger eines legitimen Anspruchs auf den makedonischen Thron. Der letzte war Rhoxanes Sohn Alexandros.

Den heiteren Tagen von Sardeis folgten für Alexander Zeiten bitterer politischer Erfahrungen. Die Befreiung der Ionischen Städte führte in vielen Fällen zu blutigen Bürgerkriegen. Die Perser waren klug genug gewesen, die Herrschaft über diese schwierigen Hellenen durch Hellenen ausüben zu lassen. In jeder Stadt gab es eine demokratische Partei, die auf seiten Alexanders und der Freiheit stand, und eine oligarchische, die die Interessen der Perser vertrat. Die Demokraten in Ephesos entfesselten, noch ehe die makedonische Armee eingetroffen war, einen Aufstand gegen die Oligarchen und begannen in großem Stil zu morden. Alexanders Erscheinen beendete das Massaker. Der junge Fürst erfuhr, wie leicht durch politische Leidenschaften auch die reinsten Absichten in ihr Gegenteil verkehrt werden können.

Ephesos und Milet waren damals die bedeutendsten Städte Ioniens. Sie waren Rivalen. Miletos an der Mündung des Maiandros hatte mehrere gute Häfen, aber nur schlechte Verbindungen mit dem Hinterland. Ephesos lag an der Mündung des Kaystros, eines Flüßchens, das mehr Schlamm als Wasser führte und so den Hafen der Stadt immer von neuem verlanden ließ. Dafür begann in Ephesos die Persische Königsstraße, die über Sardeis nach Susa führte. Und Ephesos hatte das Artemision!

Der berühmte Tempel der Artemis war – so sagt die Legende – in der Nacht von Alexanders Geburt in Brand gesteckt worden. Der Wiederaufbau hatte begonnen. Alexander bestimmte, daß die Tribute, welche die Epheser bisher an die Perser hatten zahlen müssen, nunmehr der Priesterschaft des Artemision zu übergeben seien. Das Artemision war – sowohl vor wie nach dem Brand – eines der Sieben Weltwunder. Die Stelle zu finden, an der es einst stand, hat Jahre gedauert. Das nimmt nicht wunder, wenn man den Blick auf die Grube mit den Marmortrümmern wirft, die von einem der groß-

Ephesos. Reste des Artemision mit seldschukischer Moschee und osmanischem Kastell

Ephesos. Das Artemision. Rekonstruktion durch Fischer von Erlach

artigsten Bauwerke der Antike übriggeblieben sind. Die Stelle des Artemision ist über eine Meile von den Ruinen von Ephesos entfernt. Auf dem Hügel im Hintergrund steht ein osmanisches Kastell, in dessen Mitte die Reste der Basilika mit dem Grab des Apostels Johannes liegen. Das Gebäude mit den beiden spitzen Giebeln, das am Fuß des Kastells liegt, ist eine Moschee, die aus dem wunderbar rötlichen Marmor des Artemision erbaut ist. Sie gehört zu den großen Meisterwerken der seldschukischen Kunst.
Fischer von Erlach, der große Baumeister des Barock, hat im Jahre 1721 den Versuch unternommen, das berühmte Bauwerk nach antiken Beschreibungen zu rekonstruieren. Außerdem verwertete er eine Münze mit einer symbolischen Darstellung des Artemision. Sie ist in der linken oberen Ecke seiner Zeichnung abgebildet. Von der Münze hat er den Mittelteil der Tempelfront übernommen. Die Münze gibt es noch. Der Entwurf Fischer von Erlachs unterscheidet sich nicht allzusehr von den Rekonstruktionen moderner Archaeologen. Nur hat man am Anfang des 18. Jahrhunderts nicht gewußt, daß das Artemision am Wasser lag und seine Grundmauer ein Stück der Kaimauer des Hafens war.

Ephesos. Münze mit einer Darstellung des Artemision

Ephesos. Fuß einer Säule des Artemision ▶

Der Säulenrest aus dem Artemision und die Statue der Artemis geben, nebeneinander betrachtet, einen Begriff von den Spannungen in einer Welt, in der der hellenische Geist jahrhundertelang den Einflüssen Asiens ausgesetzt war. Das Werk, das heute im Britischen Museum aufbewahrt wird, hat Alexander nicht nur gesehen, es kann kaum ein Zweifel darüber bestehen, daß er es aufs genaueste betrachtet hat. Die Darstellung zeigt Alkestis, die an Stelle ihres Gatten Admetos in den Hades hinabgestiegen ist. Sie wird von Persephone zurückgewiesen. Es ist eine von den tausend Geschichten aus dem blühenden Garten der griechischen Mythologie, vor anderen nur dadurch ausgezeichnet, daß Euripides sie

zum Thema einer Tragödie wählte. Die Göttin – eine römische Kopie aus wunderbarem, aus Paros stammenden Marmor – läßt noch keinen Einfluß griechischer Kunst erkennen. In dem überreichen symbolischen Schmuck ist sie noch immer die alte asiatische Muttergöttin Kybele. Die Artemis von Ephesos wurde von Griechen und Orientalen in gleicher Weise verehrt. Aber man kann sich gut vorstellen, was für ein Greuel dieses Bildnis für den Apostel Paulus gewesen sein muß. Und doch war gerade er der Verkünder einer aus dem Orient stammenden Religion.

Ephesos. Marmorstandbild der Kybele-Artemis

Ephesos. Reste einer dem Kaiser Traian geweihten Brunnenanlage auf der Kuretenstraße

Ephesos hatte eine glänzende Zukunft vor sich. Die Stadt hat eine bedeutende Rolle im Zeitalter des Hellenismus, im Römischen Reich und auch noch in den ersten Jahrhunderten des Christentums gespielt. Die prachtvolle Arkadiane aus römischer Zeit, die vom Theater zum Hafen führte, war mit Marmor gepflastert und nachts erleuchtet. Rechts und links im Schatten der Arkaden lagen die Verkaufsläden wie noch heute in allen Bazaren des Orient.
Priëne, am Südhang des Vorgebirges Mykale gelegen, steigt in Terrassen von dreißig auf hundertdreißig Meter über der Ebene am Berghang hoch. Auf der Nordseite erhebt sich ein mächtiger Bergklotz von über dreihundert Meter Höhe, der ganz aus Marmor besteht. Auf seiner Spitze liegt die Akropolis der Stadt. Auf der kleinen Böschung im Schatten der Aleppokiefer sich niedersetzen heißt Platz nehmen in einer Proszeniumsloge der Geschichte. Man hat von hier aus einen weiten Blick über Raum und Zeit. Im Osten ragen in feinem blauem Dunst die Felszacken des Latmosgebirges

in den leuchtenden Himmel. Im Süden am Fuß der Hügelkette gegenüber liegt Milet. Im Westen geht der Blick aufs offene Meer hinaus, am Horizont in gleißendem Licht die Insel Samos. Der Fluß in der Ebene ist der Maiandros. Seine ineinander zurücklaufenden Windungen haben dem in der griechischen Kunst sehr beliebten Maeander-Ornament den Namen gegeben.

Im Altertum war zwischen Priëne und Milet offenes Wasser. Aber Flüsse tragen die Gebirge ins Meer. Im Lauf der Jahrhunderte ist die Bucht verlandet. An dieser Küste des Lichts gibt es nicht eine Stadt, ob groß oder klein, von der nicht Großes zu berichten ist. In dem kleinen Priëne hat in der Mitte des 6. Jahrhunderts vor Christi Geburt Bias gelebt, einer der Sieben Weisen. Die Drohung, die von der wachsenden Macht Persiens ausging, veranlaßte ihn zu der Aufforderung an die Einwohner der Ionischen Städte, die Westküste Kleinasiens aufzugeben und auf Sardinien gemeinsam eine neue Stadt zu gründen. Wären die Ionier Bias' Idee gefolgt, wäre vielleicht auch das westliche Mittelmeer griechisch geworden. In den Gassen dieser kleinen Stadt ist Hermogenes groß geworden, einer der Architekten des Hellenismus, dessen Schriften, von dem römischen Schriftsteller Vitruv in seinem dem Kaiser Augustus gewidmeten Werk verwertet, bis zu den Architekten der Renaissance gewirkt haben. Man könnte sagen, die Säulentrommeln, die da zuhauf liegen, sind die Urgroßväter der Säulen von St. Peter in Rom.

Milet ist die Stadt der Morgenröte. Hier eigentlich hat die klassische Kultur Griechenlands ihren Anfang genommen. Hier lebte Thales, ein anderer der Sieben Weisen, der Begründer der Wissenschaft von der Natur. Thales war ein großer Mathematiker und Astronom. Er hat die Sonnenfinsternis vom 28. Mai 585 vorausgesagt. Milet war die erste griechische Stadt, die Münzen geschlagen hat, die erste Stadt, in der Karten der bekannten Welt gezeichnet, in der Segelhandbücher angefertigt worden sind. Milet hat frühzeitig mit Kyros dem Großen einen Vertrag geschlossen und auf diese Weise sich eine gewisse Selbständigkeit bewahrt.

In der Kette der Inseln, die der Küste Ioniens vorgelagert sind, gibt es kaum eine, die nicht mit einem berühmten Namen verbunden ist. Auf Lesbos hat Sappho, auf Chios Homer, auf Samos Pythagoras, auf Kos Hippokrates gelebt. Auch spielt Ionien eine bedeutende Rolle in der Geschichte des Christentums. Auf der Insel Patmos empfing der Evangelist Johannes die Offenbarung. In Ephesos fanden zwei Konzile statt.

Priëne. Blick auf das Tal des Maiandros ▶

In der Bucht von Latmos hat sich ein großer Teil des Kampfes zwischen Persern und Hellenen abgespielt. 496/495 vor Christi Geburt wurden die Ionier in der Seeschlacht von Lade von den Persern besiegt. Lade, damals eine kleine Insel vor Milet, ragt noch heute als Hügel aus dem flachen Schwemmland auf. 479, ein Jahr nach der Seeschlacht von Salamis, errang der Spartanerkönig Leotychidas am Vorgebirge Mykale, auf dem Priëne liegt, einen großen Sieg über die Perser. Aber auch damit konnte die Freiheit Ioniens nur für kurze Zeit gerettet werden. Dem Krieg zwischen Alexander und den Persern konnten die Bürger von Priëne von der kleinen Bastion aus zuschauen. Es war Alexanders wenigen Schiffen gelungen, noch eben vor der mächtigen persischen Flotte in die Bucht von Latmos einzulaufen und sich eines der Häfen Milets zu bemächtigen. Die Stadt, die sich innerhalb ihrer Mauern tapfer gegen Alexander verteidigte, wurde von der Landseite her angegriffen. Die persische Flotte warf vor Priëne Anker. Jeden Morgen lief sie aus und fuhr vor Milet in Schlachtordnung auf, in der Hoffnung, daß Alexander sich stellen werde. Aber das Risiko einer Niederlage wollte der König um so weniger eingehen, als sogar ein Sieg ihm wenig genutzt hätte. Die Seeherrschaft hätte er auch mit einem Sieg nicht errungen. Die Perser hatten Reserven, er nicht. Das Spiel der Herausforderung wiederholte sich einige Tage lang, bis Alexander Soldaten an den Ankerplatz der Perser schickte, die die feindlichen Matrosen hinderten, an Land zu gehen und Wasser zu holen. Eines Morgens dann war die ganze persische Flotte nach Samos abgesegelt. Auch das dürfte einmalig in der Weltgeschichte sein, daß Infanteristen eine intakte Kriegsflotte gezwungen haben, eine maritime Position aufzugeben. Milet wurde nach kurzem Kampf genommen.
Alexanders Erfahrung mit der persischen Flotte in der Bucht von Latmos veranlaßte ihn zu einer Maßnahme von verblüffender Folgerichtigkeit. Da die Flotte zu klein war, eine Entscheidung herbeizuführen, löste er sie auf! Die frei werdenden Männer reihte er in die Truppe ein. Mit diesem Entschluß freilich gab er dem Gegner nun vollends freie Hand zur See. Und dieser Gegner, der Rhoder Memnon, Admiral der persischen Flotte, war ein gefährlicher Mann. Er begann, die Aegaeis Insel für Insel zurückzuerobern. Er konnte damit rechnen, daß, wenn er Alexandern vollständig vom griechischen Festland abschnitte, die Hellenen sich gegen die Makedonen erheben würden. Diese bedrohliche Situation löste sich

Milet. Mauer des römischen Theaters ▶

in unerwarteter Weise auf. Memnon starb. Seinen Nachfolger Pharnabazos beraubte Dareios selbst des Werkzeugs, dessen der Admiral bedurft hätte, die von der Flotte gemachten Eroberungen zu konsolidieren. Nur um das ohnehin schon riesige Reichsheer zu verstärken, befahl Dareios, die auf der Flotte als Soldaten dienenden griechischen Söldner an Land zu schicken und zu ihm in Marsch zu setzen.

ALEXANDRI FORTUNA – Alexanders Glück war schon für die Antike so erstaunlich, daß Plutarch einen ganzen Essay über das Thema schrieb.

Von Milet ist aus der Zeit Alexanders nichts erhalten geblieben. Das Markttor aus römischer Zeit, von Wiegand ausgegraben, steht dank der guten Beziehungen Kaiser Wilhelms II. zum türkischen Sultan Abdul Hamid heute im Museum in Berlin. Die Mauer mit den schön behauenen Quadern, auf der eine Eberjagd dargestellt ist, gehört zu dem späteren, ebenfalls römischen Amphitheater. Hingegen stammt das Heraion auf Samos, der der Göttin Hera geweihte Tempel, noch aus archaischer Zeit. Kurz nach dem Sturz des Tyrannen Polykrates – so wohl bekannt aus Schillers Gedicht – wurde der Bau errichtet. Das ehrwürdige Heiligtum, das in einem Sumpf versunken war, ist erst in unseren Tagen ausgegraben worden.

Einen Tagesmarsch südlich von Milet liegt der Apollontempel von Didyma. Das Orakel von Didyma war in der alten Welt berühmt und hoch geschätzt. Mächtige Fürsten wie der Pharao Necho von Aegypten und König Kroisos von Lydien haben dem Tempel Opfer-

Zwei Münzen mit der Darstellung des Apollon von Kanachos

◀ *Samos. Das Heraion*

gaben gesandt. Im Anfang des 5. Jahrhunderts wurde Didyma von den Persern geplündert. Das berühmte erzene Standbild des Apollon von Kanachos wurde nach dem Iran verschleppt. Das Orakel verstummte. Unter Alexanders Schutz begann es wieder zu sprechen. Es sagte dem Makedonen Großes voraus. Die Appolonstatue des Kanachos wurde dem Tempel später von Seleukos I. zurückgegeben. Sie ist auf milesischen und später auf anderen Münzen oft abgebildet worden. Das Haupt der Medusa stammt vom Fries des Tempels. Der gewaltige Löwe aus der Mitte des 6. Jahrhunderts dürfte der Wächter eines Grabes gewesen sein. Die Namen der Bildhauer aus dieser frühen Zeit sind nicht bekannt.

◀ *Didyma. Medusenhaupt vom Fries des Apollontempels*

Didyma. Marmorlöwe.

Das Taurosgebirge bei Beginn des Winters

Landschaft an der Südküste Anatoliens ▶

Die Kämpfe in Halikarnassos, die sich allerdings noch über längere Zeit hinziehen sollten, beendeten die Eroberung der Küste Ioniens. Alexander schickte – eine Maßnahme, die uns wiederum sehr modern anmutet – alle jungverheirateten Soldaten auf Urlaub. Parmenion mit der Kavallerie, dem Pionierpark und dem Troß setzte er nach Inneranatolien in Marsch. Zum Hauptquartier dieses Teils seines Heeres bestimmte er Gordion. Dann begann er seinen Winterfeldzug in Pamphylien, Lykien und Pisidien. Alexander griff die Bergstämme in diesen entlegenen Gegenden im Winter an, weil sie dann zusammengedrängt in den Tälern saßen und des Schnees wegen nicht in die Hochtäler entweichen konnten.
Die Südküste Anatoliens erinnert an die Riviera. Nur hat sie keine durchgehende Straße. Immer wieder treten die von Norden nach Süden sich erstreckenden Ausläufer des Tauros mit steilen Felsabstürzen an die Küste heran. So muß man, wenn man zu Land von

Westen nach Osten von einem dieser Täler ins andere will, sich immer wieder zu hoch im Gebirge liegenden Pässen durchschlagen. Die Landschaft ist von großer Schönheit, dazu wasserreich und sehr fruchtbar. An einer Stelle, an der Felswand von Chelidonia, weicht bei länger dauerndem Nordwind das Wasser so weit zurück, daß sogar eine Truppe am Fuß des Felsens entlangmarschieren kann. Schlägt der Wind um, wird der Pfad vom Wasser wieder verschlungen. Als Alexander an der Felswand ankam, hatte der Nordwind schon mehrere Tage geweht. Das Heer marschierte durch. Als es vorbei war, schlug der Wind um. Die zurückflutenden Wassermassen überschwemmten wieder den eben benutzten Pfad. Die makedonischen Soldaten mit ihren schlichten Gemütern sahen darin selbstverständlich einen unmittelbaren Eingriff der Götter zugunsten ihres unvergleichlichen, geliebten und bewunderten Königs.
Im Frühjahr vereinigte Alexander mit seiner kleinen Gebirgsarmee sich wieder mit der Hauptmacht des Heeres.

◀ *Die Felswand von Chelidonia*

Wasserfall des Manavgat in Pamphylien

Gordion. Blick auf die Ausgrabungen

Gordion war die alte Hauptstadt Phrygiens. Ihre Blütezeit fällt in das 8. Jahrhundert vor Christi Geburt. Alexander hatte sie zum Winterquartier gewählt, weil sie die Straße von Troia nach den Kilikischen Toren beherrschte. Günstig war auch, daß die Stadt an einem Fluß lag, dem Sangarios, auf dessen üppigen Wiesen man im Frühjahr die Pferde weiden und das für den Weitermarsch so wichtige Heu gewinnen konnte.

Die Welt Anatoliens mit ihren vielen Mythen, Geschichten, Legenden muß den makedonischen Soldaten großes Vergnügen bereitet haben. Ein Bauer namens Gordios war auf seinem Ochsenkarren unterwegs nach Telmessos, einer im westlichen Taurosgebirge gelegenen Stadt, als ein Adler sich auf die Deichsel seines Wagens setzte. Dieses Zeichen des Zeus genügte, daß man Gordios, als er die Stadt betrat, zum Nachfolger des soeben verstorbenen Königs ausrief. Wohl mancher Soldat mag zuweilen zum Himmel gespäht haben, ob nicht einer der kreisenden Adler da oben sich auf seine Schulter setzen werde, seiner militärischen Karriere einen kleinen Auftrieb zu geben. Seinen Ochsenkarren weihte Gordios einem Tempel in der später von ihm gegründeten Stadt Gordion. Die Deichsel des Wagens war mit dem Joch durch einen aus Bast geknüpften Knoten verbunden. Ein Orakel besagte, daß demjenigen, der diesen Knoten zu lösen vermöge, die Herrschaft über Asien zufallen werde. Das ist der berühmte Gordische Knoten. Daß Alexander ihn mit dem Schwert durchhauen habe, paßt so vortrefflich zu der oberflächlichen Vorstellung, er sei ein Mann der Gewalt gewesen, ein Haudegen oder vielmehr ein Hauschwert, daß die Legende wohl niemals auszurotten sein wird. Sicher ist nur, daß, wie sorgfältige Untersuchungen ergeben haben, die Szene niemals stattgefunden hat. So billig war die Eroberung eines Kontinents nicht zu haben. Große Teile Gordions sind ausgegraben. Am Stadtausgang hat man ein kleines Stück der Persischen Königsstraße freilegen können. Die Straße hatte eine Breite von fünfundzwanzig Metern. Ihre Oberfläche war fest und glatt.

Alexander ist noch bis in den Juli hinein in Gordion geblieben. Er wartete die Entwicklung der Dinge in der Aegaeis ab. Von Gordion aus wäre er, was auch immer sich ereignet hätte, auf alle Fälle schnell in Hellas gewesen. Als ihm die Lage nicht mehr bedrohlich erschien, brach er auf.

Das Taurosgebirge, das eigentlich nur einen wirklich gut begehbaren Paß hat – die Kilikischen Tore –, wäre ein mächtiger Schutzwall für Syrien und Mesopotamien gewesen. Aber die Perser verteidigten den Paß nicht, so leicht das für sie gewesen wäre. In einer

Schlucht mit glatt aufsteigenden Felswänden bestand die Straße aus einer hölzernen Galerie, deren Stützbalken in Felslöchern staken. Heute läuft die Straße an dieser Stelle auf der anderen Seite der Schlucht. Die Löcher für die Stützbalken kann man noch sehen. Eine Zerstörung dieser Galerie hätte die Schlucht gesperrt. Alexander passierte, ohne auf Widerstand zu stoßen, das schwierige Defilee und erreichte Tarsos, die Hauptstadt Kilikiens. Dort bekam er ein heftiges Fieber, von dem er aber durch die Geschicklichkeit seines Arztes Philippos geheilt wurde. Doch zwang ihn der unerwartete Zwischenfall, länger in Tarsos zu bleiben.

Wie die Städte Ioniens hat auch Tarsos, als der Hellenismus eine Weltmacht geworden war, eine bedeutende Rolle gespielt. Cicero war Statthalter von Kilikien. Es wird überliefert, daß er das Land vortrefflich verwaltet habe. In Tarsos fand die erste Begegnung zwischen Antonius und Kleopatra statt. Die Königin von Aegypten ließ sich in ihrem vergoldeten Schiff mit einem Sonnendach aus Purpursegeln den Fluß hinaufrudern, während Antonius allein auf der Agora saß. Das ganze Volk war zum Ufer hinuntergelaufen. Es wollte sich das Schauspiel nicht entgehen lassen, eine Königin als Aphrodite auf ihrem Prunkbett ruhen zu sehen. In Tarsos ist der Apostel Paulus geboren. Julianos Apostates, der letzte Heide auf dem römischen Kaiserthron, ist in Tarsos begraben.

◀ *Die Kilikischen Tore*

Tarsos. Englische Lithographie des 19. Jahrhunderts

Das Schlachtfeld von Issos liegt zwischen dem Amanosgebirge und dem Meer. Das Amanosgebirge trennt Syrien von der Küste. Der Streifen zwischen den flachen Erhebungen im Hintergrund und dem Strand ist vier Kilometer breit. Der Aquaedukt ist aus römischer Zeit. In dieser trostlosen Landschaft, auf dieser nur mit Gestrüpp bewachsenen Ebene, hat sich eine Schlacht abgespielt, die den Lauf der Weltgeschichte für Jahrhunderte bestimmt hat. Alexanders Sieg wirkt bis in unsere Tage hinein. Die Schlacht kam zustande als Folge einer Reihe von taktischen Irrtümern auf beiden Seiten, die in ihrem Durcheinander grotesk sind. Alexander war an den Persern vorbeimarschiert. Sie standen plötzlich in seinem Rücken. Er machte mit seiner ganzen Armee kehrt und griff von Süden nach Norden an. Es waren die niedrigen Hügelketten im Hintergrund, die den Ausgang der Schlacht entschieden haben – welthistorische Erdhaufen sozusagen. Die von einer undurchdringlichen Macchia bedeckten Hänge schränkten Dareios' Bewegungsfreiheit so weit ein, daß er seine zahlenmäßige Überlegenheit nicht ausnutzen konnte. Der entscheidende Augenblick der Schlacht ist

Das Schlachtfeld von Issos

Unteritalisches Vasenbild. Alexander und Dareios im Kampf

auf einem Mosaik dargestellt, das in Pompeji gefunden wurde. Ebenso eindrucksvoll ist eine Darstellung auf einer unteritalischen Vase, die Alexander und Dareios im Zweikampf zeigt. Wäre es so gewesen, wie es auf der Vase dargestellt wird, Dareios hätte nicht überlebt. Wahrscheinlich sind Alexander und Dareios nicht einmal so weit sich nahegekommen, wie das Pompeji-Mosaik erzählt. Doch gibt das Mosaik das Entscheidende wieder – Alexanders Ungestüm, Dareios' Zögern, seine Unsicherheit, seine Verwirrung, die schließlich in Bestürzung und Panik umschlägt.

Das Mosaik, das der Ausbruch des Vesuv uns bewahrt hat, geht zurück auf ein Gemälde aus Alexanders Zeit, ein Hauptwerk des Philoxenos. Da von den Meisterwerken der griechischen Malerei des 4. Jahrhunderts, die von den Griechen höher geschätzt wurden als die Werke der Bildhauerei, keines erhalten geblieben ist, haben wir allen Grund, über das Mosaik der Alexanderschlacht höchst glücklich zu sein. Der Meister stellt die Peripetie dar, den Augenblick, in dem Dareios sich zur Flucht entschließt, den Augenblick, in dem die Schlacht verlorengeht.

»Mitwelt und Nachwelt«, hat Goethe noch wenige Tage vor seinem Tode gesagt, »werden nicht hinreichen, solches Wunder zu commentieren, und wir genöthigt sein, nach aufklärender Betrachtung und Untersuchung, immer wieder zur einfachen, reinen Bewunderung zurückzukehren.«

Was für eine schwierige Wissenschaft die Kunstgeschichte ist, kann man einer Arbeit Heydemanns aus dem Jahre 1883 entnehmen, der

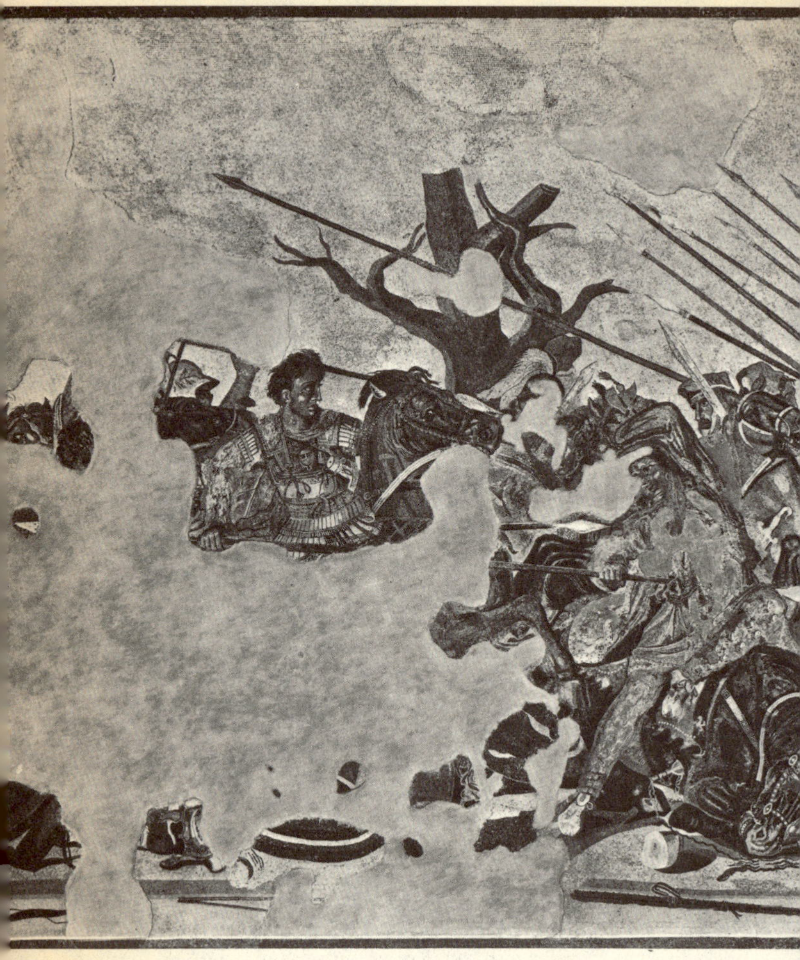

Pompeji. Mosaik der Schlacht von Issos

Damaskos. Holländische Zeichnung des 17. Jahrhunderts

anmerkt, daß ihm außer der Deutung des Mosaiks als »Schlacht von Issos« noch siebzehn andere Deutungen bekannt seien.

Die Perser hatten unglaubliche Verluste, und zwar größere bei der Verfolgung als in der Schlacht selbst. Das persische Reichsheer war vernichtet. Mit wenigen treuen Truppen floh Dareios durch Syrien und über den Euphrat nach Babylon. Alexander ließ sich weder zu einer Verfolgung des geschlagenen Feindes verleiten noch hielt er sich mit der Beute auf. Mit einem kleinen Kontingent schickte er

Parmenion nach Damaskos, das Dareios' Hauptquartier gewesen war, die Beute sicherzustellen.
Damaskos ist eine Oase, die in den südlichen Ausläufern des Antilibanon liegt. Passiert man mit dem Flugzeug Damaskos, ist der Anblick der reichen und prächtigen, von Palmenhainen umgebenen Stadt nicht viel anders als jener, den ein holländischer Reisender des 17. Jahrhunderts in der Vogelperspektive zeichnete. Die Beute war ungeheuer. Nur bei der Plünderung Roms durch die Goten, Konstantinopels durch die Kreuzritter, Pekings durch die Mongolen sind den Siegern ähnliche Mengen von Schätzen in die Hände gefallen. Dabei wurden später in Susa, in Persepolis, in Pasargadai noch einmal Berge von Gold, Massen von kostbaren Gefäßen, Purpurstoffen und Elfenbein erbeutet. Doch genügte schon die Beute von Damaskos, Alexandern von allen Sorgen, wie er seinen Krieg weiterhin finanzieren solle, zu befreien. Unter der Beute meldete Parmenion dem makedonischen König aus dem Hofstaat des Perserkönigs: 329 Mädchen zu Musik und Gesang
46 Kranzflechter
277 Köche zum Zubereiten
29 Köche beim Feuer
40 Diener, Salben zu mischen
70 Diener, den Wein zu wärmen.

Zedern auf dem Libanon

Die Überraschung von Damaskos waren Gesandtschaften, die Athen, Theben und Sparta an den persischen Hof geschickt hatten. Nichts ist charakteristischer für Alexanders politischen Stil als die Gelassenheit, mit der er so heikle Probleme behandelte. Die Thebaner entließ er ohne weiteres, da nach Zerstörung ihrer Stadt durch die Makedonen ihr Haß verständlich sei. Die Athener schickte er zurück, als ob nichts weiter dabei wäre, den Bundesfeldherrn hinter seinem Rücken ein wenig zu verraten. Sicherlich hat Alexander damit die eitlen Athener in nicht geringe Verlegenheit gebracht. Bei den Spartanern, mit deren Staat er so gut wie im Kriege stand, respektierte er die alte, von den Göttern geheiligte Unverletzlichkeit der Gesandtschaft. Er setzte den Spartaner zunächst gefangen, entließ ihn aber später, vielleicht, damit er von seinen Erfolgen künden könne.
In schnellen Märschen eilte Alexander die Küste entlang nach Süden. Das Wetter um diese Jahreszeit war milde. Auch war es eine wunderschöne Landschaft, durch welche das Heer seinen Weg nahm. Rechts leuchtete das blaue Meer, links stiegen die von Zedern bestandenen Hänge des Libanon auf. Schon König Salomo hatte das edle Holz für die Ausschmückung des Tempels von Jerusalem verwendet. Die Pharaonen bauten aus diesem Holz die Schiffe, mit denen sie Afrika umsegelten. In der Flagge Libanons fährt die Zeder noch heute über die Meere. Von den herrlichen alten Bäumen sind in hohen unzugänglichen Tälern des Libanon kleine Inseln erhalten geblieben. Allein im Tauros und im Atlas gibt es noch richtige Zedernwälder. Dem Sieger öffneten sich die Tore der phoinikischen Städte an der Küste. In Sidon setzte Alexander den König Straton ab. Seiner allzu großen Bereitwilligkeit zur Kollaboration traute er nicht. Weitermarschierend überließ er es dem Hephaistion, einen Nachfolger zu finden. Hephaistion entdeckte einen entfernten Sproß des königlichen Hauses, Abdalonymos, der in bescheidenen Verhältnissen als Gärtner in einer Vorstadt lebte. Da er ein Mann von untadeligem Charakter war, übertrug Hephaistion ihm die Herrschaft. Dankbarkeit ist eine seltene Tugend. Abdalonymos ließ sich einen Marmorsarkophag anfertigen, der noch heute den Ruhm seines Wohltäters preist. Auf der einen Längsseite des Sarkophags ist Alexander in der Schlacht von Issos, auf der anderen in einer Szene als Jagdherr auf einer Löwenjagd mit persischen Gästen dargestellt. Dieser Darstellung entsprechend bezeichnet man das Stück als den Alexandersarkophag. Er ist in

◀ *Alexander der Große. Teilstück des Alexandersarkophags*

Der Alexandersarkophag aus Sidon

wunderbar gut erhaltenem Zustand in einer Grabkammer in Sidon gefunden worden, eines der schönsten uns erhaltenen Kunstwerke des frühen Hellenismus. Er ist heute eine Kostbarkeit des Archaeologischen Museums in Istanbul.

Hätten sich die phoinikischen Städte an der Küste zusammengeschlossen, sie hätten Alexandern außerordentliche Schwierigkeiten bereiten können, insbesondere, wenn es ihnen gelungen wäre, Karthago zu Hilfeleistungen zu bewegen. Aber die Phoiniker hatten wenig Grund, sich gegen Alexander zur Wehr zu setzen. Ewig waren Phoinikien und Syrien Gegenstand des Streites zwischen Aegypten und den wechselnden Imperien Mesopotamiens gewesen. Jetzt war die Herrschaft der Perser zusammengebrochen. Auf vollständige Unabhängigkeit konnten die Phoiniker nicht hoffen. So ergaben sie sich den Makedonen. Die ihnen zunächst verlorengegangenen orientalischen Märkte hofften sie durch Handel mit Hellas zu ersetzen.

Tyros. Säulen am Strand ▶

Tyros. Blick über das Meer bei Sonnenuntergang

Wie groß die Schwierigkeiten eines geschlossenen Widerstandes der phoinikischen Städte hätten werden können, beweist die Mühe, die die Stadt Tyros Alexandern bereitete. Erst nach der gewaltigen Anstrengung einer siebenmonatigen Belagerung konnte er Tyros erobern. Die Tyrer hatten den Widerstand gewagt, weil die Stadt auf einer Insel lag. Sie fühlten sich sicher. Dreizehn Jahre lang hatte Nebukadnezar Tyros vergebens belagert. Auch Alexander hatte erst Erfolg, als er eine neue Flotte aufstellte. Mit ihrer Hilfe blokkierte er die Schiffe des Gegners in ihren Häfen. Dann erst gelang es ihm, die Stadt zu erobern. Sie wurde vollständig zerstört, die Bewohner zum größten Teil ermordet. Nach der Eroberung von Tyros und Gaza, das sich ebenfalls zur Wehr gesetzt hatte, betrat Alexander im Dezember des Jahres 332 vor Christi Geburt an der Spitze seiner Armee den Boden Aegyptens.

Memphis. Palmenhain mit heiligem See ▶

Luxor. Alexander opfert dem Ammon

Für die Aegypter war der König der Makedonen der Mann, der sie von dem verhaßten Joch der Perser befreite. Alexander ließ größte Zurückhaltung walten. Er opferte dem heiligen Stier im Ptahtempel zu Memphis. Damit gewann er die Priester. Er hielt gymnische und musische Wettkämpfe ab. Damit gewann er die Gebildeten. Er ordnete die Verwaltung und die Steuern. Damit gewann er die Bauern. Daß die Priesterschaft den Makedonenkönig ohne Einschränkung als Pharao anerkannte, beweist ein Felsbild aus Luxor mit der Darstellung eines Opfers, das Alexander dem Gott Ammon darbringt.
Die Eroberung des östlichen Mittelmeers krönte Alexander mit der Gründung von Alexandreia. Es ist die erste von etwa siebzig Städten, die zu bauen Alexander befohlen hat. Auf einer Nehrung zwischen dem Meer und einem schilfbestandenen See wurden die

Das moderne Alexandria. Luftaufnahme

Alexandreia. Personifikation der Stadt

Umrisse Alexandreias und das Netz seiner Straßen im Sande markiert. Alexandreia ist von vornherein nach einem einheitlichen Plan errichtet worden. Der Anarchie unseres Städtebaus waren die Hellenen des 4. Jahrhunderts weit voraus.

Die Aegypter waren von Alexanders Gründung nicht sonderlich entzückt. Sie mochten keine Fremden. Zwar hatten Kaufleute aus Milet schon in der Mitte des 7. Jahrhunderts die Erlaubnis erhalten, eine griechische Stadt im Nildelta zu gründen. Aber dieses Naukratis war so etwas Ähnliches wie Shanghai im 19. Jahrhundert, dem die Chinesen Souveränität gewährt hatten, weil sie Europäer

nicht für würdig hielten, der weisen Rechtsprechung des chinesischen Kaisers teilhaftig zu werden.
Alexandreia, das am Mittelmeer lag, war mit dem Roten Meer durch den Nil und einen Kanal, der vom Nil ins Rote Meer führte, verbunden. In wenigen Jahrzehnten entwickelte es sich zum größten Hafen des Mittelmeers. Die Figur auf dem Mosaikbild aus der ersten Hälfte des 3. Jahrhunderts vor Christi Geburt ist eine Personifikation der Stadt Alexandreia als Krieger. Die Kopfbedeckung ist ein Kriegsschiff. Der Stab mit dem Querholz symbolisiert einen Schiffsmast. Die Schrift oben links ist die Signatur des Künstlers. Mag das Bild auch nicht besonders schön sein, es drückt den Stolz der Stadt aus.

Alexandreia. Die Insel, auf der der Pharos stand

Marmorkopf. König Ptolemaios I. Soter

Münze des Kaisers Antonius Pius. Der Pharos von Alexandreia

Silbermünze. König Ptolemaios I. Soter ▶

Als Napoleon in Aegypten landete, war Iskenderieh-Alexandria ein Dorf von fünftausend Einwohnern. Heute ist es wieder ein Welthafen. Auf einer kleinen Insel vor der Küste, die man durch einen Damm mit dem Festland verband, wurde zwischen 299 und 279 vor Christi Geburt ein Leuchtturm errichtet, der zu den Sieben Weltwundern gehörte. Er war einhundertzehn Meter hoch. Dieses Bauwerk hat bis 1326 nach Christi Geburt gestanden. Der Pharos, heute noch im Französischen das Wort für Leuchtturm, ist in der Antike immer wieder abgebildet worden. Hier ist er eingeprägt in

Oase Siwah. Zeichnung des 19. Jahrhunderts

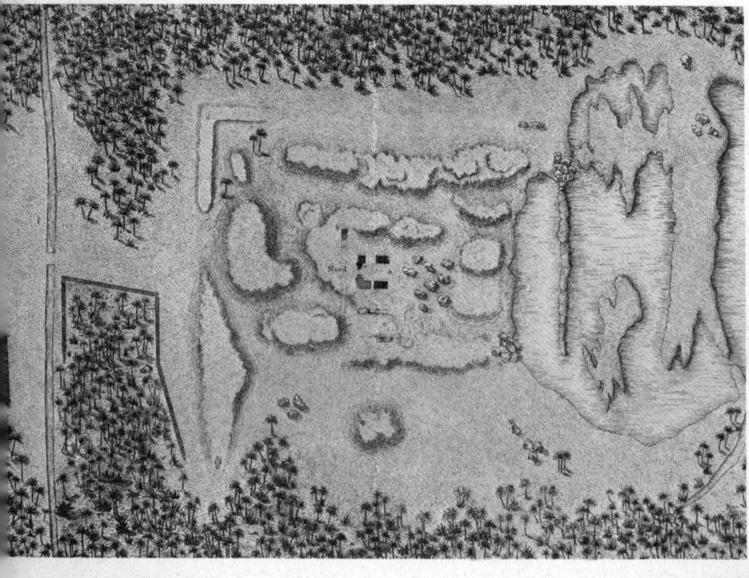

Oase Siwah. Tempel des Zeus Ammon

die Rückseite einer Münze des Kaisers Antonius Pius aus der zweiten Hälfte des 2. Jahrhunderts nach Christi Geburt.

Es war die Dynastie der Ptolemaier, die aus Alexandreia die Kapitale des Hellenismus machte. Zum Reichtum, den der Handel brachte, fügten die Könige den Luxus der Bildung, der Kunst, der Wissenschaft. Der erste dieser Reihe von Fürsten war ein General Alexanders des Großen – Ptolemaios I. Soter. Die letzte Herrscherin aus diesem glänzenden makedonischen Adelsgeschlecht, das fast dreihundert Jahre lang Aegypten regiert hat, war die Königin Kleopatra VII. Das Zeitalter des Hellenismus, von Alexander begonnen, ging mit Kleopatra zu Ende. Nach ihrem Tod sank Aegypten zu einer Provinz des Römischen Reichs ab.

Bevor Alexander zu neuen Taten aufbrach, unternahm er noch die Pilgerfahrt nach der Oase Siwah. Jomard, ein französischer Reisender, hat in seinem 1823 erschienenen Werk »Voyage à l'Oasis de Syouah« ein vortreffliches und übersichtliches Bild der Oase veröffentlicht. Es war ein heiterer Ort inmitten der ungeheuren Wüste. Von dem Tempel des Zeus Ammon, in den der Hohepriester Alexandern hineinführte, ist ein letzter Rest erhalten geblieben.

Griechisch-aramaeische Inschrift des Kaisers Asoka, die bei Kandahar in Afghanistan entdeckt wurde. 3. Jahrhundert v. Chr.

Die Lage Alexanders des Großen nach der Besetzung Aegyptens war von äußerster strategischer Merkwürdigkeit. Das erste Ziel seines Angriffs auf das Achaimenidische Reich, die Ausschaltung der persischen Seemacht, war erreicht. Alexander besaß nunmehr selbst eine leistungsfähige Flotte. Damit waren seine Herrschaft in der Aegaeis und sein Nachschub über den Hellespont gesichert. Für seinen Krieg gegen Dareios nützte diese Flotte ihm nichts. Im östlichen Mittelmeer gab es keine Macht mehr, gegen die sie hätte Verwendung finden können. Es gab nur noch eine Seemacht im westlichen Mittelmeer, Karthago.

Zu Karthago stand Alexander in guten diplomatischen Beziehungen. Karthago hatte sich, in einer Politik, die in ihrer Vorsicht an Venedig erinnert, aus den kriegerischen Verwicklungen des östlichen Mittelmeers herausgehalten, obwohl das Eingreifen seiner Flotte die makedonische Belagerung von Tyros unübersehbar lange hätte hinauszögern können. Karthagos Herrschaftsgebiet war das westliche Mittelmeer. Von da aus fuhren seine Schiffe die Küsten des Atlantik entlang im Norden bis nach England und zu damaliger Zeit vielleicht sogar schon bis Norwegen, im Süden bis Kamerun. Alexander hatte eine Gesandtschaft Karthagos, die im eroberten Tyros in seine Hand gefallen war, mit ausgesuchter Höflichkeit behandelt und sie zurückgeschickt, ohne irgendwelche Forderungen zu stellen. Das konnte bedeuten, daß er nichts gegen die mächtige phoinikische Stadt im Schilde führte. Es konnte aber ebensogut bedeuten, daß er vorläufig nichts gegen sie zu unternehmen gedachte. Ob die Besetzung der Nordküste Afrikas Alexandern als ein lohnendes Ziel erschienen ist, wissen wir nicht. Für jeden, der Aegypten erobert hatte, war es höchst verführerisch, vom Nildelta aus auf dem schmalen und damals noch fruchtbaren Landstreifen zwischen Sahara und Mittelmeer bis zu den Säulen des Herakles – heute die Straße von Gibraltar – vorzudringen. Ein Erfolg hätte zur Beherrschung des ganzen Mittelmeers geführt, das sicherlich der damaligen Welt größer erschienen ist als uns heute der Atlantik. Die Karthager hatten mit Eroberern Aegyptens schon beunruhigende Erfahrungen gemacht. Kambyses, der Sohn Kyros' des Großen, hatte vom Niltal aus einen Vorstoß gegen Karthago unternommen. Seine Armee war in einem Sandsturm umgekommen. Die Araber später haben der Versuchung nicht widerstehen können. Sie sind, über Gibraltar und Spanien, bis nach Südfrankreich gelangt!

Immer wieder taucht die Frage auf, ob Alexander nur ein Eroberer gewesen ist. Da er mehr erobert hat als irgendein Feldherr vor oder nach ihm, nimmt man als selbstverständlich an, daß Erobern sein Lebensziel gewesen sei. Aber damit wird man dem Staatsmann Alexander nicht gerecht. Macht ist ihm immer nur Mittel zu Größerem gewesen. Selbst als er den Osten der Welt unter seine Botmäßigkeit gebracht hatte, wandte er sich nicht gegen den Westen. Er rüstete vielmehr eine Forschungsexpedition aus – eine der größten, die es je gegeben hat –, den Seeweg vom Persischen Golf zum Roten Meer zu erkunden. Er wollte diese Verbindung zu einer sicheren Schiffahrtsstraße machen. Das alles konnten die Karthager nicht voraussehen. Doch erfuhren sie sehr bald, daß ihnen eine Atempause vergönnt wäre. Hamilkas, ein hoher karthagischer Offizier, den König Alexander in seine Dienste genommen hatte, war ihr Spion im Hauptquartier des gefährlichen Mannes. Hamilkas informierte die Karthager, daß zunächst der Krieg gegen das Achaimenidische Reich weitergehe.

Schon nach der Schlacht von Issos hatte Dareios sich in einem Brief an Alexander gewandt. Er forderte »als König von dem Könige« seine in makedonische Gefangenschaft geratene Familie zurück. Schon daß Dareios den jungen Fürsten der Makedonen mit sich, dem Großkönig, gleichstellte, war ein erstaunliches Ereignis, aber gleichzeitig ein Beweis für die realistische Vernunft des Dareios. Der König wies den König ab. Der Schluß von Alexanders Brief an seinen Gegner, ein interessantes persönliches Dokument, lautet: »Da ich nun Herr über ganz Asien bin, so komme zu mir! Fürchtest Du aber in diesem Fall irgend etwas, so schicke einige Deiner Vertrauten, damit sie Bürgschaft empfangen. Persönlich bitte um Deine Mutter, Deine Gemahlin und Deine Kinder und um was Du sonst bitten willst, und Du wirst es erhalten; denn was mir billig scheint, sollst Du haben. Übrigens, wenn Du zu mir schickst, schicke als zu dem König von Asien und schreibe nicht, als ob Du meinesgleichen wärst, sondern sprich zu dem Herrn alles dessen, was Dein war, wenn Du um etwas bittest. Widrigenfalls werde ich es ahnden. Wenn Du aber noch um die Herrschaft streiten willst, so stelle Dich zum Kampf und fliehe nicht, so wie ich Dich überall aufsuchen werde.«

Der Brief ist eine erstaunliche Mischung aus Edelmut, Ruhmredigkeit und einer ganz unglaublichen Übertreibung. Die Ruhmredigkeit mag gespielt gewesen sein. An die Stärke seiner Position mag Alexander selbst nicht geglaubt haben. Der Edelmut war echt. Es konnte keine Rede davon sein, daß Alexander Herr über Asien gewesen wäre. Die Perser hatten eine Schlacht verloren und eine Anzahl von Ländern am Rande ihres Weltreichs. Ihr eigentliches Machtzentrum, der Hohe Iran, war vollkommen intakt. Noch nicht

einmal das dem iranischen Hochland im Westen vorgelagerte Mesopotamien war in Alexanders Hand. Wie wenig er zu diesem Zeitpunkt »Herr über Asien« war, zeigen die Mühen, die er noch auf sich nehmen mußte, bis er es war.
Dareios wandte sich, nachdem sein erster Vorschlag von Alexander abgelehnt worden war, noch einmal an seinen hochmütigen und unerbittlichen Gegner. Diesmal war es ein Friedensangebot von überraschender Großzügigkeit. Dareios bot Alexandern zehntausend Talente in Gold, die Hand seiner Tochter und als Mitgift Asien bis zum Euphrat. Ein Friedensangebot von solcher Generosität von seiten eines Mannes, der wohl eine Schlacht verloren hatte, aber doch noch nicht besiegt war, ist einmalig in der Geschichte. Die Wahl des Euphrat als Grenze beweist den politischen Scharfblick des Persers. Dieser Herr eines Weltreichs verstand etwas von Weltpolitik. Keiner östlichen Macht ist es je gelungen, Eroberungen westlich des Euphrat zu festem Besitz zu machen. Keine westliche Macht hat sich je östlich des Euphrat auf die Dauer behaupten können.
Von den Diskussionen über das Friedensangebot des Dareios im Hauptquartier Alexanders gibt es eine Anekdote. Parmenion, um seine Meinung befragt, soll gesagt haben: »Wenn ich Alexander wäre, würde ich auf Dareios' Vorschlag eingehen.« Darauf soll der König geantwortet haben: »Und ich, wenn ich Parmenion wäre, auch.« Die Antithese ist so künstlich, daß man schon daraus ersieht, so kann es nicht gewesen sein. Alexander mag zuweilen arrogante Launen gehabt haben, aber er war nicht von alberner Eitelkeit. Daß er sich der alten Excellenz gegenüber ohne allen Grund so verletzend geäußert hätte, paßt nicht zu seinem von Natur noblen Charakter. Das Körnchen Wahrheit ist hier sehr versteckt. Alexander hatte zwar glänzende Taten vollbracht, aber das hatte König Philipp auch. Das über das gewöhnliche Maß Hinausgehende stand noch bevor. Niemand hätte zu diesem Zeitpunkt sagen können, daß Alexandern ein höherer Rang zukomme als seinem Vater. So lag es nahe, daß Parmenion, der ein ganzes Leben lang ein Gefährte der Erfolge Philipps gewesen war, die Gesichtspunkte erörterte, die für eine Annahme des persischen Angebots sprächen. Dabei mag Parmenion geäußert haben, daß König Philipp wohl das Angebot des Dareios angenommen hätte. Und darauf mag Alexander geantwortet haben: »Und ich, wenn ich König Philipp wäre, würde es ebenfalls annehmen.« Es konnte nicht Alexanders Absicht sein, seinem Generalstabschef gegenüber seine Überlegenheit zu betonen. Wohl aber lag ihm daran, sich von der Last der mächtigen

Vatergestalt zu befreien, die seine ganze Jugend hindurch seine Seele bedrückt hatte. Nicht Parmenion mußte er ausstechen. König Philipp mußte an Erfolg und Ruhm übertroffen werden. Doch gab es, so wirksam auch immer das psychologische Moment, Dareios' Friedensangebot zurückzuweisen, gewesen sein mag, für diesen Entschluß auch gewichtige politische, militärische und oekonomische Gründe. Betrachten wir einen Augenblick lang das Motivbündel Alexanders! Ereignisse sind niemals so fesselnd wie ihre Hintergründe.

Fast schon genügt ein Blick auf die Karte, um zu verstehen, daß der Euphrat als Grenze für Alexander keine befriedigende Lösung war. Hundertfünfzig Jahre lang hatten die Perser eine antihellenische Politik betrieben. Es war nicht besonders wahrscheinlich, daß sich das nach ihrer Niederlage ändern würde. Daß Babylon, das am Ostufer des Euphrat lag, Grenzstadt geworden war, hätte, in damaliger Zeit, vielleicht dem Frieden gedient. Aber das ganze Mesopotamien und damit zugleich auch das Land bis zur Küste des Mittelmeers wäre ständig dem Zugriff vom Hohen Iran aus preisgegeben geblieben, während das persische Kernland durch das Zagrosgebirge gegen Angriffe aus dem Westen vortrefflich geschützt war. Der Euphrat wäre eine militärisch unstabile Grenze gewesen.

Bei seinem Plan, hellenische Zivilisation über die Welt zu verbreiten, hatte Alexander ohnehin nicht die alten Völker des Zweistromlandes im Sinn. Von vornherein hat er an die Perser gedacht. Sie waren eine junge Nation, in ihrer Art den Makedonen ähnlicher als irgendein anderes Volk des Orient. Und schließlich – Aegypten, Syrien und das Zweistromland waren den Griechen zu Alexanders Zeit schon einigermaßen bekannt. Was lockte, war die Ferne, die erst hinter dem Zagros begann.

So brach Alexander, nachdem er das eroberte Gebiet durch eine Fülle staatsrechtlicher Maßnahmen in seine neue Ordnung überführt, Bürokratie und Steuereintreibung wieder in Gang gesetzt, die Versorgung der Armee sichergestellt hatte, im Sommer 331 erneut gegen Dareios auf. Bis zum Jahre 325 sollte dieser Kriegszug dauern – sieben lange Jahre voller Schweiß und Blut in den Steppen, Schneegebirgen, Dschungeln und Wüsten des größten Kontinents der Erde.

Das makedonische Heer zog den Orontes hinab nach Norden, dann am Fuße der Berge Armeniens entlang nach Westen, überschritt bei Thapsakos den Euphrat, überschritt den Tigris und traf vor Gaugamela erneut auf den Feind. Ohne Mühe hatten die Perser ein zweites Mal ein Reichsheer aufgestellt, größer als das, welches vor Issos geschlagen worden war. Die Reserven der Weltmacht Persien waren, im eigentlichen Sinn des Wortes, unübersehbar. Die Mobilisierung der Reitervölker des östlichen Iran, Baktriens und der Sogdiana verschaffte den Persern eine beträchtliche Überlegenheit über die Makedonen in der für diese weiten Länder so wichtigen kavalleristischen Kriegführung. Alexanders Armee war noch immer nicht sehr viel größer als am Granikos, ungefähr vierzigtausend Mann Fußvolk und siebentausend Reiter. Von der Überlegenheit der Perser konnte man nur deswegen nicht sagen, sie sei überwältigend gewesen, weil es eben die Perser waren, die überwältigt wurden. Alexander war nun schon lange ein kriegserfahrener Truppenführer. Seine Soldaten hatten zweimal gesiegt und viele befestigte Plätze erobert. Sie waren Veteranen, die nichts mehr erschüttern konnte. Dareios hatte seinem Gegner gegenüber den Nachteil, daß es, außer Issos, keine Erfahrungen darüber gab, wie man eine so gewaltige zahlenmäßige Überlegenheit einsetzen müsse, damit man taktische Vorteile davon habe. Ein Heer dieser Größenordnung hatte es noch nie gegeben. Gerade eine zahlenmäßige Überlegenheit gibt eine trügerische Sicherheit. In solchen Fällen führen Mißerfolge zu Panik. Und die Panik ist um so größer, je größer die Masse ist, die davon ergriffen wird. Dazu überließ Dareios den größten aller taktischen Vorteile, als Angreifer das Gesetz des Handelns in die Hand zu nehmen, seinem Gegner. Alexander war es, der angriff. Er gewann seine dritte Schlacht. Doch war es nahe daran gewesen, daß sie verlorengegangen wäre. Hätte Alexander anstelle des Dareios gestanden, Gaugamela wäre ein Sieg der Perser geworden. Dareios hatte wiederum die Flucht ergriffen. Diesmal mußte Alexander die Verfolgung aufgeben, weil die Schlacht erst halb gewonnen war. Nur der Flügel des Dareios war geworfen. Alexander kehrte um, weil die Gefahr bestand, der andere Flügel der Perser, den Parmenion noch nicht hatte schlagen können, werde ihm den schon sicheren Sieg wieder entreißen. Dareios hatte nur einige wenige ihm treu gebliebene Vertraute und ein kleines Kontingent schneller Steppenreiter bei sich. Häufig die Pferde wechselnd, eilte er durch die Pforte von Bisutun, das Tor Asiens, nach Ekbatana.

Mesopotamien lag Alexandern zu Füßen. Babylon öffnete ihm die Tore. Vom Volk umjubelt, ritt er in die Stadt ein. Er brachte den Göttern des Landes Opfer und befahl, den von den Persern zerstörten Tempel des Marduk wiederaufzubauen.

Nachdem Alexander seinen Truppen eine kurze Ruhepause gegönnt hatte, begab er sich nach Susa. Riesige Schätze wurden auch in dieser Residenz des Achaimenidischen Reichs noch erbeutet. Von nun an verfügte Alexander über unbeschränkte Mittel. Er ließ große Mengen des tot in den Schatzkammern liegenden persischen Goldes zu Münzen schlagen. Dabei schaffte er die achaimenidischen Münzeinheiten ab und führte den attischen Wechselkurs für das Gold-Silber-Verhältnis ein. Freilich, auch damit wäre noch nichts gewonnen gewesen, wären nunmehr die neuen Münzen in den Schatzkammern aufgestapelt worden. Aber Alexander begann, seinen Reichtum zu verschwenden. Uneinsichtige Kritiker haben ihm seine zuweilen allerdings abenteuerlich wirkende Verschwendung als Größenwahn anzukreiden versucht. In Wirklichkeit verhielt sich Alexander, als ob er Nationaloekonomie studiert hätte. Das durch seine Verschwendung in Umlauf gesetzte Gold brachte das wirtschaftliche Leben der eben eroberten Länder in kurzer Zeit zu einer vorher unbekannten Blüte.

Alexander hatte nunmehr aus eigener Kraft nicht nur das erobert, was Dareios ihm hatte übriglassen wollen, das ganze Mesopotamien gehörte ihm. Aber die militärische Lage war und blieb unbefriedigend. Noch nicht einmal jetzt, nachdem auch das zweite größere Heeresaufgebot der Perser vernichtet war, hätte man sagen können, daß die Möglichkeiten des Dareios erschöpft gewesen seien. War doch der Hohe Iran das Kernland der persischen Weltmacht, und hinter diesem dann erst tauchte der mächtige und unübersehbare Hintergrund Asien auf. Wie Droysen so schön sagt: »Der Sieg schwelte weiter.« Alexander faßte den wohlüberlegten Entschluß, den Angriff auf das Achaimenidische Reich fortzusetzen. Durch einen Nachtangriff im Schneesturm erzwang er den Durchbruch durch das Zagrosgebirge östlich von Susa. Er besetzte die Persis, das Stammland der achaimenidischen Macht mit der Königspfalz Persepolis und der alten Krönungsstadt Pasargadai.

Alexander hat lange in Persepolis verweilt. Er unternahm von da aus sogar noch einen Vorstoß nach Osten, Karmanien zu erobern, das Land, in das er am Ende aller seiner Mühen von Indien aus zurückkehren sollte. Dareios hielt sich während dieser Zeit in Ekbatana auf. Als Alexander endlich nach Norden aufbrach in der Hoffnung, vor den Mauern von Ekbatana die letzte Entscheidung zu erzwingen, hatte Dareios zum dritten Male die Flucht ergriffen. Mit unerbittlicher Härte verfolgte Alexander seinen Gegner, diesen König ohne Glück, durch sein halbes Land hindurch nach Osten. Doch war es dem Makedonen nicht vergönnt, ihn gefangenzunehmen. Ihr eigenes Leben zu retten, gaben Dareios' Begleiter ihren

Herrn schließlich preis. Ein makedonischer Soldat fand den unglücklichen Mann, von zahlreichen Speeren durchbohrt, von allen verlassen, sterbend auf einem Ochsenkarren. Als wenig später Alexander selbst hinzukam, konnte er nur noch seinen Mantel über den Toten breiten.
Alexander befahl, die Leiche des Ermordeten der Königinmutter Sisygambis zu übergeben, damit sie ihren Sohn seinem Range gemäß bestatte. Für Alexander unterlag es keinem Zweifel, daß es seine Sache sei, Dareios zu rächen, den Königsmord zu bestrafen. Das Charisma einer Würde, die er selbst innehatte, erforderte das. Auch war es in seinem Plan, die legitime Nachfolge der Achaimeniden anzutreten, eine politische Notwendigkeit.
Alexander ordnete, ehe er die Verfolgung des Fürsten Bessos, des Königsmörders, aufnahm, die Verhältnisse in Hyrkanien, der Provinz an der Südostecke des Kaspischen Meers. Auch hier führte er zunächst eine Expedition durch gegen die Stämme am Südufer des Kaspischen Meers, die von den Achaimeniden, obgleich sie sich hier sogar eine Pfalz erbaut hatten, nie unterworfen worden waren. Die Eingeborenen flüchteten in die Urwälder, die die Nordabhänge des Elburzgebirges bedecken. Noch heute gibt es in diesen Wäldern Bären und Leoparden. Alexanders Soldaten folgten den Flüchtenden in den Urwald hinein, bis sie sich ergaben.
In die Zeit des Aufenthalts in Hyrkanien fällt der Angriff des Spartanerkönigs Agis auf Makedonien. Antipatros, der getreue Statthalter, schlug den Aufstand nieder. In der entscheidenden Schlacht stand die alte Tapferkeit der Spartaner der neuen Tapferkeit der Makedonen gegenüber. Es war die blutigste Schlacht der griechischen Geschichte. König Agis fiel. Alexander kümmerte sich um die Ereignisse in Griechenland nicht. Das Gewicht seines Weltreichs war unterdessen so groß geworden, daß auch eine Niederlage in Hellas seine bisherigen Erfolge nicht in Gefahr gebracht hätte. Er trat den Weitermarsch nach Osten an.
Ursprünglich hatte Alexander die Absicht gehabt, auf der Route nördlich des Hindukush in Baktrien einzumarschieren. Dazu kam es nicht. In seiner rechten Flanke, in der Satrapie Areia, brach ein Aufstand aus. Alexander mußte umkehren. Der Aufstand des schon befriedeten Landes gab den Makedonen einen Vorgeschmack dessen, was sie in diesem Steppenkrieg erwartete. Die Zeit der strahlenden Siege war vorüber. Die unerbittliche Herrin, die Macht der Tatsachen, hatte auf lange Zeit hin für den König nur bittere Frucht bereit. Die schwelende Unzufriedenheit seiner Generale über die Art, wie Alexander mit den Persern umging, kam in einer

Verschwörung zum Ausdruck, in deren Verlauf Philotas, der älteste Sohn Parmenions, wegen Hochverrats von der Heeresversammlung zum Tode verurteilt und hingerichtet wurde. Alexander schickte daraufhin einige zuverlässige Offiziere nach Ekbatana, welche den Befehl hatten, den alten Parmenion augenblicks zu töten. Während er einen Brief Alexanders las, wurde er erstochen. Es war eine Tat von furchtbarer Folgerichtigkeit. Die Gefahr, daß Parmenion, dessen beide anderen Söhne ihr Leben im Dienst Alexanders schon gelassen hatten, selbst sich empören werde, war groß. So berechtigt Alexanders Besorgnis gewesen sein mag, es bleibt ein Mord.
Im Lauf des Herbstes rückte Alexander, in einem weiten Bogen nach Süden ausholend, über Kandahar nach Kabul. Am Fuß des Hindukush, auf zweitausend Meter Höhe, in kalter, frischer Gebirgsluft, unter flimmernder Sonne, verbrachte das Heer einen ruhigen Winter.
Das Jahr 329 brach an.
Der Aufbruch der Armee aus Aegypten erfolgte im Spätsommer des Jahres 331. Wiederum, wie schon zwei Jahre vorher in Gordion, hatte Alexander sich Zeit genommen. Er war eben nicht »ungestüm«. Er war auch mehr als nur der glänzende Feldherr. Er kümmerte sich um die Verpflegung der Truppe ebenso gründlich wie um die Kassen der Zahlmeister und das Gepäck der Generale. Einmal, als er Lasttiere brauchte, ließ er einen riesigen Haufen Luxusgepäck verbrennen, sein eigenes obenauf. Alexander war besonnen und weitblickend. Und er dachte einfach an alles. So führte er noch in Aegypten wichtige Neuerungen im Finanzwesen ein. Bisher hatte er so wenig Geld gehabt, daß er mit einer einzigen Kasse ausgekommen war. Jetzt trennte er von der Kriegskasse eine Generalkasse für die zivile Verwaltung ab und richtete Hauptkassen für Aegypten und Syrien ein. Seine Währungsmanipulationen waren so sachgemäß, daß die Bankiers von Alexandreia wenig später auf dieser Grundlage ein internationales Kreditsystem aufbauen konnten, das jahrhundertelang vortrefflich funktionierte.
Der Umfang und die Gründlichkeit, mit der Alexander die nächste Phase des Krieges vorbereitete, lassen darauf schließen, daß er eine ziemlich genaue Vorstellung von Größe und Dauer des bevorstehenden Feldzugs hatte. Die Zeit, die er sich ließ, kam natürlich auch seinem Gegner zugute. Dareios konnte in aller Ruhe ein zweites Mal ein Heer sammeln. Aber das mag Alexander als Vorteil betrachtet haben. Je vollständiger der Gegner seine Reserven aufbot, um so vollkommener würde der Sieg sein. Freilich wußte Alexander noch nicht, welch große militärische Bedeutung der

Weite des Raumes zukommt. Er vertraute auf die Taktik der makedonischen Phalanx, auf die Tapferkeit seiner kampferprobten Soldaten und auf die schon zweimal bewiesene Überlegenheit seiner operativen Führung.
Die Verschiebung des Abmarsches in den Sommer hinein hatte auch noch einen klimatischen Vorteil. Der erste Teil des Marsches führte, in zunächst nördlicher Richtung, durch das zwischen Libanon und Antilibanon verlaufende Tal des Orontes, welches selbst im Hochsommer nicht allzu heiß ist. Der Marsch durch den Nordteil der Syrischen Wüste verschob sich damit bis in den September. Das Heer hielt, der Wasserversorgung wegen, eine Marschroute ein, die am Fuß der Berge Armeniens entlangführte. Dareios machte keinen Versuch, Alexandern am Überschreiten des Euphrat zu hindern. Sogar erst hinter dem Tigris hatte er sein Heer versammelt. Er wollte vermeiden, bei dem neuen Kampf einen Fluß und eine Wüste im Rücken zu haben. Das war eine gefährliche Überlegung. Das Denken an Rückzug führt ihn herbei.
Euphrat und Tigris gehören, wie der Nil, der Ganges, der Hoangho, zu den Flüssen unserer Erde, die Träger großer Geschichte sind. In dem Land »Zwischen den Strömen« ist eine der frühen Zivilisationen der Menschheit geschaffen worden. Der Euphrat ist zwei-

Der Euphrat in den Bergen Kurdistans

Der Euphrat in seinem Mittellauf

Am Shatt el-Arab ▶

tausendachthundert Kilometer lang. Er entspringt in Armenien auf dem westlichen Hang des Gebirgsstocks, dessen Mitte der Ararat, der Berg Noahs, bildet. In Kurdistan ist der Euphrat noch ein schmaler, schnell dahinströmender Fluß. Im Mittellauf dienen Euphrat und Tigris der Bewässerung des Landes. Schließlich vereinigen sich die beiden Flüsse zum Shatt el-Arab, das sich breit und mächtig in den Persischen Golf ergießt. Zur Zeit der Achaimeniden mündeten Euphrat und Tigris noch getrennt ins Meer.
Die Perser hatten unweit der beiden Flußmündungen Sperren gebaut. Obgleich schon unter Dareios dem Großen der aus Ionien stammende Kapitän Skylax von der Indusmündung auslaufend das Rote Meer erreicht hatte, flößte der unermeßlich große Okeanos den Persern Furcht ein. Wie viele Feinde konnten aus der unbekannten Weite kommen! Die Perser waren kein seefahrendes Volk.
Alexander überschritt mit seiner Armee auf zwei schnell erbauten Brücken den Euphrat bei Thapsakos. Man erwäge, was für einen Pionierpark die Armee mitgeführt haben muß! Dann erfuhr

Alexander, daß Dareios mit einem riesigen Heer jenseits des Tigris stehe. Da er nicht unter den Pfeilen des Feindes übersetzen wollte, wandte er sich noch einmal nach Norden, wo ihm der Übergang über den Fluß ohne Verluste gelang. Es kam zur dritten und letzten der großen Schlachten zwischen Alexander und den Persern, der Schlacht von Gaugamela. Aus einer Mondfinsternis, von der die Chronisten berichten, läßt sich als Datum der Schlacht der 30. September 331 errechnen. Gaugamela war eine Reiterschlacht. Für die Entscheidung ist das Pferd wichtiger gewesen als die Tapferkeit. Eine lange Entwicklung der Kriegstechnik war vorausgegangen. Den Streitwagen hatten schon in der ersten Hälfte des dritten Jahrtausends die Sumerer erfunden. Große Streitwagenkämpfer waren die Hethiter. Im 16. Jahrhundert vor Christi Geburt erscheint der Streitwagen in Aegypten und in Mykene, seit etwa 1500 gleichzeitig in Nordeuropa und China. Die letzten Streitwagenkämpfer waren, wie Caesar in seinem Bellum Gallicum berichtet, die Kelten. Um das Jahr 1000 vor Christi Geburt beginnen ostiranische Stämme, die Pferde zu reiten. Aber erst Ende des

Goldener Kriegswagen aus dem Oxosschatz

Persepolis. Tributprozession

8. Jahrhunderts vor Christi Geburt kommt das Reiten allgemein in Gebrauch. Die aus der Steppe stammenden Scharen des Dareios waren aufgrund langer Tradition glänzende Reiter und den thessalischen Reiterregimentern Alexanders überlegen.
Die Pferde waren klein, aber leistungsfähig und zäh. Vor allem müssen sie sehr feste Hufe gehabt haben. Hufbeschlag war noch unbekannt. Von den heutigen Pferderassen sind ihnen die Panjepferde Rußlands am ähnlichsten.
Der Streitwagen aus Gold ist ein Meisterwerk aus dem Oxosschatz. Die großen Speichenräder sind wohl geeignet, auch größere Unebenheiten des Bodens zu überwinden. Auch der Fries aus Persepolis zeigt, wie klein die Pferde waren, ebenso der bronzene iranische Reitersmann aus dem Britischen Museum. Das Reiten ist damals eine schwere Kunst gewesen. Der Steigbügel wurde erst viel später erfunden, wahrscheinlich von den Parthern. Ein Siegelabdruck aus der achaimenidischen Zeit zeigt deutlich, in welcher Weise der Berittene dem zu Fuß Kämpfenden überlegen ist. Es nutzt dem Hopliten nichts, daß er den Schild so viele Jahre mit sich herumgeschleppt hat. Nur noch Sekunden hat der arme Kerl zu leben. Noch die Chinesen der T'ang-Zeit, wie wir aus Grabbei-

Reiterfigur. Achaimenidische Bronze

Achaimenidisches Siegel. Kampf eines Hopliten mit einem Reiter

China. T'ang-Periode. Tonpferd

gaben wissen, haben, obgleich sie im Lauf der Jahrhunderte größere Rassen gezüchtet hatten, das kleine Pferd der eurasischen Steppenkrieger verwendet. In ihrem künstlerischen Rang freilich sind die Tonpferde der T'ang den Rössern aller Zeiten und aller Rassen überlegen.

Dareios hatte große Massen von Kavallerie aufgeboten. Es waren Sichelwagen bereitgestellt. Er verfügte über Elefanten. Die taktische Wirkung von Elefanten auf Heere, die sie nicht kannten, war nicht unähnlich der von Tanks im Ersten Weltkrieg. Es war mehr, daß sie Schrecken verbreiteten, als daß sie schrecklich waren. Wurde der Lenker des Elefanten getötet, war das mächtige Tier nicht mehr viel wert. Das schlimmste war, daß Pferde den Geruch von Elefanten nicht vertragen können. Dagegen gab es und gibt es auch heute noch kein Mittel.

Der Verlauf der Schlacht von Gaugamela war taktisch von dem Verlauf der Schlacht von Issos durchaus verschieden. Es gibt keine zwei Schlachten in der Weltgeschichte, die einander gleichen. Napoleon ging so weit zu sagen, daß er aus keiner seiner Schlachten etwas für die folgenden gelernt habe. Alexander hatte aus Issos gelernt. Mochte das persische Heer dem makedonischen um ein Vielfaches überlegen sein, mochte die Schlachtreihe der Perser auf beiden Seiten über die Flügel der Makedonen weit hinausreichen, mochte die Gefahr für die Makedonen, auf dem weithin offenen Gelände von der Kavallerie des Gegners im Rücken angegriffen zu werden, noch so groß sein – das mächtige Perserheer hatte eine schwache Stelle. Das war das Herz seines Königs. Es war das Ziel Alexanders, mit so viel Elan wie irgend möglich auf König Dareios zuzustoßen. Das zu erreichen bediente Alexander sich einer taktischen List.

Wie bei Issos befehligte der König den rechten, Parmenion den linken Flügel. Nun griff Alexander aber nicht, wie zu erwarten stand, nach links in Richtung auf Dareios und das Zentrum an. Er rückte vielmehr gestaffelt nach rechts vor. Das allein schon verwirrte den Feind. Es mußte etwas bedeuten. Doch war die Absicht des Gegners zunächst nicht zu durchschauen, und als der Sinn des makedonischen Manövers klar wurde, war es zu spät. Die Perser, immer an die Überflügelung denkend, folgten der Bewegung Alexanders. So zog sich der linke Flügel der Perser immer weiter nach links. Schließlich entstand in ihrer Schlachtreihe eine Lücke. Das war die Lage, die Alexander hatte herbeiführen wollen. Er brach in die Lücke ein und stürzte sich mit seinen Reitern auf die Heerhaufen, die den Perserkönig deckten. Und wiederum, im Augenblick der höchsten Gefahr, gab Dareios seine Sache zu früh verloren. Issos wiederholte sich. Der rechte Flügel der Perser nämlich hatte das Gefecht gegen Parmenion schon fast gewonnen. Genau das, was Alexander bei dem Gegner durch seine Taktik erreicht hatte, das Aufbrechen einer Lücke, war als Folge eben dieser Taktik auch dem makedonischen Heer zugestoßen. Parmenions Flügel hatte den Anschluß an Alexanders Flügel nicht halten können. In die Lücke, die entstand, brach die persische Reiterei ein. Nur hatten die Makedonen die besseren Nerven. Sie ergriffen Gegenmaßnahmen, welche die Anstrengungen des Feindes zunichte machten.

Stellt man eine Schlacht mit Kreide auf einer Wandtafel dar, sieht immer alles sehr schön klar aus. In Wirklichkeit ist eine Schlacht ein ungeheures Durcheinander, ein Knäuel von Mißverständnissen,

Das Chigi-Relief. Schlacht von Gaugamela

ein Wirrsal von falschen und richtigen Meldungen – von Tolstoi in »Krieg und Frieden«, von Stendhal in der »Karthause von Parma« glänzend beschrieben. Schnelles Erfassen dessen, was das Durcheinander bedeutet, schneller Entschluß und seine sofortige Ausführung sind die taktischen Elemente der Überlegenheit. Wirksam freilich wird die Überlegenheit nur dann, wenn die moralische Qualität der Kämpfer ihr entspricht.

Ein merkwürdiges kleines Denkmal der Schlacht von Gaugamela ist ein Relief aus gelbem Marmor, das im Jahre 1780 von einem Fürsten Chigi auf einem seiner Güter ausgegraben wurde und sich heute im Palazzo Chigi in Rom befindet.

Babylon. Rekonstruktion durch Fischer von Erlach ▶

A
F
B

H
H
E

Das 14 mal 9 Zentimeter große Relief enthält eine Fülle von Symbolik. Auf dem Schild ist, wie aus der Inschrift hervorgeht, die Reiterschlacht von Gaugamela dargestellt. Hier wird der Schild als Ehrenschild für Alexander auf einen Altar gehoben. Die beiden Frauenfiguren sind Europa und Asien. Wie hätte es Alexandern gefreut zu entdecken, daß der Künstler zwischen Europa und Asien nur noch ganz geringe Unterschiede macht! Asien trägt Sandalen. Europa geht barfuß. Asien trägt einen Armreifen. Europa ist ohne Schmuck. Beide Frauen sind schön.
Alexanders Sorge, daß die mit mächtigen Mauern befestigte Stadt Babylon ihn zu einer schwierigen und mühsamen Belagerung zwingen werde, verflüchtigte sich im Jubel eines großartigen Empfangs. Mazaios, der Satrap von Babylon, hatte sich zur Übergabe der Stadt entschlossen. Das war eine unmittelbare Folge der Flucht des Dareios. Gerade Mazaios hatte bei Gaugamela tapfer gekämpft. Hätte Dareios sich entschlossen, Babylon zu verteidigen, in Mazaios hätte er den treuesten Helfer gehabt. Da aber Dareios das ganze reiche Mesopotamien kampflos räumte und sich in den Osten seines Reiches zurückzog, fühlten sich die großen Herren Mesopotamiens von ihrem König verraten. Sich mit dem Sieger zu einigen fiel ihnen um so leichter, als Alexander, wie die Erfahrung zeigte, Unterwerfung mit Milde behandelte, Widerstand aber sogar bestrafte, und das oft mit grausamer Härte. Alexander bestätigte Mazaios in seinem Amt und kurz darauf auch den Abulitos, Satrap von Susa, der ebenfalls seine Stadt mit allen Schätzen übergeben hatte. Die Maßnahmen beweisen, daß Alexander von Anfang an nicht die Absicht hatte, eine makedonische Fremdherrschaft über das Achaimenidische Reich zu errichten. Seine Humanität ist hier um so bemerkenswerter, als er von seinem großen Lehrer Aristoteles zu ganz anderem ermahnt worden war. Aristoteles hatte ihm empfohlen, »... den Hellenen ein Führer zu sein, den Barbaren ein Herr, den Hellenen wie Freunden und Stammesgenossen zu begegnen, den Barbaren, als ob sie Tiere oder Pflanzen seien ...«
Sehr großartig also steht Aristoteles in dieser Sache nicht da. Hier war einmal der Gelehrte voller Dünkel und der Soldat der Humanist. Freilich war die Hartnäckigkeit, mit der Alexander seine Idee der Verschmelzung, seine Idee der Gleichberechtigung von Siegern und Besiegten verfolgte, zugleich die Quelle aller jener Schwierigkeiten, die, nach der Rückkehr aus Indien, in der Meuterei seiner makedonischen Veteranen ihren dramatischen Höhepunkt erreichten. Vorläufig allerdings genossen die Soldaten ihren Sieg. Wiederum ist es Fischer von Erlach, der uns von Babylon ein ansprechen-

des Bild entwirft. Seine Zeichnung stimmt natürlich nicht genau mit den archaeologischen Einzelheiten der Grabungen überein. Der Künstler hat die von antiken Autoren gegebenen Beschreibungen gelesen und verwertet. Der Fluß ist der Euphrat. Neben dem Turm im Hintergrund lag der Tempel des Marduk, von den Römern Jupiter Baal genannt. Sogar die Hängenden Gärten der Semiramis sind gut zu erkennen.

Nach den Strapazen des Marsches von Aegypten zum Tigris und den Anstrengungen der Schlacht von Gaugamela hatte die Armee eine Ruhepause nötig. Für die Soldaten müssen die Wochen in Babylon herrlich gewesen sein. Die makedonischen Krieger waren nun zwar mit Ruhm und Narben bedeckte Veteranen, aber sie stammten doch schließlich aus verlorenen Gebirgstälern des Balkans, und noch nie in ihrem Leben hatten sie eine Weltstadt gesehen. Das also war Bab-ilu, das Tor Gottes, von dem man so viele Wunderdinge vernommen hatte. Babylon war zu jener Zeit die größte Stadt des Erdkreises mit einer Einwohnerzahl von über einer Million. Es hatte acht Tore. Seine Mauern waren achtzehn Kilometer lang. Hier trafen sich Inder, Araber, Armenier, Phoiniker, Skythen, Aethioper in ihren verschiedenen Trachten. In den Gewölben der Bazare konnten die Soldaten den Reichtum der Welt bestaunen – Weihrauch, Myrrhen, Gold, Elfenbein, versilbertes Zaumzeug, Schmuck, Salben, Purpurstoffe und zu jener Zeit wahrscheinlich auch schon chinesische Seide. Die Babylonier waren reizend und von überströmender Gastlichkeit. Wer ist nicht lieber als von ihm belagert mit dem mächtigen Sieger befreundet. Und wie zu allen Zeiten gab es natürlich auch in Babylon eine Menge schöner, wundervoll geschminkter Frauen, die den Soldaten zuzulächeln beliebten. Großartige Bauten, das mächtige Ishtartor, verkleidet mit glasierten Ziegeln, auf denen köstliche Fabeltiere in bunten Farben leuchteten, die von Palästen umsäumte Prozessionsstraße zum Ziggurat, dem Turm, auf dessen oberster Plattform die Gottheit in einem reichgeschmückten Tempelchen verehrt wurde, der Palast Nebukadnezars, die Gärten der Semiramis – das alles hat nicht nur auf die schlichten Gemüter der makedonischen Bauernjungen und Hirtensöhne, das hat selbst auf die hochmütigen Griechen Eindruck gemacht. Der Weg entlang des Euphrat am Fuß der Stadtmauer ist die Stätte, wohin während der babylonischen Gefangenschaft die Juden sich zurückzogen, wenn die Stadt ihre großen Götterfeste feierte, die Stätte an den Wassern von Babylon, an denen sie saßen und weinten. Es war nicht der Verlust der Freiheit, über den sie klagten. Viele sind, nachdem König Kyros der Große den Juden erlaubt hatte, in die Heimat zurückzukehren, in Babylon geblieben. Ihr Wehklagen galt dem zerstörten Tempel Salomonis in Jerusalem. Heute ist der Platz ihrer Trauer die Klagemauer in Jerusalem. Sie stützt die Terrasse, auf der einmal sowohl der erste wie der zweite Tempel Jahwes gestanden hat. Von 1948 bis 1967 haben die Araber keinem Juden erlaubt, die Klagemauer zu besuchen.

Auf König Alexander von Makedonien hat die Weltstadt Babylon einen so tiefen Eindruck gemacht, daß er beschloß, sie zur Hauptstadt seines Reiches zu machen. Doch nahm er sich wieder einmal Zeit. Zwar mag auch er nach den Strapazen des Feldzugs und nach der ungeheuren Erregung der Schlacht der Ruhe bedurft haben. Doch ergab er sich alsbald einem Vergnügen, das durchaus schon wieder anstrengend, dafür aber auch wahrhaft königlich war. Alexander liebte die Löwenjagd. Die Achaimeniden besaßen große Tierparks, in denen sie Löwen in freier Wildbahn hielten. Bei einer solchen Jagd wurde Alexander von einem Löwen angefallen. Krateros, der Jagdgefährte, stürzte sich unerschrocken auf das gefährliche Tier und tötete es. Dieses Ereignis hat die Phantasie der Zeit-

▲
Arezzo.
Tonform.
Löwenjagd

◀
Messene.
Relief einer
Löwenjagd

Intaglio.
Karneol.
Löwenjagd

genossen auf das lebhafteste beschäftigt. Ein König, von einem Löwen angefallen – welch ein Ereignis! Den Sängern der homerischen Zeit war der Löwe noch ein vertrautes Tier. Bis ins 6. Jahrhundert hinein wird er auch immer wieder dargestellt. Aber vor der sich ausbreitenden Zivilisation zog der Löwe sich zurück. Er entschwand dem Gesichtskreis der Hellenen. Auch in der Kunst tritt er seitdem immer nur in mythologischen Szenen auf. Seit Alexander wird die Löwenjagd wieder zum beliebten Sujet der Künstler. Ein Relief mit einer Löwenjagd aus dem Ende des 4. Jahrhunderts wurde in Messene auf der Peloponnes gefunden. Bei Arezzo in der Toscana wurde eine Tonform mit einer besonders realistischen Wiedergabe des Themas ausgegraben. Der Löwe hat einem der drei Jäger schon die Pranke in die Schulter geschlagen. Das Mosaik der Löwenjagd in Pella wurde schon gezeigt. Besonders merkwürdig ist ein Intaglio aus Karneol, das Evans, der Ausgräber von Knossos auf Kreta, bei einem Antiquitätenhändler in London fand. Es stellt eine in sich geschlossene Gruppe von zwei Männern mit einem Löwen dar. Der hohe Rang des Kunstwerks spricht dafür, daß das Stück eine Wiedergabe der in der Antike berühmten und mehrfach beschriebenen Bronzegruppe einer Löwenjagd ist, welche Krateros nach Alexanders Tod bei Lysippos und Leochares bestellte und dem Heiligtum in Delphi weihte. Die mäßige Wiedergabe des Kunstwerks muß verziehen werden. Die Zeichnung stammt aus einer wissenschaftlichen Abhandlung aus dem Jahre 1899. Das Stück selbst ist im Moment unauffindbar.

Der Blick aus dem Flugzeug auf Susa ist ein Blick auf sechstausend Jahre Geschichte. Es sind die Trümmer von neun Städten, die in diesem riesigen Schutthaufen übereinandergetürmt sind. Der merkwürdige Bau auf dem großen Hügel in der Mitte, der wie eine Burg der Kreuzritter aussieht, ist das Kastell der Archaeologie. Bis hierher sind Kreuzritter nie gekommen. Die Ausgräber, die die Wunder Susas aus der Erde heraufholten, mußten sich gegen die Beduinen der Wüste schützen. Eine der Flächen mit Säulenstümpfen ist der Estrich des Palastes, in dem Alexander feierlich den Thron der Achaimeniden bestieg. Der spitze weiße Kegel links krönt die Moschee, welche die Muslimin über dem Grab des Propheten Daniel errichteten. Das Flüßchen, das sich durch die Ebene schlängelt, ist im 4. Jahrhundert schiffbar gewesen. Nearchos' Flotte ist mit Ruderkraft vom Persischen Golf bis hier herauf gelangt. Heute liegt der Platz ungefähr dreihundert Kilometer vom Meer entfernt.

Susa. Grabmal des Propheten Daniel ▶

Die Geschichte Susas beginnt um 4000 vor Christi Geburt. Es wäre amüsant zu wissen, was der Eroberer der Stadt von dieser Geschichte gewußt hat. »Shush« wurde gegründet von den Elamiten, einem Volk unbekannter Herkunft mit eigener Schrift und Sprache und eigener Kunst. Ihre Kunst war verschollen. Ihre Sprache und ihre Schrift waren noch im Gebrauch. Um 1900 vor Christi Geburt brachte ein Herrscher aus Susa die III. Dynastie von Ur zu Fall. Das könnte ein jüdischer Schriftgelehrter Alexandern erzählt haben. Es war kurz vor diesem Angriff auf Ur, daß Abraham seine Vaterstadt verließ. Ebenso dürfte Alexander den Namen des Königs Hammurabi gekannt haben, der ebenfalls in der ersten Hälfte des zweiten Jahrtausends gelebt hat. Es waren die Gesetze Hammurabis, des Amoriterkönigs, die Kyros der Große zum Vorbild nahm für eine Gesetzgebung, nach der noch zu Alexanders Zeit Recht gesprochen wurde. Aber eins hat Alexander nicht gewußt, daß die Basaltsäule, in welche Hammurabi seine Gesetze hatte einmeißeln lassen, tief unter seinem Thron in der Erde lag. Hätte er es gewußt,

◀ *Susa. Luftaufnahme*

Susa. Die Gesetzessäule Hammurabis mit einem Ausschnitt aus ihrem Keilschrifttext. Um 1900 v. Chr.

in seiner Neugier hätte er zu graben angefangen. Er wäre der erste Archaeologe geworden! Die Säule steht heute im Louvre. Nach Susa kam sie durch König Sutruk-Nahhunte I., der sie im Jahre 1170 vor Christi Geburt von einem Raubzug nach Nordmesopotamien mitbrachte. Und in die Erde versank sie, als der Assyrerkönig Assurbanipal 645 vor Christi Geburt Susa eroberte und durch eine vollständige Zerstörung der Stadt den Schutthügel um ein oder zwei Meter erhöhte. Die Achaimeniden bauten hundert Jahre später Susa wieder auf und machten es zu ihrer Winterresidenz. Von den großen Festen, die sie gefeiert haben, wird eines in der Bibel, im Buche Esther, ausführlich geschildert. Von Susa gingen die großen Straßen aus – die Königsstraße mit einhundertelf Relaisstationen bis Sardeis, eine zweite Straße in nordöstlicher Richtung nach Ekbatana, eine dritte in östlicher Richtung quer durch den Zagros nach Persepolis.
Bei dem Tongefäß mit dem wunderschönen geometrischen Muster und den stilisierten Tieren, die wohl Kamele sein sollen, handelt es sich um ein Kunstwerk aus dem Jahre 3500 vor Christi Geburt. In die Säule aus dunklem Basalt sind die Gesetze Hammurabis in Keilschrift eingemeißelt. Ein Ausschnitt zeigt die Schönheit dieser

Susa. Tongefäß mit geometrischem Muster. Um 3500 v. Chr.

Susa. Kulthandlung. Bronze. Um 1200 v. Chr.

Susa. Geflügelter Löwe. Ziegel glasiert. Um 500 v. Chr.

Susa. Stierkapitell.
Um 500 v. Chr.

Schrift. Die große Bronzeplatte aus dem 12. Jahrhundert vor Christi Geburt stellt eine Kulthandlung dar. Die Archaeologen pflegen hinzuzufügen, so beiläufig, als ob es König Friedrich August von Sachsen wäre – aus der Zeit des Königs Shilchak-Inshushinak!
Das Stierkapitell, der großartige geflügelte Löwe und das Relief einer Kriegerprozession aus glasierten Ziegeln sind achaimenidisch. Die strengen Figuren der Krieger mit ihrem hoheitsvollen Schritt haben noch zu Alexanders Zeit die Palastwände geschmückt. Am längsten überdauerte den Lauf der Zeit der Ruhm Daniels. In neuerer Zeit wird das Grabmal des Propheten zum erstenmal schon im 14. Jahrhundert von dem persischen Historiker Mostowfi wieder erwähnt. Alexander fand in Susa die aus dem Ende des 6. Jahrhunderts stammenden Erzbilder von Harmodios und Aristogeiton. Die beiden Freunde hatten den Tyrannen Hipparchos, der zusammen mit seinem Bruder Hippias Athen regierte, ermordet. Die Athener setzten den Tyrannenmördern ein Denkmal. Xerxes nahm, als er Athen plünderte, die beiden Bildwerke mit und verwahrte sie in Susa, keineswegs übrigens ihrer weitberühmten Schönheit wegen, sondern in einer Art magischer Gefangenschaft. Alexander gab den Athenern die ihnen teuren Kunstwerke zurück. Vor wenigen Jahren haben die Archaeologen auf der Agora von Athen ein Stück des eine Inschrift tragenden Sockels gefunden, auf dem die Bildwerke einst standen. Die Originale sind verschollen. Nur römische Marmorkopien sind erhalten geblieben.
Durch die hohen Fenster des Thronsaals in Susa konnte Alexander am Horizont die Vorberge des Zagros liegen sehen. Das unwegsame Gebirge war ein mächtiger Wall, der das Kernland des Achaimenidischen Reichs, den Hohen Iran, gegen seine Feinde schützte.

Sockel des Denkmals von Harmodios und Aristogeiton, gefunden auf der Agora von Athen.

Hinter diesen Bergen lag die Zukunft! Alexander war sich darüber klar, daß die Vielfalt der Aufgaben, welche die eroberten Länder ihm stellten, mit jeder Erweiterung seines Machtbereichs wachsen mußte. Seine Schwierigkeiten waren um so größer, als er stets die Sicherung des künftigen Friedens im Auge hatte. Um den Völkern Asiens nicht als fremder Eroberer zu erscheinen, mußte der makedonische König versuchen, der legitime Nachfolger der Achaimeniden zu werden. Aus dieser Absicht entstanden Konflikte an anderer Stelle. Je weiter Alexander sich von seiner ursprünglichen Stellung als Heerfürst seines Makedonenvolks entfernte, um so größer wurden die Gegensätze zu seinen Generalen, insbesonders zu den älteren von ihnen, die noch aus der Generation König Philipps, seines Vaters, stammten.

Alexander verließ Susa mit einer Geste, die ebenso nobel wie klug war. Königin Stateira, die Gemahlin des Dareios, war schon ein Jahr nach Issos gestorben – an gebrochenem Herzen. Der Königinmutter Sisygambis und den Kindern des Dareios wies Alexander Susa als Residenz an und stellte ihnen einen königlichen Hofstaat zur Verfügung. Nur einen Wunsch äußerte der Sieger. Er ließ ihnen Gelehrte zurück mit der Bitte, die Prinzessinnen möchten Griechisch lernen. So zog der Aorist in Susa ein.

Das Jahr 331 näherte sich seinem Ende. 330, das fünfte Kriegsjahr, stieg über den Zagros herauf. Dareios hatte der Niederlage von Gaugamela keine diplomatischen Schritte folgen lassen. Unter Ariobarzanes hatten die Perser den einzigen Übergang, den es im Süden des Zagrosgebirges damals gab, uneinnehmbar befestigt. Alexander bezwang den Paß im winterlichen Hochgebirge durch eine Umgehung. Es war ein Angriff von beispielloser Härte. Selbst für moderne Gebirgstruppen wäre das eine glänzende Leistung gewesen. Persepolis und Pasargadai, die alten Königsstädte, fielen in Alexanders Hand, zugleich mit ihnen zum drittenmal eine gewaltige Beute an Gold, Silber und anderen Kostbarkeiten. Die Schätze wurden später nach Ekbatana gebracht. Zu ihrem Transport seien, so wird berichtet, zehntausend Paar Maultiere und dreitausend Kamele erforderlich gewesen. Wiederum waren es vier lange Monate, die Alexander in der Persis blieb. Immer noch mag er, nachdem er nun auch noch den Süden des Hohen Iran erobert hatte, auf ein Friedensangebot des Dareios gewartet haben. Nichts erfolgte. Unrettbar ging Dareios seinem Untergang entgegen.

◀ *Eine römische Kopie des Denkmals*

Die wunderbaren Reliefs von Persepolis waren für Alexander ein eindrucksvolles Lehrbuch des Zeremoniells am Hofe dieses Weltreichs, das er zu dem seinen machen wollte. Eines von ihnen zeigt das Bild einer Audienz, die König Dareios einem Satrapen gibt. Die Geste der Kußhand, die der hohe Würdenträger macht, war die feinste Form der Ehrerbietung der großen Herren gegenüber dem mächtigen König der Könige. Doch führte Alexanders Versuch, das persische Zeremoniell einzuführen, zu neuen Konflikten mit den vornehmen Makedonen und Griechen seiner Umgebung.

Persepolis. Dareios der Große empfängt einen Würdenträger

Persepolis, wo das Neujahrsfest, das größte religiöse Fest des Jahres, gefeiert wurde und wohin alljährlich die Tribute aus der »ganzen Welt« zusammenströmten, war der Platz, den Asiens Völker als den heiligen Mittelpunkt der Macht Persiens verehrten. Die Ausstrahlungen dieser Macht reichten weit nach Osten. Die Säule Asokas im indischen Sarnath ist dafür ein noch erhaltenes Beispiel.

Persepolis. Bronzeständer, aus drei Löwen gebildet

◀ *Die Asoka-Säule von Sarnath*

In Sarnath bei Benares, im »Park der Gazellen«, hat Buddha seine erste große Predigt gehalten, eine Szene, die zu Alexanders Zeit zweihundert Jahre zurücklag. Als der chinesische Pilger Hsuen Tsang im Jahre 640 nach Christi Geburt, also fast tausend Jahre nach Alexander, Sarnath mit all seinen Gedächtnisstätten besuchte, stand es noch in vollem Glanz. Fünfzehnhundert Mönche lebten damals in seinen Klöstern. Als eine der bedeutendsten Reliquien beschreibt Hsuen Tsang eine vom Kaiser Asoka errichtete Säule. Asoka war von allen weltlichen Herrschern des Ostens derjenige, welcher am meisten für den Buddhismus getan hat. Was Konstantin der Große für das Christentum, war Asoka für den Buddhismus. Er gründete, sechzig Jahre nach Alexander, ein Reich, das sich von Afghanistan bis zum Ganges erstreckte. Vergleicht man die Säule Asokas mit der Säule am Tor des Xerxes oder mit den drei Bronzelöwen, die ebenfalls aus Persepolis stammen, sieht man, daß das indische Kunstwerk achaimenidisch beeinflußt ist. Es gibt in der ganzen Kunst des Westens nichts, das einen so tiefen Einfluß achaimenidischer Kunst aufweist.

Der Brand von Persepolis, von Alexander befohlen, war – was immer sonst man darüber denken mag – den Völkern ein Signal. Die Götter hatten entschieden. Ein neuer Herr war Asien erstanden. In den Flammen von Persepolis verbrannte das Sanctum der zweihundert Jahre alten Glorie der Achaimeniden. Daß diese

Hochtal im Zagrosgebirge

Persepolis. Fuß einer Säule am Tor des Xerxes

Fackel über Asien von Alexander als ein Symbol gemeint war, darf man auch daraus schließen, daß er, nachdem eine der großen Hallen niedergebrannt war, zu löschen befahl. Die Spuren des Brandes kann man noch heute an den Säulenbasen feststellen.

Für die Soldaten begannen die »endlosen Märsche«. Die Landschaft, durch die das Heer nach Norden zog, ist von großartiger, man könnte sagen heroischer Schönheit. Aber für einen marschierenden Helden ist das ein sehr untergeordneter Gesichtspunkt. Für ihn war sie vor allem heiß und staubig. Und für den Kavalleristen ist selbst die Erhabenheit des Sonnenaufgangs über den fernen Bergen bedeutend weniger wichtig als Wasser für sein Pferd. Der Knabe, der mit seinen beiden Eseln durch die ungeheure Einsamkeit des Landes zieht, ist gewiß ein freier kleiner Mann. Und er fürchtet sich auch vor nichts. Aber richtig satt essen kann er sich nur an hohen Festtagen, nicht mehr als zweimal im Jahr. Das Land ist arm.

Von Zeit zu Zeit sind die Makedonen Kamelkarawanen begegnet, den Trägern allen Verkehrs im Orient noch bis in die jüngste Zeit hinein. Auch nach Jahren, die man in Asien verbracht hat, kann man niemals aufhören, diese merkwürdigen ruppig-stolzen Tiere zu bestaunen. Zu den Klängen der Welt gehört das Läuten der Glocken des Leitkamels, wenn sich die Karawane unter dem verblassenden Sternenhimmel der Steppe dem Karawanserail nähert. Auch mag die Truppe immer einmal wieder einem Nomadenstamm begegnet sein, der mit Kamelen, Pferden und Eseln, die Hühner

Kamelkarawane im Iran

Filzzelte der Nomaden im Gebirge

◀ *Iran. Nomadenstamm auf dem Marsch*

in Körben unter den Bäuchen der Kamele aufgehängt, mit Herden von Ziegen, Schafen und Rindern in einer mächtigen Staubwolke durch das karge Land zog. Die schwarzen Filzzelte der Nomaden in der ungeheuren Einöde machen einen unheimlichen Eindruck. Doch die Menschen sind von großartiger Gastfreundlichkeit, und es kann, wenn man im Zelt eines Häuptlings auf dicken Lagen herrlicher Teppiche sitzt, sehr behaglich sein. Das alles ist auch heute noch nicht viel anders, als es vor zweitausend oder dreitausend Jahren war.

Das nächste Ziel Alexanders war Ekbatana, das heutige Hamadan im Nordwesten Irans. Dort hatte Dareios noch einmal versucht, ein Heer zu sammeln. Noch immer war er von einer ganzen Anzahl seiner Granden umgeben. Aber das waren mit Ausnahme einiger weniger Getreuer, die der altpersischen Sache anhingen, die Satrapen der östlichen Länder, die Dareios unterstützten, weil sie hofften, auf diese Weise ihre eigenen Herrschaftsgebiete vor dem furchtbaren Eroberer zu retten. So harrten sie noch bei ihrem angestammten Herrscher aus.

Ekbatana lag an der großen Karawanenstraße, die über Baktrien aus Zentralasien kam und über Babylon ans Mittelmeer führte. In den antiken Berichten wird Ekbatana als eine Stadt von unerhörter Pracht geschildert mit Tempeln, deren Dächer versilbert, mit herr-

Iran. Gebirgslandschaft

Ekbatana (Hamadan). Luftaufnahme ▶

lichen Palästen, deren Säle mit vergoldetem Zedernholz ausgeschmückt waren, mit einer gewaltigen Stadtmauer, umgeben von wunderbaren Gärten. Die ganze Pracht, die noch im 12. Jahrhundert nach Christi Geburt als ein ungeheures Trümmerfeld beschrieben wird, ist unterdessen vollständig in die Erde versunken. Eine neue Stadt hat sich darüber gebreitet. Klettert man in den kleinen Gassen Hamadans umher, findet man immer einmal wieder in einer Hütte als Küchenbank eine Marmorstufe, über die einst der Herr der Welt zu seinem Palast hinaufgeschritten ist. Hier braucht man nur den Spaten anzusetzen, und die wunderbarsten Kunstwerke treten ans Tageslicht.
Das Goldgefäß stammt aus dem Ekbatana des 6. Jahrhunderts, einer Zeit, in der die achaimenidische Kunst auf ihrer Höhe stand. Mit den beiden doppelköpfigen Steinböcken, die als Henkel dienen, mit dem Band geflügelter Löwen, mit dem reichen ornamentalen Schmuck ist dieses Gefäß eines der kostbarsten Meisterwerke achai-

Achaimenidisches Goldgefäß, wahrscheinlich aus Hamadan

Achaimenidischer Goldteller mit silisiertem Adler

menidischer Goldschmiedekunst. Die goldene Platte mit dem stilisierten Adler stammt aus Alexanders Zeit. Auch sie ist von klassischer Schönheit. Die Ausgrabung Ekbatanas wird einmal Großartiges zutage fördern.

Der Löwe von Hamadan

Der Löwe von Hamadan. Zeichnung. 1851

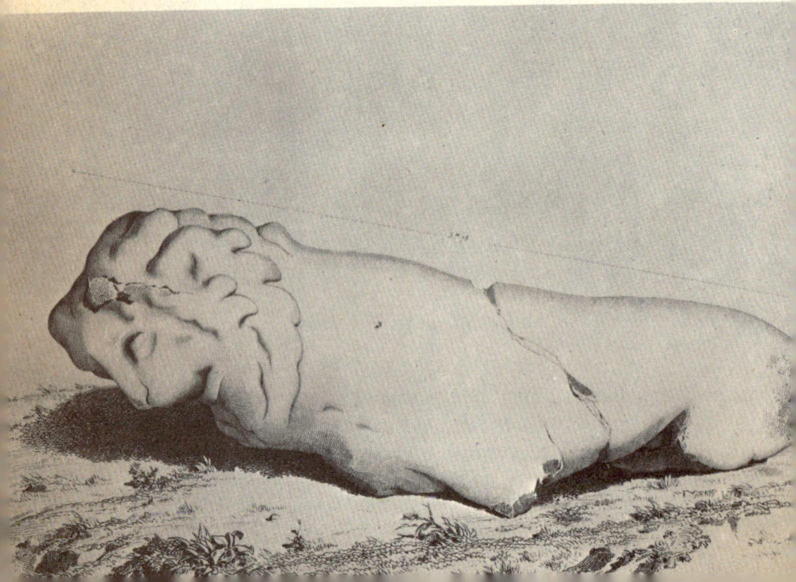

In Hamadan gibt es zwei Denkmäler, die an Alexander den Großen erinnern. Das eine ist das Standbild eines Löwen aus dem 4. Jahrhundert vor Christi Geburt. Es stammt vermutlich von einem Grab zu Ehren gefallener makedonischer Soldaten. Das andere ist ein Grabmal, errichtet in unserer Zeit zu Ehren eines Persers, der im Jahre 1037 nach Christi Geburt in Hamadan starb. Noch im Jahre 1851, als Flandin und Coste Persien bereisten, lag der Löwe als Torso am Boden. Auf der Zeichnung des Franzosen sieht er zwischen seinen Gräserchen nicht besonders löwenmäßig aus, sondern eher lieb. Jetzt ist er wieder aufgerichtet, jedoch nicht hoch genug. Luschey fand heraus, daß der Löwe von Hamadan ein Bruder des Löwen von Chaironeia ist. Heute dient er mutigen Knaben bis zu sieben Jahren als Reittier. Den Frauen von Hamadan gilt er als Symbol der Fruchtbarkeit. Wenn sie sich Kinder wünschen, gehen sie in der Dämmerung »zum Löwen hinaus« und bringen ihm ein wenig Honig.
Das Grabmal vor der Bergkulisse des Zagros, von einem modernen Architekten in Anlehnung an islamische Bauwerke des Mittelalters

Hamadan. Mausoleum des Avicenna

errichtet, krönt das Mausoleum des 'Abu Ali al Husain Ibn 'Abdallah Ibn Sina. Europa kennt ihn als Avicenna. Er war ein Kenner des Aristoteles. In der Divina Commedia steht er, unweit des Aristoteles, in der Vorhölle zwischen Hippokrates und Galenus, den beiden berühmtesten Ärzten der Antike. Wichtige Teile antiken Wissens, insbesondere auf dem Gebiet der Medizin, sind nur im Werk Avicennas dem Abendland erhalten geblieben.

Wenige Tagemärsche vor Ekbatana traf die Nachricht ein, Dareios habe die Stadt verlassen und sei mit seinen Streitkräften nach Osten abgezogen. Nichts hat wahrscheinlich Alexander in seinem ganzen Leben eine so große Enttäuschung bereitet wie diese Nachricht. Die Vision vom Ende aller Mühen war eine Fata Morgana gewesen. Beim Näherkommen hatte sie sich ins Nichts verflüchtigt. Es hätte nahegelegen, sofort mit aller Macht die Verfolgung des fliehenden Feindes aufzunehmen. Nicht so Alexander! Bisher hatte sich der Krieg in übersehbaren, in zivilisierten Ländern abgespielt. Was jetzt vor ihm lag, war unübersehbar. Er hatte einen neuen, ihm noch unbekannten Feind bekommen – Asiens endlosen Raum. So baute Alexander, der Pedant der Sicherheit, hier, an dem östlichsten Punkt, den er gerade mit der Spitze seiner Truppe erreicht hatte, eine neue Basis auf. Von jetzt an war die Etappe seiner militärischen Aktionen nicht mehr Makedonien, nicht mehr die Mittelmeerküste mit ihren Häfen. Von jetzt an lag schon seine Basis weit im Osten, im Iran. Die neue Etappe wurde unter Parmenions Befehl gestellt. Dann brach Alexander wieder auf. In elf Tagemärschen erreichte er Rhagai. Die Stadt liegt etwas südlich von Teheran, das damals noch ein Dorf war. Auf die makedonischen Soldaten blickte der auch im Juli mit Schnee bedeckte fünftausend Meter hohe Demavend herab, der höchste Berg des Elburzgebirges, das eine Barriere zwischen dem Kaspischen Meer und dem Hohen Iran bildet. Nach wenigen Tagen Rast wurde die Verfolgung wiederaufgenommen. Dareios hatte schon die Kaspischen Tore hinter sich gelassen und war auf dem Wege nach Baktrien.

Das Land mag den Makedonen so fremd nicht erschienen sein. Wie sie das aus ihrer Heimat kannten, trafen sie zwischen hohen kahlen Bergen immer wieder auf kleine blühende Täler. Wasser unter dieser Sonne bedeutet eben ein Paradies. Die Wegschwierigkeiten müssen enorm gewesen sein. Es ist ein Unterschied, ob ein Hirt mit ein paar Rindern über einen schmalen Steg zieht oder ob dieser Steg von vierzigtausend Soldaten und sechstausend Reitern

Elburzgebirge. Der 5000 m hohe Demavend ▶

überschritten werden muß. In einer ungeheuren letzten Anstrengung holte schließlich Alexander den Dareios ein. Aber die Begleiter des Perserkönigs hatten ihn, auf Anstiften des Fürsten Bessos von Baktrien, seit langem schon in Ketten gelegt. Als die Verfolger über sie kamen, ermordeten sie ihren Herrn.
Es war die Satrapie Hyrkanien am Kaspischen Meer, welche Alexander nunmehr in Besitz nahm. Auch das Südufer des Kaspischen Meers ist von großer landschaftlicher Schönheit. Im Westen hat es fast subtropischen Charakter. Die Perser nennen es ihre Riviera. Das Fischerboot am Strand dient dem Fang des Störs. Doch erfahren wir aus antiken Quellen nichts darüber, ob Alexander und seine dem Luxus und der Völlerei so ergebenen Granden den Kaviar versucht haben. Nachdem die Verhältnisse in Hyrkanien konsolidiert waren, machte Alexander sich auf, den Fürsten Bessos, den Königsmörder, zu fangen.

◀ *Die Kaspischen Tore. Luftaufnahme*

Paradiese im Kargen. Tal im Gebirge ▶

Flußübergang im Gebirge

Steppe östlich des Kaspischen Meeres

◀ *Kaspisches Meer mit Elburzgebirge im Hintergrund*

Nach einem langwierigen Marsch durch die Steppe, die sich vom Kaspischen Meer bis zu den westlichen Ausläufern des Hindukush hinzieht, kam er ins Tal des Heri Rud. Die Flugzeugaufnahme der Landschaft östlich des Kaspischen Meeres gibt einen Begriff von der Unendlichkeit der Steppe und ihrer grenzenlosen Melancholie. Alexander machte Rast und gründete Alexandreia Areion, das heutige Herat. Der Stadt war eine große Zukunft bestimmt. Sie gehörte im frühen Mittelalter unter der Herrschaft der Timuriden zu den reichsten Städten Asiens. Die Schönheit ihrer Moscheen ist in der ganzen Welt des Islam berühmt. Die Bürger von Herat erinnern sich noch heute mit Stolz daran, daß ihre Stadt einst von Alexander dem Großen gegründet worden ist.
Auf dem Marsch nach Kabul, dem Tal des Helmand folgend, erreichte die Armee Kandahar. In der Nähe dieses Ortes, der wahrscheinlich das von Alexander gegründete Alexandreia Arachoton ist, hat man eine Felsinschrift entdeckt (Seite 175). Es handelt sich um ein in griechischer und aramaeischer Sprache abgefaßtes Edikt

Herat (Alexandreia Areion).
Im Hintergrund die Berge des Hindukush

Kandahar (Alexandreia Arachoton),
in dessen Nähe die Asoka-Inschrift gefunden wurde

Zarin. Ruinen der alten Hauptstadt der Satrapie Drangiana aus achaimenidischer Zeit

des Kaisers Asoka aus der Mitte des 3. Jahrhunderts vor Christi Geburt. Es ist die östlichste griechische Inschrift, die es auf der Welt gibt. Sie ist ein Beweis für die große Rolle, welche die Griechen siebzig Jahre nach Alexanders Tod in Afghanistan spielten. Der Hof des indischen Kaisers hatte eine griechische Kanzlei!

In Seistan ist von italienischen Archaeologen in jüngster Zeit mitten in der Wüste Zarin ausgegraben worden, eine Stadt, die in achaimenidischer Zeit geblüht hat. Zu damaliger Zeit hat die Umgebung der Stadt noch nicht so trostlos ausgesehen. Es ist eines der Probleme des modernen Persien, daß das Land einer über geologische Zeiträume sich erstreckenden fortschreitenden Austrocknung unterliegt. Die zentral-iranischen Wüsten dehnen sich langsam immer weiter aus.

Die Armee erreichte ihre Winterquartiere in Kabul, das auf der Südseite des Hindukush liegt. Das Museum von Kabul ist ein Schatzhaus der Geschichte. Es enthält eine Fülle von Kostbarkei-

Begram.
Emblem Alexanders des Großen

Begram. Bemaltes Glasgefäß aus Syrien

ten aus der griechischen Vergangenheit des Landes. Diese Vergangenheit hat sich über mehrere Jahrhunderte erstreckt. Der Einfluß griechischer Künstler reicht mit einer »buddhistischen Spätantike« bis ins 8. Jahrhundert nach Christi Geburt.

In Begram, einige Meilen nördlich von Kabul, fand man neben vielen anderen Kostbarkeiten das aus Syrien stammende Glasgefäß. Dorther auch stammt das Emblem mit der Büste, die vielleicht Alexander den Großen meint. So jedenfalls, wie er hier erscheint, als schöner Jüngling, ist er über alle Jahrhunderte hinweg den Völkern Asiens in Erinnerung geblieben.

V Triumph und Abschied

Frühhellenistische Silberschale
Kriegselefant mit makedonischen Soldaten

Der Winter von 330 auf 329 in Kabul im Hindukush ist die Peripetie in Alexanders Leben. Es handelt sich nicht darum, daß die Erfolge aufhörten oder gar sich Mißerfolge einstellten. Das ist ihm nicht zugestoßen. Es ist das Strahlende dieses königlichen Lebens, das zu verblassen beginnt. Aus jedem Erfolg erwuchsen neue Aufgaben. Nach jeder Strapaze, die das Heer hinter sich gebracht hatte, entdeckten die Soldaten, daß ihre Mühe nur ein Vorspiel zu neuen Mühen gewesen war. Je größer Alexanders Macht wurde, um so schwieriger wurde ihre Handhabung. In dem Maße, wie er die Perser für sich gewann, verlor er die Zuneigung seiner alten Kriegsgefährten. Zuweilen dürfte Alexander sich des Kampfes erinnert haben, den sein Ahnherr Herakles mit der Lernaeischen Hydra geführt hatte, dem Ungeheuer mit den Schlangenköpfen, deren immer zwei nachwuchsen, wenn der Held einen abgeschlagen hatte. Alexanders Kraft erlahmte nicht. Er wurde nur härter und grimmiger. Auch wurde seine Kriegführung grausamer. Das alles begann mit dem Tode des Dareios. Er brachte für Alexander keine Erleichterung der Lage.

Solange Dareios am Leben gewesen war, hatte Alexander einen verhandlungsfähigen Gegner gehabt. Ach, und man hatte einander doch so gut gekannt! Man war doch so eng miteinander befeindet gewesen! Fünf Jahre lang hatte der eine des anderen Gedanken zu erraten versucht, im Geist mit ihm gestritten, im Traum mit ihm an einer Tafel gesessen, mit ihm denselben Wein getrunken. Jetzt stand Alexandern statt des einen Mannes, dessen Noblesse er geschätzt hatte, ein Rudel machtgieriger, treuloser Männer gegenüber – die Königsmörder. Ihr Führer war Fürst Bessos, Satrap von Baktrien, ein Achaimenide. Man darf wahrhaftig von einem Rudel sprechen. Es waren Steppenwölfe. Sie herrschten über ein riesiges, wildes, von gewaltigen Gebirgen durchzogenes Gebiet, das von ungeheuren, unbekannten Weiten umsäumt war. Dieses Land mußte erobert werden. Die Kämpfe entwickelten sich zu einem Partisanenkrieg, in dem nur schwer ein wenig Ruhm, aber leicht eine Dysenterie zu haben war.

Kein Platz hätte geeigneter sein können als Kabul, dem Eroberer Einsichten in die Geographie Asiens zu vermitteln. Wenn Alexander morgens aus seinem Zelt trat – ein höchst komfortables, ein höchst königliches Zelt, dessen Wände aus feinem Leder bestanden –, lag vor ihm die Kette des Hindukush mit ihren bis zu siebentausend Meter sich erhebenden, schneebedeckten, in der Sonne glitzernden Gipfeln. Der mächtige Gebirgswall schirmte den Nordosten Irans gegen die asiatische Steppe ab. Diesmal wußte Alexander von dem, was alles hinter dem Wall lag, mehr, als er in Susa von dem gewußt hatte, was hinter dem Zagros lag. Sieben Pässe gehen von Kabul über den Hindukush nach den Ländern des Oxos. Aber noch der niedrigste ist achtzehnhundert Meter hoch, und der Khawakpaß, den Alexander für seinen Übergang über das Gebirge im Frühjahr 329 schließlich benutzte, erreicht eine Höhe von dreitausendfünfhundert Metern. Kabul war von Ekbatana zweitausendachthundert Kilometer entfernt. Das waren einhundertein Marschtage. Von Ekbatana bis Sardeis waren es noch einmal zweitausendzweihundert Kilometer und von da bis Pella weitere neunhundert Kilometer. Das sind von Kabul bis Pella an die sechstausend Kilometer oder ein Dreivierteljahr zu marschieren. Nur die Boten, die die königlichen Relais benutzen konnten, in denen stets frische Pferde bereitstanden, legten die Entfernungen in kürzerer Zeit zurück.

So weit also war Alexander gelangt. Und wie weit würde er noch kommen? Von Kabul aus sind es bis Khodjend tausendzweihundert Kilometer. Khodjend war der nördlichste Punkt, den Alexander in seinem Steppenkrieg in Mittelasien erreichen sollte. Er gründete an dieser Stelle Alexandreia Eschate, das Äußerste Alexandreia. Bis zum Hyphasis, dem Fluß in Indien, von dem aus Alexander den Rückzug antrat, sind es von Kabul aus fast tausend Kilometer. Schon die Größenordnung dieser Distanzen sprengte die Vorstellungswelt aegaeischer Menschen. Aber Asien hatte weitere Überraschungen für Alexanders Neugier bereit. Spätestens in Kabul muß Alexander zu der Einsicht gekommen sein, daß die Vorstellungen von den Grenzen des Erdkreises, mit denen er von Makedonien aufgebrochen war – wie lange war das her! –, in keiner Weise der Wirklichkeit entsprachen. Seine Hoffnung, sein Machtgebiet nach allen Seiten hin so weit ausdehnen zu können, daß jenseits seiner Grenzen kein Feind mehr existiere, mußte er aufgeben. Persiens Nordostmark grenzte an Länder unbekannter Größe, in denen freie Völker unbekannter Stärke lebten. Der Okeanos wich, je mehr Alexander über Indien erfuhr, weiter und weiter zurück.

Noch während des Winters kamen die ersten Gesandtschaften indischer Fürsten an Alexanders Hof in Kabul. Auch das Tal des Indus war schon einmal, von Dareios dem Großen, unterworfen gewesen. Doch hatten die Rajahs im Lauf der Zeit ein hohes Maß von Unabhängigkeit wiedererlangt. Jetzt versuchten einzelne von ihnen, Alexandern zum Bundesgenossen gegen ihre Widersacher zu gewinnen. Nichts Günstigeres konnte sich ereignen. Wenn Alexander die Streitigkeiten der Rajahs in der richtigen Weise ausnützte, konnte es ihm nicht schwerfallen, sich zum Herrn des Punjab zu machen. Er hätte nur aufzubrechen brauchen. Welch eine Versuchung! Aber der Hindukush, der mächtige Hindukush, schützte wohl den Nordosten des Hohen Iran, aber keineswegs Persien. Zwischen den östlichen Ausläufern des Elburzgebirges und den westlichen des Hindukush gab es eine Lücke, durch welche Fürst Bessos jederzeit in Alexanders rückwärtige Verbindungen einbrechen konnte. Bessos hatte sich die Tiara aufgesetzt und den Königsnamen Artaxerxes angenommen. Nichts an diesem Feind war gefährlicher, als daß er, der Achaimenide, einen legitimen Anspruch auf den Thron hatte. Dareios, den König, mußte Alexander besiegen. Bessos, den Königsmörder, mußte er vernichten.

Alexander verschloß die indischen Träume in seinem Herzen. Die Macht der Tatsachen zwang ihn, sich zuerst dem Norden zuzuwenden. Im Frühjahr 329 überschritt das Heer den Hindukush. Zwei Jahre sollten vergehen, bevor Alexander Kabul wiedersah. Erst im Frühling des Jahres 327 konnte er nach Indien aufbrechen.

Den Fürsten Bessos erreichten die Erinnyen schneller, als Alexander hatte hoffen können. Als die mit Bessos verbündeten Fürsten sahen, daß er als Gegner Alexanders ebenso versagte wie Dareios, ließen sie ihn im Stich. Er fiel in Alexanders Hand. Nackt am Wegrand stehend, mit Ketten um den Hals, mußte Bessos das makedonische Heer an sich vorüberziehen lassen. Dann wurde er abgeführt und hingerichtet.

Die Führung des Kampfes um die Freiheit in Transoxanien übernahm Spitamenes. Dieser Baktrer aus altem Adel war der fähigste Gegner, den Alexander je gehabt hat. Mit seinen geringen Mitteln brachte Spitamenes es fertig, dem großen Alexander ein ganzes Jahr Krieg aufzuzwingen. Der tapfere Mann wäre nie besiegt worden, wenn nicht seine wilden Verbündeten ihn ermordet und, gierig nach Belohnung, schließlich sogar noch sein abgeschnittenes Haupt Alexandern geschickt hätten.

Alexander, für den Tapferkeit immer Anlaß zu Respekt war, erwies seinem toten Feind eine nachträgliche Ehrung. In Susa verheiratete er Spitamenes' Tochter Apame mit seinem General Seleukos. Seleukos war der einzige von Alexanders Granden, der seine persische Frau nach Alexanders Tod behielt. So wurde Apame als Königin an der Seite Seleukos' I. Nikator die Stammutter eines mächtigen Fürstengeschlechts, das noch hundertfünfzig Jahre später das Erbe Alexanders gegen die Römer verteidigte.

Während der erbitterten Kämpfe mit den Partisanen des Spitamenes im Sommer 329, bei denen das Heer manchen Rückschlag erlitt, nahmen die Spannungen innerhalb des Hauptquartiers von Woche zu Woche zu. Der Hochverrat des Philotas war nur das Vorspiel gewesen. Die Ursache der Verbitterung der alten makedonischen Generale war die allmähliche Einführung des persischen Hofzeremoniells durch Alexander. Für den König war das eine Notwendigkeit. Wenn er die orientalischen Völker für sich gewinnen wollte, mußte er mit der gleichen Majestät und dem gleichen feierlichen Pomp auftreten, wie es vor ihm die persischen Großkönige getan hatten. Obgleich die meisten der makedonischen Granden durchaus die verschwenderischen Gewohnheiten persischer Satrapen angenommen hatten, brachten sie für Alexanders Politik kein Verständnis auf. Bei einem Gelage in Marakanda begann Kleitos, einer der alten Kampfgefährten Philipps II., im Zustand der Trunkenheit Alexandern auf das heftigste anzugreifen. Plutarch gibt von der Szene eine Beschreibung, die von einem Augenzeugen stammt, wahrscheinlich von Ptolemaios, dem späteren König von Aegypten. Es ist erstaunlich, welchen Grad von Freiheit der Rede Alexander zuließ. Man hatte Kleitos schon hinausgebracht, als er noch einmal mit neuen, noch wüsteren Schmähreden zurückkehrte. Der bis dahin durchaus beherrschte König ergriff in plötzlich ausbrechendem Zorn einen Speer und schleuderte ihn gegen Kleitos. Er traf nur allzugut. Mit einem furchtbaren Schrei brach Kleitos tot zusammen. Seine Schwester Lanike war Alexanders Amme gewesen. Kleitos selbst hatte Alexandern am Granikos das Leben gerettet. Des Königs Trauer war abgrundtief. Aber der Mord war geschehen.

Nicht lange darauf kam es zu einem neuen Hochverratsprozeß. Die königlichen Pagen hatten eine Verschwörung angezettelt, in die Kallisthenes, Aristoteles' Neffe, in einer so unglücklichen Weise verwickelt war, daß er zum Tode verurteilt wurde. Doch ist er wahrscheinlich nicht hingerichtet worden, sondern starb, bevor das Urteil vollstreckt wurde. In den bis dahin so herzlichen Beziehungen Alexanders zu seinem alten Lehrer Aristoteles trat eine merkliche Abkühlung ein.

Es ist viel über die Frage gestritten worden, ob nicht die beiden Jahre dieses wilden und verlustreichen Krieges mit den tapferen, um ihre Freiheit kämpfenden Völkern der Steppe eine ungeheure Verschwendung von Zeit und Kraft gewesen seien. Uns bewegt dabei natürlich der Gedanke, wie wenig Zeit Alexandern noch zugemessen war. Aber schon Kyros und nach ihm Dareios der Große hatten es für notwendig gehalten, gegen die Steppe einen Schutzwall zu errichten. Alexander übernahm die alten persischen Grenzfestungen und ergänzte sie durch ein Netz von Militärstationen, mit denen er das Land überzog. Sie dienten dazu, das Gebiet zu beherrschen. Gleichzeitig waren sie Stützpunkte der Verteidigung gegen äußere Feinde. Doch war Alexander zu klug, als daß er sich allein auf militärische Gewalt verlassen hätte. Er begnügte sich damit, die Fürsten zu besiegen. Nach dem Sieg versöhnte er sie durch Großmut und machte sie so zu seinen Bundesgenossen. Schließlich wurde der große Eroberer sogar »einer der Ihren«. Er machte Rhoxane, eine baktrische Prinzessin, zu seiner Gemahlin. Sie war die schöne Tochter des Königs Oxyartes, dessen Felsenburg im Karakorum eines der letzten Widerstandsnester gewesen war, welche Alexander hatte erobern müssen. So war schließlich für den Indienfeldzug das rückwärtige Gebiet in der vollkommensten Weise gesichert. Aber Alexander hatte mit den Kämpfen in Baktrien viel mehr erreicht als nur die augenblickliche Sicherung seiner weiteren militärischen Unternehmungen. Sein Vorstoß bis zum Jaxartes hat die Nomadenvölker Asiens so vollständig eingeschüchtert, daß Baktrien jahrhundertelang vor ihnen Ruhe hatte. Daß Alexander sich der Wirksamkeit der Psychologie des Schocks bewußt war, zeigt seine Schlacht gegen die Skythen. Er hatte durchaus beschlossen, der Jaxartes solle die Grenze sein und die Skythen könnten ihre Freiheit behalten. Als die Skythen sich daraufhin am anderen Ufer des Jaxartes sammelten und die Makedonen zu verhöhnen begannen, setzte Alexander über den Fluß und lieferte ihnen eine Schlacht. Zum höchsten Erstaunen dieser glänzenden Kavallerieschwadronen, die sich jeder Entscheidung durch Flucht zu entziehen pflegten, wurden sie von Alexander eingekreist und erlitten eine furchtbare Niederlage. Keineswegs zwar brachte diese Niederlage und die Unmöglichkeit, weiterhin in Baktrien einzufallen und zu plündern, die Steppenkrieger dazu, von ihrer Eroberungslust abzulassen. Aber sie wandten sich, wie es auch sonst ihre Taktik war, Regionen geringeren Widerstandes zu. Sie begannen den Süden zu beunruhigen. Hundert Jahre nach Alexander sahen die chinesischen Kaiser sich genötigt, die Methode des Makedonenkönigs zu übernehmen und ihrerseits gegen die Steppe einen Grenzwall zu errichten. Sie bauten die Große Mauer.

Eine andere Folge des langen Friedens mit der Steppe war das Aufblühen griechischer Königreiche in diesem Teil der Welt. Sie haben viele Jahrhunderte lang bestanden. Auf die Geistesgeschichte des Ostens haben sie einen Einfluß ausgeübt, dessen ganzes Ausmaß erst durch neuere Grabungen erkennbar geworden ist. Die Einwirkung auf die Kunst Mittelasiens dauerte bis ins 8. Jahrhundert nach Christi Geburt. Sie endet in den Klöstern des Tarimbeckens mit einer buddhistischen Spätantike, die auf eine verblüffende Weise der christlichen Spätantike in Westeuropa entspricht. Der triumphale Abschluß des Alexanderzuges war die Eroberung des Fünfstromlandes und die »Fahrt der tausend Schiffe« den Indus hinab vom Austritt des mächtigen Flusses aus dem Himalaja bis zu seiner Mündung in den Ozean. Noch einmal kam es in Indien zu einer Schlacht, der letzten in Alexanders Leben. Noch einmal siegte er. Aber schon auf dem Schlachtfeld versöhnte er sich mit König Poros, dem Besiegten, der verwundet in seine Hand gefallen war. Er ließ ihm nicht nur alle seine Länder, er vergrößerte sogar noch seinen Besitz. Doch beraubte er ihn nicht aller seiner Feinde. »Das Gleichgewicht der Eifersucht«, das Alexander schon in Baktrien und Transoxanien erprobt hatte, bewährte sich auch hier. Trotz der schweren Opfer, welche die Eroberung dieser Länder gekostet hatte, band Alexander sie nur locker an das Reich in einer Art Lehnsherrschaft, die er über die fremden Fürsten ausübte. Dieses Verhalten Alexanders erlaubt uns einen wichtigen Schluß. Mag dem König im Anfang seiner Laufbahn als Ziel die Eroberung des Erdkreises vorgeschwebt haben – wofür es, wohlgemerkt, keinerlei Beweise gibt! –, in Indien kann er eine solche Absicht nicht mehr gehabt haben. Im Verlauf seiner ganzen Kriegführung hat Alexander niemals eine neue Phase des Kampfes eröffnet, bevor nicht das bisher eroberte Gebiet gefestigt und militärisch gesichert war. Das Fünfstromland wäre in der staatsrechtlichen Verfassung, welche Alexander ihm gegeben hatte, niemals eine Basis für weitere Eroberungen in Indien gewesen. So ist es also auch zweifelhaft, ob es die Meuterei des Heeres war, welche Alexander zwang, am Hyphasis umzukehren. Tarn meint, die Meuterei sei dem König höchst willkommen gewesen, und Koepp, ein gescheiter Alexanderkenner des 19. Jahrhunderts, gibt sogar der Vermutung Ausdruck, der ganze dramatische Konflikt habe sich nur im Herzen des Königs und in der Phantasie der Geschichtsschreiber abgespielt.

Von großartiger Realität dagegen war das Ergebnis, das den Indienfeldzug abschloß. Von den Schiffen, die Alexander am oberen Indus hatte bauen lassen, waren etwa hundert Fahrzeuge seetüchtig. Diese kleine Flotte sollte unter Führung des Nearchos, eines Kreters, vom Indusdelta auslaufend, entlang der Südküste Irans den Persischen Golf zu erreichen versuchen. Das kühne Unternehmen gelang. Damit war der Seeweg vom Mittleren Orient nach dem Fernen Osten eröffnet. In erstaunlich kurzer Zeit entwickelte sich ein Handel, der nun wirklich Welthandel war. Auf

dem Seeweg verband er das Mittelmeer mit Indien und durch Karawanen dieses mit Afghanistan, Baktrien, dem Tarimbecken und China. Die Opfer freilich, die dieser Fortschritt kostete, waren, obwohl Nearchos selbst bei der Fahrt über den unbekannten Okeanos nur wenige Schiffe verlor, unerhört.
Alexander hatte den größten Teil des Heeres mit den Verwundeten, den Elefanten und dem Troß unter Führung des Krateros über den etwas weiter nördlich gelegenen Mulla-Paß nach Westen zurückgeschickt. Über Kandahar in Arachosien und durch Seistan marschierend erreichte Krateros wohlbehalten das östlich von Persepolis gelegene friedliche und fruchtbare Karmanien. Alexander selbst marschierte an der Küste entlang durch Gedrosien, um durch das Graben von Brunnen und das Anlegen von Verpflegungsdepots Nearchos' Flottenunternehmen zu unterstützen. Es war Ende August des Jahres 325, als er aufbrach. Der letzte Marsch des Heeres durch Gedrosien nach Karmanien war die härteste Strapaze des ganzen zehnjährigen Alexanderzuges. Nur eine kurze Strecke war es möglich gewesen, an der Küste entlang vorzurücken. Dann zwang das Gelände das Heer, nach Norden auszuweichen. In sechzig Tagen Marsch durch die Wüste verlor Alexander durch Hunger, Hitze und Durst drei Viertel seiner Truppe, nach vorsichtigen Schätzungen zwischen zwanzig- und dreißigtausend Mann seiner besten Soldaten. Ein Haufen abgezehrter, zerlumpter, mit Geschwüren bedeckter Männer ohne Schuhwerk und fast ohne Waffen, von wenigen Schindmähren begleitet – das war die Heimkehr der Armee, die die Welt erobert hatte. Alexander hat die Strapazen seiner Soldaten bis zum letzten Tage geteilt. Was hat er wohl, als er das Elend der Welteroberung an sich vorüberwanken sah, über den Ruhm gedacht?
Alexanders großes Ziel, mit dem er im Jahre 334 die königliche Residenz Pella verlassen hatte, war erreicht. Das Achaimenidische Reich war erobert. Seine Grenzen waren gesichert. Die Armee war zurückgekehrt. Aber die Zeit zu feiern war noch nicht gekommen.
Alexander, der Pedant des Risikos, hatte im Verlauf des Feldzuges immer wieder, bevor er zu neuen Aktionen überging, das Erreichte so weit als möglich befriedet. Wenn Perser in hohen Stellungen verblieben oder von ihm mit Satrapen belehnt worden waren, hatte der König die Gewalten geteilt und jeweils dem Perser einen makedonischen Militärbefehlshaber an die Seite gesetzt. Diese weitschauenden Maßnahmen hatten verhindert, daß es trotz der Unruhe, die der Umsturz aller politischen und oekonomischen Verhältnisse in den riesigen eroberten Gebieten notwendigerweise

hervorbringen mußte, jemals zu Aktionen kam, welche die makedonische Herrschaft im Kern bedroht hätten. Aber die Unordnung hatte allmählich doch einen beträchtlichen Umfang angenommen. Verschwendung, Korruption, Unterdrückung der Bevölkerung, Anwerbung kleiner Söldnerheere durch örtliche Befehlshaber – das alles hatte sich in beklagenswerter Weise auszubreiten begonnen. Auch beschränkte sich die Unordnung keineswegs auf Perser in hohen Stellungen. Alexanders eigener Schatzmeister Harpalos, ein Prinz aus dem Fürstenhause von Elimiotes und ein Jugendfreund des Königs, war nach skandalösen Affairen mit den schönsten und teuersten Hetaeren Athens mit einer riesigen Summe Goldes geflüchtet. Alexander, obwohl von Natur aus zu Großmut und zum Verzeihen geneigt, sah sich gezwungen, ein strenges Strafgericht durchzuführen. Viele Todesurteile wurden gefällt. Endlich, bevor der König Karmanien verließ und nach Susa aufbrach, wurden Siegesfeiern veranstaltet. Von diesem Augenblick an beginnen die Ereignisse in Alexanders Leben sich in eigentümlicher Weise zu überstürzen.

Wie immer man über Alexander urteilen mag, sicher ist, daß er Phantasie hatte. Die Eroberung des Ostens hatte ihren Abschluß gefunden. Ob sie endgültig war oder ob er noch einmal zu den Waffen werde greifen müssen, hat vielleicht nicht einmal Alexander selbst gewußt. Jedenfalls trat nunmehr die Vision der Verschmelzung der Kulturen des Westens mit denen des Ostens, die Schaffung dessen, was die spätere Geschichtsschreibung Hellenismus nennt, in den Vordergrund. Die Mittel, deren Alexander sich zur Förderung seiner Pläne bediente, reichten von der Schönheit der iranischen Frauen bis zum Exerzierreglement für die makedonische Phalanx. Alexander heiratete eine achaimenidische Prinzessin, Stateira, die älteste Tochter Dareios' III. Er machte daraus eine Feier, wie sie wohl in der Welt nur einmal stattgefunden hat. Er verheiratete die meisten seiner höheren Offiziere mit den schönen Töchtern der persischen Hocharistokratie und gab zehntausend seiner Soldaten die Erlaubnis und die Mitgift zur Ehe mit Perserinnen. Zur gleichen Zeit gab er Befehl, dreißigtausend junge Perser, die er in makedonischer Taktik hatte ausbilden lassen, gleichberechtigt mit den Makedonen in die Armee einzureihen.

Mit der Hochzeit von Susa schuf Alexander zehntausend kleine Kriegsschauplätze, die dem Frieden dienten. Die Einordnung der jungen Perser in die Truppe allerdings hatte eine Meuterei des ganzen Heeres zur Folge. Alexander behielt die Oberhand. Er hatte gesehen, daß es keine bessere »Schule für Hellenismus« gab

als die Truppe. So zerschlug er die Schöpfung Philipps II., die Armee, mit der er Asien erobert hatte, in dem Augenblick, in dem die Enge ihres nationalistischen Denkens seine Pläne zu stören begann. Sein staatsmännischer Weitblick ist dabei ebenso bemerkenswert wie der völlige Mangel an soldatischer Sentimentalität.
Der Hof begab sich nach Ekbatana. Wie sehr wäre es Alexandern zu gönnen gewesen, daß er nunmehr, wenigstens eine kleine Zeit lang, heiter und gelassen die Früchte all seiner Mühen hätte genießen können. Aber gerade in diesem Augenblick traf ihn ein furchtbarer Schlag. Hephaistion erkrankte und starb innerhalb weniger Tage. Er war der einzige wirkliche Freund, den Alexander besessen hat. Wahrscheinlich war er auch der einzige Mensch, der Alexanders Größe zu seinen Lebzeiten begriffen hatte. Das Genie ist einsam, und über dieser Einsamkeit liegt Schweigen. Des Königs Trauer war unermeßlich. Und wie er Hephaistion immer als seinen Patroklos betrachtet hatte, begann eine Ahnung sein Gemüt zu verdüstern, daß auch für Achilleus bald die Stunde schlagen werde.
Die Ahnung trog nicht.
Von Babylon aus bereitete Alexander eine große Expedition vor, die nunmehr den Seeweg vom Persischen Golf zum Roten Meer erforschen und erschließen sollte. Über diesen Vorbereitungen starb der König an einem nur wenige Tage dauernden Fieber, das wahrscheinlich eine Malaria war.
Wenige Gramm Chinin hätten das königliche Leben retten können. Aber der Chinchonabaum wuchs nicht in Alexanders Reich.
Die Leiche des Königs wurde einbalsamiert und dann unter großem Gepränge, gebettet auf einen mit erlesener Pracht ausgeschmückten Leichenwagen, in einem über Wochen sich erstreckenden Trauerzug nach Aegypten überführt. Später wurde Alexander in Alexandreia in einem Glassarg beigesetzt. Lange Jahrhunderte hindurch sind seine sterblichen Reste in dieser seiner Stadt verehrt worden.
Den harten und bitteren Krieg in den weiten Steppen Asiens begann Alexander mit einer militärischen Leistung von großer Kühnheit. Hundert Jahre vor Hannibals Alpenübergang überschritt er den Hindukush auf einem Paß, der wesentlich höher lag als der, über den das karthagische Heer nach Italien zog. Alexander wählte den Khawakpaß. Von den sieben Pässen, die von Kabul nach den Niederungen des Oxos führen, ist er der am weitesten im Osten

◀ *Der Khawakpaß im Frühling*

Felsental, das den Zugang zu einem Paß des Hindukush bildet

gelegene. Das Heer war hier von der Grenze Sinkiangs nur noch wenige hundert Kilometer entfernt. Für die Wahl des Khawak, des höchsten und am längsten von Schnee bedeckten Passes, waren taktische Überlegungen maßgebend. Bessos verteidigte sich mit der höchst modernen Methode der »verbrannten Erde«. Er hatte die reiche und fruchtbare Landschaft zwischen dem Nordhang des Hindukush und dem Oxos in eine Wüste verwandelt. Aber er war mit seinen Zerstörungen nicht so weit nach Osten gegangen, wie es notwendig gewesen wäre, um Alexanders Armee Schwierigkeiten in der Versorgung zu bereiten. Bessos hatte nicht damit gerechnet, daß sein Gegner den mühsamsten der Pässe wählen werde. Die Überraschung gelang so vollkommen wie möglich. Als Bessos erfuhr, daß der schreckliche und offenbar durch nichts aufzuhaltende Feind mit seinem intakten Heer bei Drapsaka, östlich von Baktra, stand, wurde er von Panik ergriffen. Er gab die so sorgfältig vorbereitete Verteidigung Baktriens auf und floh über den Oxos nach Transoxanien.

Das Bild zeigt, von welcher Schwierigkeit Defilees in diesem wilden Gebirge sind. Noch heute ist die kleine Straße, die sich nur wenig von dem Karawanenpfad des Altertums unterscheidet, während der Schneeschmelze oder bei Gewittergüssen überschwemmt. Und immer einmal wieder versperren herabgestürzte Felsmassen den Durchgang. Wie leicht wäre so ein enges Felstal zu verteidigen gewesen! Der Blick auf Band-i-Amir, einen hoch im Gebirge gelegenen See, zeigt eine Urweltlandschaft. Die Farbe des Sees ist leuchtendes Smaragdgrün. Die Paßhöhe lag, als das makedonische Heer sie überschritt, noch tief im Schnee. Es war nur eine schmale Spur, die sich durch die Einöde dahinzog.

Von diesem über vierzehn Tage sich erstreckenden Marsch durch das Hochgebirge wird eine hübsche Anekdote erzählt. Alexander saß nach einem beschwerlichen Tag an einem Feuerchen auf einem kleinen Sessel, den ein braves Eselchen den Berg heraufgeschleppt hatte. Die Truppe litt unter Hunger, der grellen Sonne auf den leuchtenden Schneefeldern und der scharfen nächtlichen Kälte. Während Alexander am Feuer saß und sich die Hände wärmte, sah er einen seiner alten Korporäle, der schon am Granikos dabeigewesen war, halb schneeblind auf das Feuer zuwanken. Der König erhob sich und nötigte den Alten, auf dem Sessel Platz zu nehmen. Als der Soldat allmählich auftaute, erkannte er plötzlich den König, der neben ihm im Schnee hockte. Er erschrak und sprang auf. Aber Alexander sagte nur lächelnd: »Wäre es der Sessel des Perserkönigs, auf dem Du sitzt, es hätte Dir den Tod gebracht.

Aber da es Alexanders Sessel ist, wirst Du dem Leben zurückgegeben.« Solche Geschichten sprechen sich unter Soldaten schnell herum. Alexander war wieder der Heerfürst seiner Makedonen. Er mag dabei endlich wieder einmal glücklich gewesen sein. Nicht so glücklich waren seine Soldaten. Von den Entbehrungen abgesehen, welche von neuem begannen, waren sie ungehalten darüber, daß Alexander immer mehr Asiaten in die Truppe einreihte. Aber gerade von der Zusammenarbeit seiner Makedonen mit den einheimischen Soldaten unter den Bedingungen des Krieges erhoffte sich Alexander eine allmähliche Annäherung. Diese Hoffnung ist erst eine Generation später Wirklichkeit geworden.

Band-i-Amir, ein See auf zweitausend Meter Höhe im Hindukush

Nach Bessos' Flucht fielen die baktrischen Reiter, die noch bei Gaugamela tapfer gekämpft hatten, von ihm ab. Viele meldeten sich bei Alexander, der diese vortrefflichen Kavalleristen gern einstellte. Die anderen zerstreuten sich im Land. Ohne große Anstrengung besetzte Alexander das ganze Gebiet zwischen dem Hindukush und dem Oxos. Der Oxos, der heute Amu Darja heißt, entspringt im Pamir. Er ist zweieinhalbtausend Kilometer lang. Von den Schneegebirgen Zentralasiens bringt er gewaltige Wassermengen mit. Im Altertum ist er wahrscheinlich ins Kaspische Meer geflossen. Aber die geologischen Verhältnisse haben sich seitdem stark verändert. Der Wasserspiegel des Kaspischen Meeres ist seit Alexanders Zeit um fünfundzwanzig Meter gesunken. Der Amu Darja mündet heute in den östlich des Kaspischen Meeres gelegenen Aralsee. Von altersher diente das Wasser dieses mächtigen Flusses dazu, weite Gebiete fruchtbar zu machen. Erst die Mongolen haben die antiken Bewässerungsanlagen zerstört. Die Russen versuchen heute, die alten kunstvollen Systeme wiederherzustellen.
Europäer sind sich nur selten darüber im klaren, wie eng sie mit der Geschichte Innerasiens verbunden sind. Doch braucht man nur der Hunnen, der Mongolen, der Türken zu gedenken, damit jedermann sich sofort erinnert, wie oft die Steppe unser aller Schicksal

Blick auf den Oxos bei seinem Austritt aus dem Gebirge in die Steppe

Holzplastiken der Kafiri, die von griechischen Kolonisten Alexanders des Großen abzustammen glauben

war. Der Hindukush ist, wie der Zagros, ein Fluchtgebirge. In seinen Tälern findet man die Reste vieler Völkerstämme, die einst eine Rolle in der Geschichte gespielt haben. Die Kafiri – rothaarige, blauäugige Leute – führen noch heute ihre Abstammung auf griechische Kolonisten Alexanders des Großen zurück. Schon Marco Polo, der sie besucht hat, berichtet das. Die Kafiri leben in einem Gebirgsstreifen im Nordosten Afghanistans, der im Norden von Rußland, im Osten von Tibet, im Süden von Pakistan begrenzt

wird. Ihre Plastik, von der sich einige Beispiele in Kabul, andere in Peshawar befinden, ist höchst merkwürdig. Man kann in ihr keine antiken Elemente entdecken. Doch unterscheidet sie sich aufs deutlichste von aller anderen Kunst dieser Gegenden. Bemerkenswert ist, daß es auch im frühen Mittelalter, obwohl das Land doch von den Arabern erobert wurde und unter die Herrschaft des Islam geriet, noch immer keine vornehmere Abstammung gab als die von den Griechen Alexanders des Großen.

In Baktrien und Transoxanien sind Denkmäler, die noch mit Alexander dem Großen selbst in Verbindung gebracht werden können, selten. Ein eindrucksvoller Rest des mächtigen, von einer Mauer gekrönten Erdwalls der Akropolis von Balkh ist erhalten geblieben. Ob freilich Alexander sein Hoflager in dieser Burg aufgeschlagen hatte, ist zweifelhaft. Vielleicht ist es der unscheinbare Erdhügel einige Meilen im Osten, der die Ruinen des alten Baktra enthält. Solchen Ruinenhügeln begegnet man in diesem Teil Asiens auf Schritt und Tritt. Oft weiß niemand, was sich unter ihnen ver-

◀ *Die Wälle von Balkh*

Die Quelle des Jaxartes im Tien-shan ▶

Ruinenhügel in der Nähe von Balkh

birgt. Meistens freilich handelt es sich um Städte, die von den Mongolen zerstört worden sind.
Baktra ist die Geburtsstadt Zoroasters, des Stifters der Religion Irans. Von der Zeit Alexanders des Großen an ist Baktra durch das ganze Altertum hindurch im Westen wohlbekannt gewesen. Zur Römerzeit war der Platz seines Reichtums wegen berühmt. Baktra war der Hauptumschlagplatz des Handels mit chinesischer Seide. Von der nach Westen zum Mittelmeer führenden Karawanenstraße zweigt in Baktra die Piste ab, die über den Hindukush durch das Kabultal und über den Khyberpaß nach Indien führt. Auf derselben Straße, auf der die Seide nach Süden zog, ist zwischen dem 2. Jahrhundert vor und dem 2. Jahrhundert nach Christi Geburt der Buddhismus von Indien über Afghanistan, Transoxanien und das Tarimbecken nach China gelangt.
Alexander überschritt den Oxos und begann mit der Eroberung des Landes zwischen Oxos und Jaxartes. Der Jaxartes, heute Syr Darja genannt, hat seine Quelle im Tien-shan inmitten einer wilden Hochgebirgslandschaft. Seinen zweieinhalbtausend Kilometer langen Lauf beginnt er als Gletscherbach. Mächtig und wasserreich zieht er durch Gebirge und Steppen zum Aralsee. Der Jaxartes war die Grenze der Eroberungen Alexanders im Norden. Jenseits des Flusses begann das weite Land der Skythen.
Für die Griechen waren die Skythen Barbaren. Aber das bedeutet nicht, daß sie ein Volk ohne Kultur gewesen wären. Nur war es eben eine Nomadenkultur. Es gab keine Architektur, dafür aber ein köstliches Kunstgewerbe, von dem immer mehr aus der Erde ans Tageslicht gefördert wird. Gerade den Dingen, welche die Skythen für immer verloren gaben, verdanken wir unsere Kenntnisse von diesem Volk. Es bestand bei ihnen die Gewohnheit, den Toten reiche Gaben ins Grab mitzugeben.
Die Skythen sind in ihrer Kunst immer bereit gewesen, Anregungen aufzunehmen. So findet man bei skythischen Kunstwerken, entsprechend der Erstreckung ihres Wandergebietes, im Osten chinesische, in der Mitte iranische, im Westen griechische Einflüsse. Und die reiche skythische Ornamentik ihrerseits hat sogar noch bis zu den Kelten hin gewirkt. Der goldene Kamm aus der Eremitage in Leningrad zeigt den Kampf eines Reiters mit schwerbewaffneten Kämpfern zu Fuß. Dieses Kunstwerk gehört ins 4. Jahrhundert, also noch in die Zeit Alexanders. Köstlich ist auch eine ebenfalls aus der Eremitage stammende skythische Vase. Auf ihr ist dargestellt, wie ein skythischer Krieger den anderen verbindet. Dieses Werk nomadischer Kultur ist von nicht geringerem künstlerischem

Ornament eines goldenen Kammes. Skythische Krieger im Kampf

Der Jaxartes in seinem Mittellauf ▶

Skythische Vase aus Elektron. Krieger verbindet einen Verwundeten

Ausgrabungen bei Samarkand ▶

Rang als die schon gezeigte griechische Vase mit der Szene, wie Achilleus den Patroklos verbindet. Die Identität des Sujets ist jedenfalls sehr amüsant.
In der Steppe wird mit Lehm gebaut. So sind die meisten Bauten aus alter Zeit verschwunden. Auch ist zwischen Oxos und Jaxartes noch wenig gegraben worden. Die Russen haben neuerdings bei Samarkand eine Stadt ausgegraben, deren älteste Schichten bis in die Zeit vor Christi Geburt zurückreichen. Vielleicht, daß auch das Marakanda Alexanders noch einmal gefunden wird! Den Platz der Akropolis, auf der das Gelage stattfand, das mit der Ermordung des Kleitos' endete, glauben die Archaeologen in einem Hügel nördlich der Stadt zu erkennen.

Die Geschicklichkeit griechischer Portraitkünstler in der Darstellung von Menschen muß auf die Nomaden der Steppe großen Eindruck gemacht haben. An vielen Stellen hat man Stuckplastiken gefunden, die ganz bestimmte Individuen darstellen. Die wilden Krieger sind zu den griechischen Bildhauern gekommen wie Bauern zum Dorfphotographen. »Möglichst ähnlich bitte!« So besitzen wir eine Anzahl höchst lebendiger Köpfe, die sich heute in Kabul, in Peshawar oder im Musée Guimet in Paris befinden. Der ernste Krieger mit dem Schnurrbart – fast ein schöner Mann! – könnte seinem Typus nach sehr wohl ein Skythe sein. Der Mann mit dem flachen, spitzen Helm – häßlich, aber intelligent! – hat mongolische Züge. Beide Portraits stammen aus einer Zeit, in der es keine griechischen Staaten in Mittelasien mehr gab. Aber sie sind von griechischen Künstlern verfertigt. Und sicherlich so haben viele der Krieger ausgesehen, gegen welche Alexander seinen Partisanenkrieg führte.

Kopf aus Stuck. Portrait eines Skythen ▶

Portrait eines Kriegers mit Helm

Die griechische Welt, die Alexander in Asien schuf, bewies eine erstaunliche Lebenskraft. Die an den Grenzen der Eroberungen Alexanders liegenden Landschaften gehörten zunächst zum Seleukidischen Reich. Aber um 250 vor Christi Geburt machte sich Baktrien unter Diodotos I. selbständig. Die Herrscher Baktriens nahmen den Königstitel an. Noch im Jahre 208 vor Christi Geburt leisteten sie Antiochos dem Großen, der die Rückkehr Baktriens ins Seleukidenreich mit Waffengewalt erzwingen wollte, erfolgreich Widerstand. Das griechische Baktrien bewahrte seine Selbständigkeit ein ganzes Menschenalter länger als selbst Makedonien, das Stammland Alexanders. Während im Jahre 168 vor Christi Geburt, nach der Schlacht von Pydna, Perseus, der letzte König der Makedonen, von den Römern entthront wurde, konnte noch acht Jahre später König Menander von Baktrien ganz Nordwestindien seinem

Euthydemos von Magnesia vertrieb König Diodotos II. vom Thron, um sich selbst zum König von Baktrien und der Sogdiana zu machen. Er einigte das Land, schlug einen Angriff des Seleukidenherrschers Antiochos III. zurück, annektierte zwei Satrapien des Partherreichs und eroberte Teile von Chinesisch-Turkestan. Er starb 190 v. Chr.

Menander heiratete nach dem Tod des Demetrios dessen Tochter Agathokleia. Er herrschte bis zu seinem zwischen 150 und 145 erfolgten Tod über den größten Teil des griechischen Indien. Menander ist der einzige Grieche, der in die buddhistische Legende eingegangen ist, und zwar als ein großer Herrscher dieses Glaubens

Demetrios, ältester Sohn des Euthydemos, 190 bis 167 vor Christi Geburt, drang im Jahre 184 in Nordindien ein. Er machte Taxila zu seiner Hauptstadt. Als erster ließ er Münzen schlagen, die zugleich griechische und indische Beschriftung trugen. Im Jahre 168 wurde er von Eukratides überwältigt und ein Jahr später ermordet

Eukratides war ein Prinz der Seleukidendynastie. Er drang 168 vor Christi Geburt in Baktrien ein und trat ein Jahr später die Herrschaft an. Er war der Begründer der letzten griechischen Dynastie Baktriens. Sie herrschte, bis im Jahre 130 vor Christi Geburt die Kushandynastie ihre Nachfolge antrat

Reich einverleiben. Im Norden erstreckte sich der Machtbereich Baktriens zeitweise bis ins Tarimbecken, in dessen östlichen Oasen die griechischen mit den chinesischen Kaufleuten zum Austausch ihrer Waren zusammentrafen.

Das griechisch-baktrische Reich hat im Kampf gegen viele Feinde, zu denen schließlich auch wieder die Skythen gehörten, ein wechselvolles Schicksal gehabt. Über die Einzelheiten dieser Kämpfe ist noch nicht allzuviel bekannt. Dafür besitzen wir zahlreiche Münzen baktrischer Könige, die ihrer Feinheit und Schönheit wegen von allen Kennern hoch geschätzt werden.

Glücklicherweise waren diese Könige realistische und klardenkende Männer. Ebensowenig eitel wie die Barbaren der Steppe, waren auch sie auf Ähnlichkeit erpicht. So besitzen wir herrliche Portraits von bedeutenden Herrschern, die als Erben Alexanders des Großen mitten in Asien europäische Geschichte machten. Schon die politische Geschicklichkeit, mit der die Griechen ihre staatliche Selbständigkeit beinah zweihundert Jahre lang bewahrten, ebenso lange also, wie die Achaimeniden geherrscht hatten, ist erstaunlich genug. Noch erstaunlicher ist die Lebenskraft des griechischen Geistes, nachdem die staatliche Selbständigkeit verlorengegangen war.

Eines Tages, am Beginn der dreißiger Jahre, gruben französische Archaeologen in Hadda einen Kopf aus, der einen Buddha darstellt, aber gleichzeitig ein Apollon ist. Es hat große Schwierigkeiten gemacht, die Plastik zu datieren. Man nimmt jetzt an, daß das Werk aus dem 2. Jahrhundert nach Christi Geburt stammt. Um diese Zeit war das griechisch-baktrische Reich schon seit langem von der politischen Bühne verschwunden. Dazu kam, daß unterdessen die Parther im Iran und in Mesopotamien herrschten und so die Griechen des Ostens von der mittelmeerischen Welt des Hellenismus getrennt waren. Baktrische und indische Griechen wurden Buddhisten. Die indischen Buddhisten waren jahrhundertelang nicht auf die Idee gekommen, den Prinzen Gautama, der das Nirwana erreicht hatte, darzustellen. Einem Griechen war es unmöglich, einen Gott zu verehren, von dem er sich kein Bild machen konnte.

Alle Darstellungen des Begründers der Weltreligion des Buddhismus gehen auf Griechen zurück. Hadda, woher der hier gezeigte klassisch schöne Kopf stammt, war eine griechische Stadt im Osten Afghanistans. Man erwäge, was es bedeutet, daß die ganze Welt des Ostens, in der es doch so viele dämonische Gottheiten gab, zweitausend Jahre lang zu einem Buddha gebetet hat, in dessen Bildnis wie durch einen Zauber die Mystik der buddhistischen Lehre mit der apollinischen Clarté der Hellenen vereint war.

Der Aufbruch Alexanders nach Indien erfolgte mit einem Heer von hunderttausend Mann. Davon können höchstens noch vierzigtausend Mann Makedonen gewesen sein. Die Städte, die Alexander überall im Osten gründete, brauchten Menschen. Glücklicherweise war das griechische Mutterland zu jener Zeit eher übervölkert. Auch ist die koloniale Chance zu allen Zeiten verlockend

Buddhakopf aus Hadda. 3.–4. Jahrhundert n. Chr. ▶

gewesen. Leider ist von all den Alexanderstädten noch keine einzige ausgegraben. Die griechischen Städte, die in Afghanistan und Pakistan ausgegraben sind, stammen aus späterer Zeit. So wissen wir nicht, ob Alexanders Gründungen echte griechische Poleis waren oder nur makedonische Militärstationen. Auch wissen wir nicht, wie diese Plätze im Laufe der Zeit sich entwickelt haben.

Der Hauptteil des Heeres unter Hephaistion und Krateros zog über den Khyberpaß zum Indus hinab. Nach seinem Austritt aus dem Himalaja teilt sich der Indus in viele flache Arme, die zu überschreiten keine andere Gefahr mit sich brachte als die der Krokodile. Bei Attock, wo heute eine Festung des Mogulkaisers Akbar steht, verengt sich das Flußtal wieder. Etwas weiter oberhalb, noch in der Ebene, mündet der Kabul in den Indus. Alexander hatte

Khyberpaß. Karawane auf dem alten Kamelpfad, rechts die neue Autostraße

Der Indus bei Attock kurz nach der Einmündung des Kabul. Etwas oberhalb dieser Stelle überschritt das Heer den Indus

Das Swat-Tal im Himalaja ▶

befohlen, nördlich dieser Stelle eine Brücke für den Übergang des Heeres über den Fluß zu schlagen.

Alexander selbst war nicht der verhältnismäßig bequemen Karawanenstraße gefolgt, auf der schon in vorgeschichtlicher Zeit indoeuropäische Eroberer in Nordindien eingedrungen waren. Er nahm seinen Weg weiter nördlich, die Bergstämme zu unterwerfen, die seine Flanken hätten bedrohen können.

Im Swat-Tal, einem Hochgebirgstal, das sich vom Himalaja nach Südwesten zum Kabul hinabzieht, ist Ora, heute Ude-gram, ausgegraben worden, eine kleine Stadt, die von Alexander nach kurzer Belagerung genommen wurde. Wie das makedonische Heer über diese wilden Gebirgspässe seine Belagerungsmaschinen transportiert hat, wird ewig ein Rätsel bleiben. Im Tal des Swat muß es eine besonders vortreffliche Rasse von Rindern gegeben haben. Alexander schickte eine Herde dieser Tiere nach Makedonien, die heimische Zucht zu verbessern.

Die Burg von Ora (links) und die kleine im Swat-Tal liegende Stadt Ora, die von Alexander erobert wurden

Nachdem Alexander sich mit Hephaistion und Krateros vereinigt hatte, zog er noch einmal den Indus aufwärts, Aornos zu erobern. Aornos war, nach den Berichten, eine von Steilhängen rings umgebene Fluchtfestung von so großer Ausdehnung, daß innerhalb des Verteidigungswerkes gesät und geerntet werden konnte. Die Festung hätte eine Belagerung jahrelang aushalten können. Alexander nahm sie im ersten Ansturm. Man hat lange nach dieser Festung gesucht. Erst neuerdings ist der Platz, nach der topographischen Beschreibung Arrians, von Sir Aurel Stein identifiziert worden. Die Festung Aornos liegt nur wenige Meilen nördlich der Einmündung des Kabul in den Indus.

Am Indus hielt das Heer eine längere Rast. In dieser Zeit erschien eine Gesandtschaft des Fürsten von Taxila. Das Heer hatte Gelegenheit, den Reichtum eines Maharadschas zu bestaunen. Der Fürst überbrachte als Geschenke für Alexander dreitausend Op-

Steilhang der Festung Aornos

fertiere, zehntausend Schafe, dreißig Kriegselefanten und dazu zweihundert Talente Silber, was einem Betrag von ungefähr vier Millionen Mark entspricht. Außerdem stellte er Alexander siebenhundert wohlbewaffnete Reiter zur Verfügung. Beim Einzug in Taxila lernte das Heer eine der schönsten Städte des damaligen Indien kennen. Glanzvolle Feste wurden gefeiert. Alles, was die Soldaten über Indiens Wunder gehört hatten, wurde von der Wirklichkeit übertroffen.

Auf dem Weitermarsch nach Osten kam es noch einmal zu einer großen Schlacht. König Poros, der Rivale des mit Alexander verbündeten Fürsten von Taxila, hatte seine Armee am Hydaspes aufgestellt. Nach einem schwierigen Flußübergang errang Alexander gegen den tapfer kämpfenden Feind den Sieg. Das Britische

Museum besitzt eine in Babylon zur Erinnerung an diese Schlacht geprägte silberne Dekadrachme. Alexander auf dem Boukephalos greift mit seiner Lanze König Poros auf seinem Kriegselefanten an. Alexander beließ König Poros seine Herrschaft und vergrößerte sogar noch seine Macht. Damit schuf er zwischen ihm und dem Fürsten von Taxila ein politisches Gleichgewicht, das seine Aufgabe erfüllte, bis Poros im Jahre 317, fünf Jahre nach Alexanders Tod, ermordet wurde.

Auf dem Marsch zum Hydaspes lernte das Heer ein weiteres Wunder Indiens kennen – den tropischen Regen. In der Schlacht am Hydaspes hatten die Makedonen bewiesen, daß ihre Tapferkeit unter der Länge des Krieges nicht gelitten hatte. Aber was ist Tapferkeit, wenn alle Waffen zweimal am Tag verrosten, alles Leder verschimmelt, kein Stück der Ausrüstung jemals trocken wird, nie ein Zelt aufgeschlagen werden kann und das alles über

Alexander zu Pferd greift König Poros auf seinem Elefanten an

Wochen und Wochen dauert. Vielleicht hat nichts so sehr dazu beigetragen, das Vordringen der Macht des Westens in den Osten der Welt zu beenden wie das nächtliche Rauschen des Regens in den Dschungeln des Punjab.
Die Auswirkung der Taten Alexanders des Großen über die Jahrhunderte hin, die Verwandlung der Welt, die er durch seine Eroberungen bewirkte, sind nicht Gegenstand dieses Buches. Nur an dieser einen Stelle muß einmal auf eine der Folgen des Alexanderzuges hingewiesen werden. In Indien hat sich Alexander alles in allem nur etwa zwei Jahre aufgehalten. Diese kurze Spanne Zeit sollte noch fünfhundert Jahre später kunstgeschichtlich bemerkenswerte Folgen haben. Der Untergang des griechischen Königreichs von Baktrien bedeutete nicht das Ende griechischer Kultur in Mittelasien und Indien. Zwischen dem Kabultal und dem Hydaspes entwickelte sich vom 2. bis 4. Jahrhundert nach Christi Geburt eine blühende Kunst, die indisch ist, aber unter griechisch-römischem Einfluß steht. Nach der Landschaft, die im Zentrum ihrer Ausbreitung lag, wird sie als Kunst von Gandhara bezeichnet. Die Gandharakunst ist gewiß nicht mit der griechischen Kunst des

Plastiken aus Hadda.
Ein Genius mit Doppelflöte,
rechts ein Daemon

Plastik aus Hadda.
Mädchen
mit Totenschädel

Genius mit Blumen aus Hadda ▶

4. vorchristlichen Jahrhunderts zu vergleichen, aber doch ist sie von großer Feinheit. Aus dem im unteren Kabultal gelegenen Hadda kommt der reizende Genius mit der Doppelflöte. Das Mädchen, das graziös einen Totenschädel im Arm hält, und der ekstatische Daemon mit dem Fell gehören der gleichen Zeit an, auch wenn sie vielleicht nicht aus der gleichen Werkstatt stammen.

Der Genius mit den Blumen endlich – erinnert er nicht an die berühmte Wachsbüste, die Bode seinerzeit als Werk Leonardos für Berlin erwarb? Die betende Figur, die ebenfalls aus Hadda stammt, dürfte der gleichen Zeit angehören. In dem Relief mit den iranischen Kriegern, die mit den zu ihrer Tracht gehörenden langen Hosen bekleidet sind, wird römischer Einfluß deutlich.

Betende Figur aus Hadda

Relief mit Kriegern in iranischer Tracht

Die Luftaufnahme des nördlich von Peshawar ausgegrabenen Charsada zeigt einen vollständigen griechischen Stadtplan, wie er zum erstenmal im 5. Jahrhundert vor Christi Geburt von dem Stadtarchitekten Hippodamos von Milet für die Stadt Rhodos entworfen worden war. Die Stadt Charsada freilich ist älter als die hier im Bild erscheinende griechische Stadt. Schon im 6. Jahrhundert vor Christi Geburt, als Dareios der Große sie eroberte, war sie ihres Reichtums und der Schönheit ihrer Bauten wegen berühmt. Sie hieß die Lotosstadt.

Die Archaeologen haben bei der Ausgrabung Charsadas zweiundfünfzig Schichten festgestellt!

Im Gebiet von Taxila gibt es sogar mehrere in größeren Zeitabständen erbaute griechische Städte. Der Fries mit einer Szene aus dem Leben Buddhas ist in Taxila gefunden worden. Es ist ein nicht geringes aesthetisches Vergnügen, eine Szene aus dem Leben Buddhas in griechisch-römischer Manier dargestellt zu sehen in einem buddhistischen Kloster, dessen Säulen attische Basen und korinthische Kompositkapitelle haben. Das köstliche Geschmeide war

Luftaufnahme der griechischen Stadt Charsada bei Peshawar

einmal der Stolz einer Patrizierin der reichen Stadt Sirkap, einer der späteren Gründungen im Umkreis von Taxila.
Die »Fahrt der tausend Schiffe« den Indus hinab ging nicht ohne Kämpfe vor sich. Obwohl Alexanders Ruhm nun schon lange weit durch die Lande hallte und jedermann überzeugt war, daß er im

Schmuck aus der Gandharazeit aus Sirkap-Taxila

◀ *Fries mit Darstellung einer Szene aus dem Leben Buddhas*

Am Unterlauf des Indus ▶

Bunde mit den Göttern und darum unbesiegbar sei, kämpften viele der kleinen Völker, die an den Ufern des großen Stromes saßen, tapfer um ihre Freiheit. Vor allem Brahmanen waren es, die mit einem gewissen Fanatismus überall Aufstände gegen den fremden Eroberer entflammten. Alexander, entschlossen, den Indus zu einer für den Handel sicheren Schiffahrtsstraße zu machen, unterwarf die Völker eines nach dem andern.
Bei der Erstürmung der Burg der Maller wurde der König von einem Pfeil getroffen. Die Verwundung war so schwer, daß er an ihren Folgen fast zu Tode gekommen wäre. Das ganze Heer war verzweifelt, klagte, opferte und betete. Die Soldaten waren überzeugt, daß, stürbe der König, das Heer verloren sei. Man muß sich klarmachen, was das bedeutet. Schließlich gab es genug großartige Truppenführer in Alexanders Umgebung. Krateros hat kurze Zeit später ohne die Hilfe des Königs den größten Teil des Heeres sicher nach dem Westen zurückgeführt. Aber eben nur Alexander besaß das Fascinosum, das dieses Heer unbesiegbar machte.
Der Indus ist das Tal einer sehr alten Kultur. Schon im 3. vorchristlichen Jahrtausend gab es hier hochentwickelte Städte, die ersten in der Geschichte der Menschheit, die Kanalisation hatten.

Spielzeug der Harappakultur

Bauernkarren von heute

Die Kontinuität der Überlieferung ist schier unglaublich. Der Karren, auf dem der Bauer zu Alexanders Zeiten saß und noch heute sitzt, ist von der gleichen Konstruktion wie ein in Mohenjo Daro ausgegrabenes Spielzeug der Harappakultur, das mindestens dreieinhalbtausend Jahre alt ist.

Als Seefahrer wurden die Griechen im Altertum nur von den Phoinikern übertroffen. Ihre Schiffsbaukunst war hoch entwickelt. Aus Vasenbildern wissen wir, wie griechische Schiffe des 5. und 4. Jahrhunderts ausgesehen haben. Der Erfolg der Fahrt des Nearchos vom Mündungsdelta des Indus zur Mündung des Euphrat im Persischen Golf beweist, wie vorzüglich das Unternehmen vorbereitet war. Man darf nicht vergessen, daß diese Seefahrer weder Kompaß noch Sextanten kannten. Und die Gefahren des Ozeans waren unbekannt. Schon das Phaenomen von Ebbe und Flut, das die Griechen erst im Mündungsdelta des Indus kennenlernten, hatte sie tief erschreckt. Und wie erst mag abergläubische Furcht die Matrosen gepackt haben, als unweit der Schiffe eine Schule Wale auftauchte. Die Griechen hatten nicht einmal von der

Griechische Vasenbilder. Handels- und Kriegsschiffe

Landschaft der Wüste Makran ▶

Existenz dieser Tiere eine Ahnung. Nearchos, der erfahrene alte Soldat, ließ, um die Furcht zu vertreiben, die Posaunenbläser antreten und eine gewaltige Musik machen. Den Walen war die Existenz griechischer Posaunen ebenso unheimlich wie ihre eigene den Griechen. Sie tauchten und kamen nicht wieder.
Als Flotte und Heer sich in Karmanien wiedersahen, ergab sich, was niemand hatte voraussehen können, daß der Marsch des Heeres durch Gedrosien ein weit gefährlicheres Unternehmen gewesen war als die Fahrt der Flotte über den unbekannten Okeanos.
Für die Sorgfalt, mit der Alexander seine Unternehmungen zur See vorbereitete, gibt es einen Beweis im Museum von Kuwait im Persischen Golf. Dort wird eine Marmortafel aus Failaka aufbewahrt, die ein griechischer Kapitän zu Ehren des Zeus, des Poseidon und der Göttin Artemis als Dank für Errettung von einem Schiffbruch an der unwirtlichen Küste Arabiens errichtet hat. Dieser

Stein mit griechischer Inschrift, der auf der Insel Failaka im Persischen Golf ausgegraben wurde

Kapitän hatte wohl den Auftrag, für die von Alexander für später vorgesehene große Expedition vom Persischen Golf zum Roten Meer Erkundungen über die nautischen Verhältnisse einzuziehen.
Die schauerliche Einöde, die das Bild aus der Wüste Makran zeigt, erstreckt sich über Hunderte von Kilometern. Das Heer brauchte zwei lange Monate, bis es dieses trostlose Land hinter sich gebracht hatte. Das Gelingen des Flottenunternehmens ist, nach Alexanders eigenen Worten, die größte Freude seines Lebens gewesen. Dieser König war nicht nur Stratege und Staatsmann, er war auch ein Mann der Wissenschaft und der Forschung.
In Karmanien wurden zur Feier des glücklichen Wiederschens zwischen Heer und Flotte gymnische Spiele veranstaltet. Und dieses Mal wurden, worauf Alexander all die Jahre in Baktrien, Transoxanien und Indien verzichtet hatte, die gymnischen durch musische Spiele ergänzt. Wie man auf den Vasen sehen kann, waren die gymnischen Spiele mit viel Witz verbunden. Die Vasen sind zwar früher als 4. Jahrhundert, aber dafür sind sie besonders schön, und die Tradition der Olympischen Spiele sorgte dafür, daß sich an den Leibesübungen auch in langen Zeitläuften nicht viel änderte. Nur die Vase, auf der die Jünglinge zur Musik einer Doppelflöte tanzen, ist aus Alexanders Zeit. Man kann sich vorstellen, wie die rauhen, von Rheuma geplagten makedonischen Helden, die sich gerade von ihrem Wüstenmarsch zu erholen begannen, die Elegance des Tanzes dieser Jünglinge bestaunt haben.

Oben: Gymnische Spiele: »Blindekuh« ▶
Unten: Athleten im Ringkampf ▶

Zu den musischen Spielen strömten, von Alexanders Generosität angelockt, Künstler aus allen Teilen von Hellas in großer Zahl herbei.

Noch einmal, ein letztes Mal in seiner zweitausendjährigen Geschichte, fiel Babylon, dem Tor Gottes, die glänzende Rolle zu, Hauptstadt der Welt zu sein. Alexander bestimmte die Stadt zu seiner Residenz. Er gab Befehl, die Leiche Hephaistions von Ekbatana nach Babylon zu überführen. Dort sollten im Frühjahr die Kampfspiele zur Totenfeier seines Freundes abgehalten werden. Homer gewann etwas von seiner alten Geltung zurück. Doch die dunklen Vorzeichen häuften sich. Die Priester im königlichen Hauptquartier fanden bei der Opferschau mehrfach merkwürdige Zeichen. Die in der Deutung der Sterne für das Schicksal des Menschen so erfahrenen Chaldaeer warnten den König davor, nach Babylon zu kommen. Aber dies alles konnte Alexanders Schicksal nicht aufhalten. Die Trauer über den Verlust des Hephaiston, mit dessen Tod seine Jugend zu Ende gegangen war, suchte sein rastloser Geist durch neue Tätigkeiten zu überwinden.

◀ *Oben: Jünglinge, zur Musik einer Doppelflöte tanzend*
◀ *Unten: Maenade, vor Dionysos zum Flötenspiel tanzend*

Luftbild von Babylon

Babylon. Das Ishtartor, erbaut von Nebukadnezar II.

Während der Monate in Babylon kamen Gesandtschaften aus der ganzen Welt, Alexandern zu ehren. Aus Italien kamen Legaten der Bruttier, der Lukaner, der Etrusker. Ob die Römer dem König gehuldigt haben, ist, wenn auch sehr wahrscheinlich, nicht überliefert. Karthago erwies dem Herrscher des Ostens seine Ehrerbietung. Iberer aus Spanien, Kelten aus Gallien sandten Zeichen ihres Wunsches nach Freundschaft und Wohlwollen, ebenso die klugen Aethioper. Die ganze Welt blickte fasziniert nach Babylon.

Der Sirrush, ein Fabeltier vom Ishtartor

Ziegelrelief eines Stiers vom Ishtartor

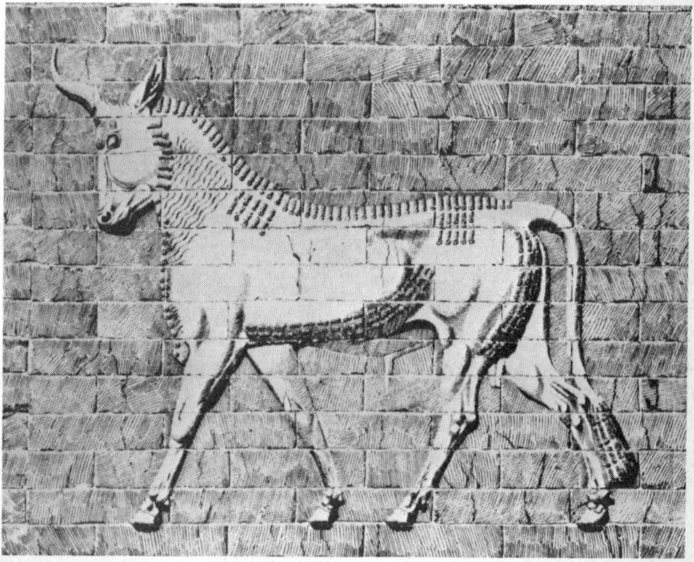

Die Sendboten hatten natürlich immer den Auftrag, Alexanders Pläne zu erforschen. Aber so viele Pläne auch immer bestanden haben mögen, kein einziger kam mehr zur Ausführung. Alexander starb. Sein Geist blieb, ungeachtet des körperlichen Verfalls, klar bis fast zu seiner letzten Stunde. Ein letztes Mal zogen alle Soldaten stumm an seinem Lager vorüber. Nur mit einer kleinen Bewegung der Hand noch konnte der König dem einen oder anderen andeuten, daß er ihn erkenne.

Ptolemaios ließ Alexanders Leiche in einem pompösen Trauerzug auf einem kostbar geschmückten Wagen nach Aegypten überführen. Das Gefährt ist von antiken Schriftstellern so genau beschrieben worden, daß es sich leicht rekonstruieren läßt.

In Alexandreia dann fand Alexander seine letzte Ruhestätte. In einem Glassarg wurde er beigesetzt. Es ist nicht ohne tiefere Bedeutung, daß sogar mit Alexanders sterblichen Überresten noch der politische Schwerpunkt der Welt sich verschob. Kurze Zeit nachdem Babylon aufgehört hatte, die Hauptstadt des Alexander-

Rekonstruktion des Leichenwagens, auf dem Alexander der Große von Babylon nach Aegypten überführt wurde

Römische Lampe mit Wiedergabe der Grabmonumente Alexanders des Großen und der Königin Kleopatra

reiches zu sein, ging seine ruhmreiche Geschichte zu Ende. Die Stadt sank zu provinzieller Bedeutungslosigkeit herab und versank schließlich unter dem Sand, den der Wind aus der Wüste herbeitrieb. Alexandreia wurde für lange Zeit die Metropole des Mittelmeers. Selbst als die letzte Makedonin auf dem Thron Aegyptens den Tod fand und Rom Alexandreia in Besitz nahm, hatte das keine andere Folge, als daß der Hellenismus Rom eroberte.

Noch Kaiser Augustus hat Alexandern in seinem Glassarg seine Reverenz erwiesen. Auf einer aus römischer Zeit stammenden Öllampe ist Alexandreia dargestellt mit dem Grab Alexanders des Großen, dem Tempel, in dem er verehrt wurde, und dem Grabmal

Grabmal eines unbekannten Soldaten aus dem makedonischen Heer

▶

Dem Propheten Daniel geweihte Moschee, unter der sich möglicherweise das Grab Alexanders des Großen noch heute befindet

der Königin Kleopatra. Das Grabmal eines unbekannten Soldaten des makedonischen Heeres ist in einer Totenstadt in der Nähe Alexandreias erhalten geblieben.

Das Grab Alexanders des Großen, das über so viele Jahrhunderte hin die Mitte der hellenistischen Welt war, ist verschollen. Archaeologische Erwägungen lassen es als möglich erscheinen, daß es noch heute vorhanden ist, und zwar unter der Moschee, welche nach der arabischen Eroberung Aegyptens die Muslimin zu Ehren des Propheten Daniel errichtet haben.

Mosaik aus dem 12. Jahrhundert in der Kathedrale von Otranto. ▶
Alexander wird von zwei Greifen zum Himmel getragen

ALE
XAN
DO

Alexander der Große, der Mann, von dessen Ruhm zu seinen Lebzeiten der Erdkreis widerhallte, geriet schon kurze Zeit, nachdem er den Schauplatz seiner Macht verlassen hatte, in Vergessenheit. Die Ironie des Vorgangs liegt darin, daß sich das ereignete, obwohl Alexander, um seinen Nachruhm besorgt, nicht wenig unternahm, ihn zu sichern. Man kann diesen Zug seines Charakters als Schwäche deuten, aber selbst Dante, im 24. Gesang der Hölle, sagt:

> Wer ohne Ruhm sein Leben will verzehren,
> Läßt solche Spuren von sich auf der Erde
> Wie Rauch in Lüften, Schaum auf weiten Meeren ...

Doch hat offenbar Plinius der Jüngere recht, wenn er meint, wir dürften den Ruhm nicht suchen, er müsse vielmehr von selbst uns folgen. Gerade die Aufmerksamkeit, die Alexander seinem Nachruhm zuwandte, war es, die zur Ursache einer Verschwörung des Schweigens gegen sein Andenken wurde. Gleichzeitig bemächtigte sich die Phantasie der Völker der Figur des phantastischen Mannes und trieb mit ihr so lange, so lebhaft und so heiter ihr Spiel, bis Alexander der Nationalheros fast jeden Volkes, das er besiegt hatte, geworden war. Die Ironie wird auf die Spitze getrieben durch die Tatsache, daß die Verschwörung des Schweigens und die Entstehung des Alexandermythos mit dem gleichen Namen verbunden sind. Der Anlaß zu dem gegen die geschichtliche Persönlichkeit Alexanders gerichteten Angriff der Literaten war das bedauernswerte Schicksal, das Kallisthenes, Aristoteles' Neffe, im Feldlager des Königs erlitt. Die Verwandlung des historischen Alexander in einen zeitlosen Mythos findet ihren ersten Niederschlag in einem literarischen Werk, das in der Terminologie der Gelehrten der Pseudo-Kallisthenes heißt.
Die Gründe der niemals beseitigten Spannungen zwischen Alexander und den Griechen sind erörtert worden. Mochten Alexanders staatspolitische Maßnahmen noch so großen Wert für die Zukunft Griechenlands haben, mochte es immerhin seinem Genie zu verdanken sein, daß die geistigen Errungenschaften der hellenischen Klassik Weltbesitz wurden, für die Griechen war und blieb Chaironeia die Schlacht, in der sie ihre Freiheit verloren hatten. Mochte ihre entsetzliche partikularistische Politik, der ewige trostlose Bürgerkrieg von Polis zu Polis eine für das Land noch so verderbliche Wirkung haben, es war doch wenigstens die Freiheit, mit der die Hellenen Mißbrauch trieben. Für den Europäer von heute gilt als die entscheidende Leistung Alexanders, daß er uns das

griechische Kulturerbe erhalten hat. Der Preis, den die Griechen dafür bezahlt haben, scheint uns nicht von großer Bedeutung zu sein. Wie wohl würden wir die gleiche Sache beurteilen, beträfe sie uns, stünden wir vor der Wahl, das europäische Kulturerbe nur um den Preis der Freiheit retten zu können?

Noch für die ehrwürdigen Studienräte der Jahrhundertwende war der große Mann nicht Alexander, sondern Demosthenes. Und George Grote, der brillante Historiker, schließt sein zwischen 1846 und 1856 geschriebenes zwölfbändiges Werk der Geschichte Griechenlands mit einem Passus, den man nur noch einen Nekrolog nennen kann:

»Ich habe nun Griechenlands Geschichte bis zum Ende der Generation Alexanders aufgezeichnet, derjenigen Epoche, von welcher an nicht nur die Vernichtung der griechischen politischen Freiheit und Selbständigkeit datiert, sondern mit der auch die Ermattung des schöpferischen Genius und der Verfall jener vollendeten wissenschaftlichen und rednerischen Größe und Herrlichkeit beginnt, wie sie im 4. Jahrhundert in Platon und Demosthenes zutage trat. Der Inhalt des letzten Teils des vorliegenden Bandes zeigt nur zu deutlich, daß Griechenland als besonderer Gegenstand der Geschichte zu bestehen aufgehört hat. Alexander und seine Eroberungen wurden geschildert – dieser nichthellenische Eroberer, in dessen ungeheuren Besitzungen die Griechen sich verlieren, diese Griechen mit erblichenem Geistesglanz, mit gebrochenem Mut, von Zeus halb der Mannheit beraubt, traurige, entnervte Opfer, erreicht vom Tage der Knechtschaft.«

Hellenismus war für Grote noch kein Begriff. Bei seinem Zeitgenossen Droysen sieht das Bild schon anders aus. Er schuf die erste zusammenhängende Darstellung der Epoche des Hellenismus. Am verständigsten werden Alexander und seine Leistungen bei Jacob Burckhardt beurteilt.

Immerhin, wenn es noch vor hundert Jahren Gelehrte von Rang gab, die die Freiheit für unabdingbar hielten, kann man es den Hellenen, zu deren Lebzeiten sie verlorenging, nicht verdenken, daß sie weder König Philipp II. noch König Alexander gelten ließen. Die Verschwörung des Schweigens freilich hatte noch andere Gründe.

Durch Alexander wurde nicht nur die Welt verwandelt, sondern auch die Methode ihrer Beschreibung. Mit der Epoche des Hellenismus beginnt eine neue Art der historischen Darstellungsweise. Am Wandel der wissenschaftlichen Methodik kann man zeigen, wie recht die Gelehrten haben, welche meinen, das Neue, das mit

Alexandern in Erscheinung trat, habe geistig sozusagen schon bereitgelegen. Hadas in seinem vortrefflichen Buch »Kultur des Hellenismus« zeigt die Zusammenhänge auf. Die Historiker des 4. Jahrhunderts waren alle Schüler jenes Isokrates, der König Philipp beschworen hatte, Hellas unter seinen Schutz zu nehmen. Isokrates hielt nichts von einer Freiheit, von der niemand den rechten Gebrauch zu machen verstand. Von dem Werk seines bedeutendsten Schülers, des Theopompos von Chios, ist, zu unserem Unglück, nur in antiken Zitierungen einiges erhalten geblieben, obwohl Theopompos sogar noch in byzantinischer Zeit viel gelesen wurde. Theopompos hat in seinen »Hellenika« nur die Zeit König Philipps II. behandelt. Aber schon bei ihm ist in der Weite der Betrachtungsweise ein Hauch jenes Universalismus zu spüren, der durch Alexander zum Weltgefühl des Hellenismus wurde. So wie Alexander zu Weltpolitik überging, wurde nunmehr auch Weltgeschichte geschrieben.

Alexander, der schon darüber klagte, daß kein Homer seine Taten besingen werde, hat auch unter den Gelehrten seiner Zeit keinen Historiker ersten Ranges gefunden. Einige der Teilnehmer des Alexanderzuges haben Geschichtswerke verfaßt. Die wichtigsten sind eine Biographie Alexanders, die Ptolemaios als König von Aegypten schrieb, und ein Bericht des Nearchos, der die Flottenexpedition vom Indus zum Euphrat leitete. Keines der zeitgenössischen Werke ist erhalten geblieben. In einer jahrzehntelangen philologischen Kleinarbeit von bewundernswerter Akribie haben die Gelehrten in den späteren, aus römischer Zeit stammenden Biographien Alexanders die Teile identifiziert, die früheren Werken entnommen sind. Der Mann, den Alexander auswählte, das Hohelied seines Ruhms zu singen, war Kallisthenes. Aristoteles selbst hatte ihn dem König als offiziellen Hofhistoriographen empfohlen. Niemals ist einem Geschichtsforscher eine großartigere Aufgabe gestellt worden. Als Augenzeuge der Ereignisse des Alexanderzuges, mit freiem Zugang zu den Ephemeriden, den täglichen Aufzeichnungen im Kriegstagebuch des Hauptquartiers, von einem König, der Respekt vor Wissenschaft hatte, häufig zur Tafel gebeten, hätte Kallisthenes die Möglichkeit gehabt, ein Alexander der Geschichtsschreibung zu werden. Er versagte. Dabei war er ein hochgebildeter Mann. Viele Jahre lang war er Aristoteles' Mitarbeiter gewesen. Er kannte Alexandern noch aus Pella. Kallisthenes nahm bis zu seinem Tod am Feldzug teil. Er führte eine lebhafte Korrespondenz mit Aristoteles. Er berichtete ihm über all die naturkundlichen Dinge, denen er in den fremden, fernen Ländern in so

großer Fülle begegnete. Kallisthenes besaß durchaus die Gaben, deren er bedurfte, um seine Aufgabe als der Chronist des großen Alexander zu erfüllen. Die Fehler, an denen er scheiterte, lagen in seinem Charakter. Er vereinigte die Arroganz des Griechen gegenüber den Makedonen mit dem Hochmut des Gelehrten gegenüber den Militärs. Und er gab sich keine Mühe, seine Gefühle zu verbergen vor Männern, welche doch Meriten hatten und dieser Meriten wegen hoch in des Königs Gunst standen. Natürlich zahlten ihm die großen Herren mit gleicher Münze heim. Im Hauptquartier war er geradezu verhaßt. Auch mit dem König vertrug er sich nicht. Nicht einmal ihm gegenüber, der schließlich selbst Makedone war, verbarg er die Verachtung für seine Umgebung. Auf der anderen Seite scheute sich Kallisthenes, wie erhaltene Fragmente seines Werkes beweisen, nicht, in seiner Darstellung der Ereignisse Alexandern in übertriebener Weise zu schmeicheln. Darauf aber legte Alexander keinen Wert. Lukian berichtet, der König habe einmal, als er, den Indus hinabfahrend, einen Bericht las, der von plumper Schmeichelei überquoll, ärgerlich das Manuskript über Bord geworfen und ironisch dazu gemeint, das beste wäre, man würfe den Autor hinterher. Alexanders große Vision der Orient und Okzident umfassenden Oikumene lehnte Kallisthenes ab, darin freilich ganz ein Schüler des Aristoteles. Es wird immer verwunderlich bleiben, daß Aristoteles, der so viel für die Zukunft des Abendlandes getan hat, so hartnäckig dabei blieb, Nichtgriechen für Menschen minderen Ranges zu halten.
Den Intriguen, die Kallisthenes durch seine Torheit gegen sich entfesselte, war er nicht gewachsen. Er stolperte, wie man sagen muß, in ein Hochverratsverfahren hinein, das seiner Karriere ein Ende setzte. Es geht aus den Quellen nicht eindeutig hervor, ob er wirklich schuldig war. Auch ist nicht geklärt, ob er tatsächlich hingerichtet wurde.
Kallisthenes gehörte der Schule der Peripatetiker an. Seine Kollegen erklärten einmütig das Urteil, das gegen Kallisthenes ergangen und von Alexander bestätigt worden war, für Mord. So begann nach Alexanders Tod eine gehässige Campagne der Philosophen gegen das Andenken des großen Königs. Gleichzeitig fing der Mythos an zu wuchern. Da die Peripatetiker im hellenistischen Geistesleben viele Generationen lang eine beherrschende Rolle spielten, trat Alexander in der Geschichtsschreibung mehr und mehr in den Hintergrund. In der Literatur des 2. Jahrhunderts vor Christi Geburt sucht man seinen Namen vergebens.
Der Zorn der hellenischen Literaten gegen Alexander hat lange

nachgewirkt. Noch Seneca, der römische Philosoph, nimmt, als er einmal aus Kallisthenes zitiert, die Gelegenheit wahr, über Alexander, den »zorndurchbebten König«, und sein »ewiges Verbrechen« seinen eigenen Zorn auszugießen. Diese Stelle aus Seneca wiederum zitiert Petrarca in seinem »Leben Alexanders«. Und schließlich, die Abneigung philosophischer Geister gegen Alexander läßt sich bis in unsere Tage nachweisen.

In der Antike war es dann doch ein Grieche, der den über Alexander verhängten Bann schließlich brach. Dieser Mann war Plutarch aus Chaironeia. Er, der als Knabe am marmornen Denkmal des Löwen von Chaironeia gespielt hatte, begann die literarische Laufbahn, die ihm nachmals so viel Ruhm einbrachte, mit einer glänzenden Verteidigung Alexanders des Großen, die zu lesen noch heute ein Vergnügen ist.

Entscheidend für den Ruhm des Königs wurde das Werk des Flavius Arrianus »Anabasis Alexandri«. Es ist im wesentlichen dieses vortreffliche Buch, auf dem unsere Kenntnisse der Taten Alexanders des Großen beruhen. Die Entstehung des Werkes stand unter einem glücklichen Stern. Arrian wurde geboren am Ende des 1. Jahrhunderts nach Christi Geburt in Nikomedeia in Bithynien. Für einen Mann, dem es bestimmt war, Alexanders Geschichte zu schreiben, war das ein Vorteil. Nikomedeia liegt am Marmarameer. In dieser von ständigen politischen Spannungen erfüllten Welt lernte Arrian von früh auf die Probleme des Ostens gründlich kennen. Unter Kaiser Hadrian machte er eine glänzende Karriere als Offizier. Als solcher erwarb er sich die Kenntnisse, welche ihm ein sachkundiges Urteil über Alexanders militärische Leistungen ermöglichten. Nachdem er als Offizier seinen Abschied genommen hatte, ernannte der Kaiser ihn zum Statthalter von Kappadokien. Hier lernte Arrian die Probleme der Verwaltung eines orientalischen Landes kennen. Kappadokien war jene Provinz Ostanatoliens, in der hellenische und iranische Einflüsse aufeinandertrafen und die darum frühzeitig eine wichtige Rolle in der Entwicklung des Hellenismus gespielt hatte. Arrian hat in der Welt, von der Alexander nur geträumt hatte, tatsächlich gelebt. Der dritte Glücksumstand war, daß Arrian noch die ganze unterdessen verlorengegangene antike Literatur über Alexander zu seiner Verfügung hatte. So entstand ein Werk der Geschichtsschreibung, dem allein schon sein Gegenstand universale Bedeutung verlieh.

Etwa hundert Jahre nach Arrian erscheint dann in Alexandreia ein phantastisches Buch über Alexander den Großen, das zunächst unter dem Namen des Kallisthenes veröffentlicht wurde. Seit man weiß, daß das eine Fälschung war und Kallisthenes mit dem Buch nichts zu tun hat, wird das Werk als »Pseudo-Kallisthenes« bezeichnet. Es ist die erste Ausgabe des Alexanderromans. Der Roman ist in dreißig Sprachen übersetzt worden, unter anderem sogar ins Isländische. Bis ins Mittelalter hinein wurde er immer wieder ergänzt, verändert, erweitert und immer wieder neu aufgelegt. So wurde er zu einem der meistgelesenen Bücher der Weltliteratur.

Der Alexanderroman ist eine herrliche Mischung von Geschichte und Märchen. In der ersten Ausgabe waren zunächst nur in eine Alexanderhistorie Briefe von und an Alexander eingefügt. Die Briefe waren gefälscht, allerdings mit einer Intelligenz, die nur von der Intelligenz derer übertroffen wird, die die Fälschungen entlarvten. Im Lauf der Zeit drangen in das Manuskript die Legenden ein, welche die Phantasie der Völker geschaffen hatte. Wahrheit und Dichtung wurden dabei mit poetischer Rücksichtslosigkeit gemischt. Da gab es das Gespräch Alexanders mit indischen Weisen, das stattgefunden hat, und das Gespräch mit der Königin Kandake von Meroë im Sudan, die dreihundert Jahre später gelebt hat. Im Roman unternimmt Alexander, das Wasser des Lebens zu suchen, eine Reise ins Land der ewigen Nacht. Er unternimmt eine Luftfahrt, bei der er von zwei Greifen zum Himmel getragen wird.

Die Darstellung dieser Szene ist über die halbe Erde verbreitet. Man findet sie in alten aethiopischen Handschriften, in einem Mosaik in der Kathedrale von Otranto aus dem 12. Jahrhundert (Seite 309), in einem romanischen Fries im Münster von Freiburg im Breisgau, an einem Säulenkapitell des Münsters zu Basel. Es handelt sich aber durchaus nicht um eine religiöse Szene. In reizender Naivität ist über den Köpfen der Greifen immer irgendein Köder angebracht, nach welchem gierig schnappend sie mit Alexandern, der zuweilen in einem Käfig sitzend dargestellt wird, in den Himmel flattern sollen. Später kommt als Ergänzung zu Alexanders Flug in den Himmel eine Fahrt zum Meeresgrund hinzu. Im aegyptischen Alexanderroman ist die tröstliche nationale Legende eingefügt, Alexanders Vater sei Nektanebos gewesen, der letzte Pharao Aegyptens, der in der Maske des Zeus Ammon der Olympias beigewohnt habe.

Die Ausgaben des Alexanderromans wechselten ihre Texte je nachdem, in welcher Sprache sie erschienen. In der persischen Fassung entstammt Alexander einer Verbindung des Perserkönigs Ochos mit einer Tochter König Philipps II. von Makedonien. Er erobert nicht nur ganz Indien, sondern auch noch Tibet und China. So ist es verständlich, daß, während der historische Alexander heute für die Perser ein Barbar ist, der Persepolis in Brand steckte, der Alexander des Mythos noch im Mittelalter in der persischen Kunst eine Rolle spielte. Nizami, ein berühmter Poet des 12. Jahrhunderts, hat ein Alexanderbuch, »Iskandar-Nameh«, mit zehntausend Versen verfaßt. Eine Miniatur aus einer Ausgabe des Nizami aus dem 16. Jahrhundert zeigt Alexandern, wie er am Boden kniet und den Kopf des toten Dareios in seinen Schoß gebettet hat. In einer Miniatur der Il-Khan-Periode des 14. Jahrhunderts aus dem Shah-Nameh, dem Königsbuch des Firdausi, ist die Aufbahrung Alexanders auf seinem Leichenwagen in allen Einzelheiten wiedergegeben. Vier große Kerzen sind an den Ecken des Leichenwagens aufgestellt. Darüber und an den Seiten hängen Glaslampen, wie sie in Moscheen gebräuchlich sind. Der Hintergrund ist mit gestickten Vorhängen geschmückt. Hinter dem Sarg steht Aristoteles. Olympias hat sich voller Schmerz über den Sarg geworfen.

In der jüdischen Überlieferung wird Alexander zum »Meister des Thrones Salomonis«. Er hat zwei Hörner, und der Hohepriester verkündet, Alexander sei der Herrscher des von Daniel prophezeiten Vierten Weltkönigreichs. Alexander gilt hier als Vorläufer des Messias.

Christliche Mönche beschreiben Alexander als asketischen Heiligen. Auch im Islam ist er, wie bei den Juden, der Zweigehörnte. Hier wird er dazu noch zum Propheten. Im Koran hat er den Namen Dhulkarnein. In der arabischen Legende heißt der Makedonenkönig Iskander. Der Name ist noch heute bei den Muslimin sehr beliebt. Als Napoleon in Aegypten landete, glaubten die Beduinen, Iskander sei zurückgekehrt.

Im Frankreich des Mittelalters wurde Alexander zum Ritter. Eine Illumination aus dem Buche von der »vraye hystoire du bon roy Alixandre« aus dem 15. Jahrhundert stellt dar, wie der Knappe Alexander von Aristoteles unterrichtet wird. Im 16. Jahrhundert schuf Albrecht Altdorfer aus Regensburg mit seiner »Alexanderschlacht« eines der bedeutendsten Gemälde deutscher Kunst. Das Bild hängt heute in der Alten Pinakothek in München. Es ist wahrhaftig die Phantasie der ganzen Welt, die sich mit diesem merkwürdigen Mann Alexander beschäftigt hat.

Das erste schmückende Beiwort, mit dem man Alexandern schon zu seinen Lebzeiten rühmte, war »Aniketos – der Unbesiegliche«. Alexander hat den Ruf seiner Unbesieglichkeit sorgfältig gepflegt. Es gibt nicht wenige Aktionen von ihm, die er ebensogut hätte lassen können, wenn er nicht diesen Ruf hätte verteidigen wollen. Das zweite Epitheton, »der Große«, wurde ihm einige Jahrzehnte nach seinem Tod von den Römern verliehen. Ungeachtet des neidlosen Großmuts, mit dem die Römer Alexandern diese Ehrung erwiesen, hatte es doch schon der greise Appius Claudius, Erbauer der berühmten Via Appia, für richtig befunden, bei einer Rede, die er im Senat gegen ein Friedensangebot des Königs Pyrrhos von Epeiros hielt, darauf zu bestehen, daß Alexander, hätte er gegen die Römer kämpfen müssen, vielleicht der Große, aber nicht der Unbesiegliche geblieben wäre.

Alexander ist der erste Herrscher in der Weltgeschichte, der der Große genannt wird. Nur zwei Königen, die vor ihm lebten, wurde später die gleiche Ehrung zuteil – den Perserkönigen Kyros und Dareios I. Es gibt, wie Pfister einmal feststellt, überhaupt nur etwa fünfzig Persönlichkeiten, denen die Nachwelt das Prädikat »der Große« zubilligt. Wenn man etwas über die Magie des Ruhms erfahren will, ist es nützlich, diese illustre Versammlung ein wenig näher zu betrachten.

Der nächste, den, kurz nach Alexander, die Römer »den Großen« nannten, war der karthagische Feldherr der Punischen Kriege, Hanno. Ihm folgten der Partherkönig Mithridates II., der im Jahre 88 vor Christi Geburt starb, und sein Gegner Pompeius. »Der Große« wurde bei den Römern, was unseren Ohren ungewohnt klingt, auch Caesar genannt. Eine bemerkenswerte Ausnahme ist der römische Kaiser Alexander Severus. Ihm bot der Senat den Titel »Magnus« an. Er lehnte ab. Offenbar war er wirklich groß.

Von feinem Witz ist die Anekdote, in der Hannibal sich zur Frage historischer Größe äußert. In Ephesos traf Hannibal, nach seiner Flucht aus Karthago, eines Tages Scipio den Älteren, den Mann, der ihn bei Zama besiegt hatte. Scipio fragte den Karthager, wen er, der die Schlacht bei Cannae geschlagen habe, für die drei größten Feldherrn halte. Hannibal nannte Alexandern, Pyrrhos und sich selbst. Scipio lachte und fragte Hannibal, wie wohl seine Antwort ausgefallen wäre, wenn er, Hannibal, ihn, Scipio, besiegt hätte. »Oh«, antwortete ebenso heiter Hannibal, »dann käme ich noch vor Alexandern.«

Auf Caesar folgen – eine wahrhaft bewundernswerte Galerie des Ruhmes – Kaiser Konstantin I., Kaiser Theodosius I. und schließlich, im Übergang zum Mittelalter, Charlemagne, der König der Franken und römische Kaiser Karl der Große.

Bei vielen der Großen freilich muß selbst der Kenner sich besinnen, wer das nun war – Alfons III. von Kastilien, Fürst Stefan III. von Rumänien, König Manuel I. von Portugal. »Der Große« werden auch genannt der Türkensultan Soliman II., der Mongolenkaiser Akbar,

Shah Abbas I. von Persien. Während sich der Titel für Ludwig XIV. nicht durchsetzte, wurde sein brandenburgischer Zeitgenosse zum Großen Kurfürsten. Nur drei Frauen gibt es, denen in der Geschichte das Epitheton »die Große« verliehen wurde – eine Nonne, eine vornehme Dame und eine Kaiserin. Es sind Gertrud, die Nonne von Helfta, Mathilde Markgräfin von Toskana, die eine Freundin des Papstes Gregor VII. war, und die Kaiserin Katharina von Rußland.

Eine feine Arabeske, die sich um die Größe rankt, ist die Tatsache, daß es auch einen Gelehrten gibt, der als »der Große« in die Geschichte einging – Albertus Magnus, Lehrer des Thomas von Aquin.

Seit jeher denken die Philosophen gern über die Großen der Menschheit nach. Aber die Magie des Ruhms ist undurchschaubar. Wir wissen nicht, mit welchen Maßen Klio, die Muse der Geschichtsschreibung, die Taten mißt, wenn sie ihren höchsten Titel verleihen will. Wir wissen nur, in ihrem Namen verborgen steckt das griechische Wort

ΚΛΕΟΣ, KLEOS – DER RUHM.

Quellenverzeichnis der Abbildungen

Prolog: Macht als Schicksal

5 Alexander im Kampf, den Boukephalos reitend. Bronzestatuette; 2.–1. Jhdt. v. Chr. Museo Nazionale, Neapel. Photo *Mansell-Alinari*

13 Größte Ausdehnung des Alexanderreichs im Vergleich mit dem Königreich Makedonien beim Tod Philipps II. *Geo-Physical Globe © Rand McNally & Company*

I Alexandri Imago

21 Alexander der Große. Goldmedaillon aus Tarsos; 242–245 n. Chr. Cabinet des Médailles, Bibliothèque Nationale, Paris. Photo *Jean Roubier*

26 Makedonische Landschaft bei Kašanik mit dem 2500 Meter hohen Ljubok. Photo *Toni Schneiders*

27 Blick auf den Ochridasee. Photo *Tošo Dabac*

28 Blick von Aigai, dem heutigen Edessa, auf die Ebene von Pella. Photo *N. A. Tombazi*

29 Wasserfall von Aigai (Edessa). Photo *N. A. Tombazi*

30 Blick auf das von Philipp II. im östlichen Thrakien gegründete Philippi. Photo *Roloff Beny*

32 Pella. Dachziegel mit dem Namen der Stadt; 3. Jhdt. v. Chr. Zeichnung *Margaret Thomas*

33 Kieselmosaik aus Pella. Hirsch, der von einem Greifen angegriffen wird; spätes 4. Jhdt. v. Chr. Photo *Roloff Beny*

33 Kieselmosaik aus dem Palast von Pella. Dionysos, auf einem Gepard reitend; spätes 4. Jhdt. v. Chr. Photo *M. Petsas*

34-35 Kieselmosaik aus Pella. Alexander und Krateros auf der Löwenjagd; spätes 4. Jhdt. v. Chr. Photo *Gebr. Megaloconomou, mit freundlicher Genehmigung der nationalen Fremdenverkehrsorganisation von Griechenland*

36 Avers einer silbernen Oktadrachme Alexanders I. mit der Darstellung eines jugendlichen Reiters; ca. 460–451 v. Chr. Cabinet des Médailles, Bibliothèque Nationale, Paris. Photo *Hirmer Fotoarchiv, München*
Revers einer silbernen Oktadrachme Alexanders I. mit dem Namen des Königs; ca. 460–451 v. Chr. Cabinet des Médailles, Bibliothèque Nationale, Paris. Photo *Hirmer Fotoarchiv, München*

37 Philipp II. Avers eines Goldmedaillons aus Tarsos; 242–245 n. Chr. Cabinet des Médailles, Bibliothèque Nationale, Paris. Photo *Jean Roubier*

38 Philipp II. Marmorkopf; 4. Jhdt. v. Chr. Ny-Carlsberg-Glyptothek, Kopenhagen. *Aufnahme des Museums*

39 Revers einer silbernen Tetradrachme Philipps II mit Darstellung des Königs zu Pferde; 359–336 v. Chr. British Museum, London. Photo *John Webb*

40 Isokrates, athenischer Staatsmann und Philosoph, Freund König Philipps II. Marmorbüste; 4. Jhdt. v. Chr. Villa Albani, Rom. Photo *Mansell-Alinari*

41 Der Löwe von Chaironeia; 338–335 v. Chr. Photo *Hirmer Fotoarchiv, München*

42 Bei Olynth gefundene Pfeilspitze aus Bronze mit dem Namen Philipps II.; 348 v. Chr. British Museum, London. Photo *Trustees of the British Museum*

43 Demosthenes, der große Gegner Philipps II. Römische Kopie eines griechischen Originals aus der Zeit um 280 v. Chr. Ashmolean Museum, Oxford. *Aufnahme des Museums*

44 Olympias. Avers eines Goldmedaillons aus Abukir; Mitte des 3. Jhdt. n. Chr. Staatliche Museen, Berlin. Photo *John Webb*, nach einer Galvanoplastik im British Museum, London

46 Herakles im Kampf mit dem Nemeïschen Löwen. Amphore aus Vulci, gemalt von dem attischen Vasenmaler Psiax; ca. 520 v. Chr. Museo Civico, Brescia. Photo *Hirmer Fotoarchiv, München*

47 Achilleus verbindet den verwundeten Patroklos. Innenbild einer Schale aus Vulci, hergestellt von dem attischen Töpfer Sosias und bemalt von dem spätarchaischen »Sosiasmaler«; ca. 500 v. Chr. Staatliche Museen, Berlin. *Aufnahme des Museums*

49 Alexander im Jünglingsalter. Idealisiertes Marmorportrait aus Kleinasien; 1. Jhdt. v. Chr. Musée du Louvre, Paris, Leihgabe aus dem Musée Guimet. Photo *Archives Photographiques*

51 Alexander zähmt den Boukephalos. Bronzestatuette; 3.–4. Jhdt. v. Chr. Museo Archeologico, Florenz. Photo *Alinari*

52 Aristoteles. Römische Kopie eines griechischen Originals. Museo Capitolino, Rom. Photo *Mansell-Alinari*

53 Die Platonische Akademie in Athen. Mosaik aus einer Villa bei Pompeji; vor 79 n. Chr. Museo Nazionale, Neapel. Photo *André Held*

54 Der Ölbaum des Platon an der Straße von Athen nach Eleusis; etwa 2500 Jahre alt. Photo *Peter Broussalis*

55 Fragment der Ilias (11. Gesang, Vers 502–537); 3. Jhdt. v. Chr. British Museum, London, Papyros Nr. 486 D. Photo *Trustees of the British Museum*

56 Kardinal Bessarion im Gebet vor einem Reliquiar. Gemälde von Gentile Bellini auf der Tür eines Tabernakels; ca. 1438. Kunsthistorisches Museum, Wien. *Aufnahme des Museums*

58 Alexander der Große. Die Azara-Herme aus Tivoli; römische Kopie nach einem Original des Lysippos aus dem späten 4. Jhdt. v. Chr. Musée du Louvre, Paris. Photo *Mansell-Alinari*

59 Alexander der Große. Oberteil einer Marmorstatuette aus Priëne; spätes 4. Jhdt. v. Chr. Staatliche Museen, Berlin. *Aufnahme des Museums*

60 Alexander der Große. Marmorportrait aus Alexandria; 2. Jhdt. v. Chr. The Cleveland Museum of Art, Geschenk von Mrs. Ralph King. *Aufnahme des Museums*

61 Alexander der Große. Marmorkopf aus Aegypten, in Schlesien vergraben; wahrscheinlich 2. Jhdt. v. Chr. Photo *vom Autor zur Verfügung gestellt*

62 Alexander der Große. Marmorkopf aus Pergamon; 2. Jhdt. v. Chr. Archaeologisches Museum, Istanbul. Photo *Mansell Collection*

63 Alexander der Große mit dem Ammonshorn. Avers einer silbernen Tetradrachme des Königs Lysimachos; zwischen 306 und 281 v. Chr. Cabinet des Médailles, Bibliothèque Nationale, Paris. Photo *Archives Photographiques*
Alexander der Große mit dem Ammonshorn. Avers eines Goldmedaillons aus Abukir; Mitte des 3. Jhdt. n. Chr. Staatliche Museen, Berlin. Photo *John Webb,* nach einer Galvanoplastik im British Museum, London

64 Alexander der Große mit dem Elefantenkopfschmuck. Avers einer silbernen Tetradrachme Ptolemaios' I.; ca. 318–315 v. Chr. British Museum, London. Photo *John Webb*
Alexander der Große als römischer Imperator. Avers eines Goldmedaillons aus Abukir; Mitte des 3. Jhdt. n. Chr. Staatliche Museen, Berlin. Photo *John Webb,* nach einer Galvanoplastik im British Museum, London

84 Fragment eines aramaeischen Papyros aus Elephantine in Oberaegypten mit Text aus der Felsinschrift von Bisutun; wahrscheinlich 5. Jhdt. v. Chr. Staatliche Museen, Berlin, Papyros Nr. P 13 447 A. *Aufnahme des Museums*

85 Dareios der Große als Bogenschütze. Avers einer Goldmünze des Königs; 521–485 v. Chr. British Museum, London. Photo *John Webb*
Dareios III. als Bogenschütze. Avers einer Goldmünze des Königs; 335–330 v. Chr. British Museum, London. Photo *John Webb*

87 Avers einer silbernen Tetradrachme mit dem Portrait des Tissaphernes; ca. 412 v. Chr. British Museum, London. Photo *John Webb*
Avers einer silbernen Tetradrachme mit dem Portrait des Pharnabazos; ca. 394 v. Chr. British Museum, London. Photo *John Webb*

89 Dareios der Große auf der Löwenjagd. Abdruck eines Zylindersiegels; ca. 500 v. Chr. British Museum, London. Photo *Trustees of the British Museum*

89 Persepolis. Luftbild der Terrasse mit der Palastanlage. Photo *mit freundlicher Genehmigung des Oriental Institute der University of Chicago*
Athen. Luftbild der Akropolis. Photo *Aero-Club von Hellas*

90 Persepolis. Kupferstich aus A. Daulier-Deslandes: *Les Beautez de la Perse,* 1673, nach der deutschen Ausgabe des Pietro della Valle, 1674

91 Persepolis. Die große Treppe, die auf die Terrasse führt; spätes 6. Jhdt. v. Chr. Photo *Roloff Beny*

92 Persepolis. Das Tor des Xerxes; 5. Jhdt. v. Chr. Photo *Dietrich Berndt*

93 Persepolis. Die im Apadana ausgegrabene goldene Platte in ihrer Steinkassette; spätes 6. Jhdt. v. Chr. Photo *Georges Bourdelon*

94 Persepolis. Greifenkapitell; 5.–4. Jhdt. v. Chr. Photo *Dietrich Berndt*

95 Persepolis. Das Apadana, die Audienzhalle, mit der östlichen Treppe im Hintergrund; 6.–5. Jhdt. v. Chr. Photo *Dietrich Berndt*

96–97 Persepolis. Reliefs von Leibwächtern an der Nordseite der Osttreppe des Apadana; 6.–5. Jhdt. v. Chr. Photo *Roloff Beny*

98 Persepolis. Detail vom Relief der Osttreppe des Apadana: Syrer oder Lyder mit Amphoren, Schalen und Armreifen; 6.–5. Jhdt. v. Chr. Photo *Antonello Perissinotto*

99 Goldene Schale, in die König Xerxes' Name eingraviert ist, wahr-

scheinlich aus Hamadan; 5. Jhdt. v. Chr. Archaeologisches Museum, Teheran. Photo *Josephine Powell*
Goldener Armreif aus dem Oxosschatz; 6.–4. Jhdt. v. Chr. British Museum, London. Photo *Trustees of the British Museum*
Silberne Amphore mit Griffen in Form von Pferden; 5.–4. Jhdt. v. Chr. Privatsammlung, Basel. Photo *L'Univers des Formes – Draeger Frères*

100 Vasengriff einer Amphore, Silber, teilweise vergoldet, in Gestalt eines geflügelten Steinbocks, gefunden in Armenien; ca. 380 v. Chr. Staatliche Museen, Berlin. *Aufnahme des Museums*

101 Goldplastik eines baktrischen Kamels, wahrscheinlich aus Hamadan; 5.–4. Jhdt. v. Chr. Privatsammlung, New York. Photo *Musée Cernuschi, Paris*
Goldene Ohrringe; 5.–4. Jhdt. v. Chr. Links: Musée du Louvre, Paris. Photo *Archives Photographiques.* Mitte: Musée du Louvre, Paris. *Aufnahme des Museums.* Rechts: Privatsammlung, Teheran. Photo *Dr. A. Razavi*

102-103 Persepolis. Der Palast Dareios' des Großen; 6.–5. Jhdt. v. Chr. Photo *Dietrich Berndt*

104 Persepolis. Relief am Osttor des Tripylon: Dareios der Große und Xerxes; 6.–5. Jhdt. v. Chr. Photo *mit freundlicher Genehmigung des Oriental Institute der University of Chicago*

105 Dareios der Große auf dem Thron. Detail von einer bemalten Amphore aus Canosa; 4. Jhdt v. Chr. Museo Nazionale, Neapel. Photo *Soprintendenza alle Antichità della Campania, Neapel*

106-107 Persepolis. Blick von der Terrasse bei Sonnenuntergang. Photo *James Burke, Life Magazine © 1967, Time Inc.*

107 Persepolis. Relief einer Dienerin an einem Türpfosten im Palast Dareios' des Großen; 6.–5. Jhdt. v. Chr. Photo *Dietrich Berndt*

108-109 Naqsh-i-Rustam. Felswand mit Grabkammern der Achaimenidenkönige. Photo *mit freundlicher Genehmigung des Oriental Institute der University of Chicago*

110 Naqsh-i-Rustam. Grabkammer Dareios' des Großen, gestorben 485 v. Chr. Photo *Dietrich Berndt*

111 Naqsh-i-Rustam. Sasanidisches Felsrelief: Triumph König Shapurs I. über den römischen Kaiser Philippus Arabs; 2. Hälfte des 3. Jhdt. n. Chr. Photo *Dietrich Berndt*

112 Naqsh-i-Rustam. Sasanidisches Felsrelief: Investitur König Ardashirs I. durch Ahuramazda; 3. Jhdt. n. Chr. Rechts Reste eines elamischen Kultbildes aus dem 2. Jahrtausend v. Chr. Photo *Roloff Beny*

136 Ephesos. Marmorstandbild der Artemis-Kybele; 1. Jhdt n. Chr. Archaeologisches Museum, Ephesos. Photo *Roloff Beny*

137 Ephesos. Die Kuretenstraße. Photo *Roloff Beny*

139 Priëne. Blick von den Ruinen des Tempels der Athena Polias, geweiht 334 v. Chr., auf das Tal des Maiandros. Photo *Roloff Beny*

141 Milet. Mauer des römischen Theaters mit Fragmenten eines Frieses, der eine Keilerjagd darstellt; 2. Jhdt. v. Chr. Photo *Roloff Beny*

142 Samos. Ruinen des vierten Heratempels; 6.–4. Jhdt. v. Chr. Photo *E. M. Stresow-Czakó*

143 Revers einer Bronzemünze von Milet mit Darstellung des Apollon Didymaios von Kanachos; 4. Jhdt v. Chr. British Museum, London. Photo *Peter Clayton*
Revers einer silbernen Tetradrachme des Kaisers Antoninus Pius mit Darstellung des Apollon Didymaios von Kanachos; 138–161 n. Chr. Sammlung Clayton. Photo *Peter Clayton*

144 Didyma. Medusenhaupt vom Fries des Apollontempels; 2. Jhdt. n. Chr. Photo *Roloff Beny*

145 Didyma. Marmorlöwe; 6. Jhdt. v. Chr. Im Hintergrund Reste des Apollontempels, begonnen um 300 v. Chr. Photo *Roloff Beny*

146 Das Taurosgebirge im Frühwinter. Photo *Turkish Tourism Information Office, London*

147 Pamphylien an der Südküste Anatoliens, bei Antalya. Im Hintergrund das Taurosgebirge. Photo *Yan*

148 Die Felswand von Chelidonia in Lykien Aus Freya Stark: *Alexander's Path, Verlag John Murray*

149 Pamphylien an der Südküste Anatoliens. Wasserfall am Manavgat bei Antalya. Photo *Turkish Tourism Information Office, London*

150 Gordion in Phrygien. Blick auf die Ausgrabungen. Photo *Antonello Perissinotto*

152 Der südliche Ausgang der Kilikischen Tore. Photo *E. K. Balls, mit freundlicher Genehmigung der Royal Geographical Society, London*

153 Tarsos in Kilikien. Lithographie, veröffentlicht von der Working Men's Educational Union, London; 19. Jhdt. British Museum, London. Photo *John Freeman*

154 Das Schlachtfeld von Issos, 333 v. Chr. Photo *Roloff Beny*

155 Dareios flieht vor Alexander. Vasenbild aus Ruvo; spätes 4. Jhdt. v. Chr. Museo Nazionale, Neapel. Photo *Soprintendenza alle Antichità della Campania, Neapel*

156-157 Mosaik der Schlacht von Issos aus dem Haus des Fauns in Pompeji; im 2.–1. Jhdt. v. Chr. entstandene Kopie eines Gemäldes von Philoxenos, um 330 v. Chr. Museo Nazionale, Neapel. Photo *Mansell-Alinari*

158 Damaskos. Holländischer Stich von 1668. British Museum, London. Photo *John Freeman*

159 Zedern auf dem Libanon. Photo *Manoug, Conseil National du Tourisme au Liban, mit freundlicher Genehmigung der Libanesischen Botschaft, London*

160 Kopf Alexanders des Großen. Detail vom Alexandersarkophag aus Sidon; spätes 4. Jhdt. v. Chr. Archaeologisches Museum, Istanbul. Photo *Dieter Johannes*

162 Pantherjagd. Detail vom Alexandersarkophag aus Sidon; spätes 4. Jhdt. v. Chr. Archaeologisches Museum, Istanbul. Photo *Othmar Pferschy*

163 Tyros. Blick auf das Meer bei Sonnenuntergang. Photo *Roloff Beny*

164 Tyros. Ruinen der nach der Zerstörung durch Alexander 332 v. Chr. wiederaufgebauten Stadt. Photo *Roloff Beny*

165 Alexander der Große opfert dem Gott Ammon. Relief im Heiligtum in Luxor; 4. Jhdt v. Chr. Photo *Lehnert und Landrock, Kairo*

166-167 Memphis. Der Heilige See. Photo *Roloff Beny*

168 Alexandria. Luftaufnahme der Stadt. Photo *Radio Times Hulton Picture Library*

169 Alexandreia. Mosaik aus Thmuis mit einer Personifizierung der Stadt. Wahrscheinlich eine Kopie aus dem 3. Jhdt. v. Chr. nach einem älteren Original. Musée Gréco-Romain, Alexandria. Aus Evaristo Breccia: *Le Musée Gréco-Romain 1925–1931*

170 Der Pharos von Alexandreia. Revers einer bronzenen Halbdrachme des Kaisers Antoninus Pius; 138–161 n. Chr. Sammlung Clayton. Photo *Peter Clayton*

171 Marmorbüste des Königs Ptolemaios I. Soter; 323–285 v. Chr. Ny-Carlsberg-Glyptothek, Kopenhagen. *Aufnahme des Museums*

172 Alexandria. Das Fort Kait Bey liegt dort, wo sich einst der Pharos erhob. Photo *Boyer-Viollet*

172 Oase Siwah. Stich aus E. F. Jomard: *Voyage à l'Oasis de Syouah,* 1823

173 Ptolemaios I. Soter. Avers einer silbernen Tetradrachme; nach 304 v. Chr. Cabinet des Médailles, Bibliothèque Nationale, Paris. Photo *Jean Roubier*

174 Oase Siwah. Tempel des Zeus Ammon. Photo *Capt. R. Briggs, mit freundlicher Genehmigung der Royal Geographical Society, London*

IV *Sieg ohne Ende*

175 Zweisprachige griechisch-aramaeische Inschrift des Kaisers Asoka, 259–226 v. Chr., gefunden bei Kandahar. Leihgabe im Museo Nazionale d'Arte Orientale, Rom. Ausgrabungen der Italienischen Archaeologischen Mission in Afghanistan. Photo *G. Silvestrini (Cabinetto Fotografico Nazionale, Rom)*

184 Der Oberlauf des Euphrat bei Elazig im Osten der Türkei. Photo *J. J. H. Clowes*

185 Der Mittellauf des Euphrat. Photo *André Parrot*

186-187 Der Unterlauf des Euphrat (Shatt el-Arab). Photo *Editions Arthaud (M. Audrain)*

188 Goldenes Modell eines persischen Streitwagens aus dem Oxosschatz; 6.–4. Jhdt. v. Chr. British Museum, London. Photo *Trustees of the British Museum*

189 Persepolis. Detail von der Darstellung einer Tribute überbringenden Prozession an der Osttreppe des Apadana; 6.–5. Jhdt. v. Chr. Photo *mit freundlicher Genehmigung des Oriental Institute der University of Chicago*

190 Griechischer Hoplite im Kampf mit einem persischen Reiter. Siegelabdruck; 5.–4. Jhdt. v. Chr. Privatsammlung. Nach H. Seyrig: ›Cachets Achéménides‹ in *Archaeologica Orientalia in Memoriam Ernst Herzfeld,* New York 1952, Tafel XXXI, 1
Bronzestatuette eines iranischen Reiters; 6.–4. Jhdt. v. Chr. British Museum, London. Photo *Trustees of the British Museum*

191 Grabbeigabe in Gestalt eines Pferdes; chinesische Keramik aus der Zeit der T'ang-Dynastie. Ashmolean Museum, Oxford. *Aufnahme des Museums*

193 Europa und Asien heben einen Ehrenschild mit der Darstellung der Schlacht von Gaugamela auf einen Altar. Zeichnung nach einem römischen Relief; 1. Jhdt n. Chr. Palazzo Chigi, Rom. Nach Otto Jahn: *Griechische Bilderchroniken,* Bonn 1873, Tafel VI, M

194-195 Babylon. Barocke Rekonstruktion. Kupferstich aus Johannes Bernhard Fischer von Erlach: *Entwurff einer historischen Architectur,* 1721

198 Relief aus Messene, vielleicht Alexander und Krateros auf der Löwenjagd darstellend; 4. Jhdt. v. Chr. Musée du Louvre, Paris. Photo *Giraudon*

199 Zeichnung einer Gemme aus Karneol mit der Darstellung der Rettung Alexanders durch Krateros bei der Löwenjagd; hellenistisch. Früher in der Sammlung von Sir Arthur Evans. Nach Paul Perdrizet: ›Venatio Alexandri‹ in *Journal of Hellenic Studies,* XIX, (1899), Tafel XI, 3
Abdruck einer Tonform aus Arezzo: Alexander und Krateros auf der Löwenjagd; zwischen 25 v. Chr. und 25 n. Chr. British Museum, London. Photo *Trustees of the British Museum*

201 Susa. Das sogenannte Grabmal des Propheten Daniel. Photo *A. Costa*

202-203 Susa. Luftaufnahme. Photo *mit freundlicher Genehmigung des Oriental Institute der University of Chicago*

204 Susa. Detail der Hammurabi-Stele mit der Keilschrift; ca. 1930 bis 1888 v. Chr. Musée du Louvre, Paris. Photo *Hirmer Fotoarchiv, München*

205 Susa. Relief vom Kopf der Basalt-Stele mit den Gesetzen Hammurabis: der König vor dem Gott Schamasch; ca. 1930–1888 v. Chr. Musée du Louvre, Paris. Photo *Hirmer Fotoarchiv, München*

206 Susa. Tonbecher mit geometrischem Muster; ca. 3500 v. Chr. British Museum, London. Photo *Edwin Smith*

207 Susa. Bronzeplatte mit der Darstellung einer religiösen Zeremonie; 12. Jhdt. v. Chr. Musée du Louvre, Paris. Photo *Archives Photographiques*

207 Susa. Geflügelter und gehörnter Löwe. Glasierte Ziegel aus dem Palast des Dareios; 5. Jhdt. v. Chr. Musée du Louvre, Paris. Photo *M. Chuzeville*

208 Susa. Stierkapitell einer der Säulen, die das Dach des Apadana getragen haben; spätes 6. Jhdt. v. Chr. Musée du Louvre, Paris. Photo *Archives Photographiques*

209 Sockel des Denkmals der Tyrannenmörder Harmodios und Aristogeiton, gefunden auf der Agora von Athen; 477–476 v. Chr. Photo *Agora Excavations, American School of Classical Studies, Athen*

210 Harmodios und Aristogeiton. Römische Kopien nach den Originalen des späten 6. Jhdt. v. Chr. Museo Nazionale, Neapel. Photo *Mansell-Alinari*

212-213 Persepolis. Relief aus dem Schatzhaus: Dareios der Große gibt eine Audienz; 6.–5. Jhdt. v. Chr. Archaeologisches Museum, Teheran. Photo *mit freundlicher Genehmigung des Oriental Institute der University of Chicago*

214 Sarnath. Kapitell der Säule des Kaisers Asoka; 242–236 v. Chr. Museum Sarnath. Photo *Dr. Martin Hürlimann*

215 Persepolis. Bronzestütze in Gestalt von drei Löwen; 6.–5. Jhdt. v. Chr. Archaeologisches Museum, Teheran. Photo *Publications Filmées d'Art et d'Histoire, Paris*

216-217 Ein Knabe zieht mit seinen Eseln durch ein Tal im Zagrosgebirge. Photo *Dietrich Berndt*

218 Persepolis. Sockel einer Säule am Tor des Xerxes; 5. Jhdt. v. Chr. Photo *Lucien Hervé*

219 Kamelkarawane bei Tabas. Photo *A. Costa*

220-221 Nomaden mit ihren Herden bei Naqsh-i-Rustam. Photo *Inge Morath, Magnum (The John Hillelson Agency)*

222 Nomadenzelte im Gebirge. Photo *Paul Popper*

223 Gebirgslandschaft bei Kazerun. Photo *Dietrich Berndt*

224-225 Hamadan (Ekbatana). Luftaufnahme. Photo *mit freundlicher Genehmigung des Oriental Institute der University of Chicago*

226 Goldgefäß mit Steinbock-Henkeln, wahrscheinlich aus Hamadan; 6. Jhdt. v. Chr. Cincinnati Art Museum. Photo *Bulloz*

227 Goldplatte mit fliegendem Adler, wahrscheinlich aus Hamadan; 5.–4. Jhdt. v. Chr. Privatsammlung, New York. Photo *Giraudon*

228 Hamadan. Der Marmorlöwe; 4. Jhdt. v. Chr. Photo *Dietrich Berndt*
Hamadan. Der Marmorlöwe auf einem Stich aus E. Flandin und P. Coste: *Voyage en Perse*, 1851, Tafel 25

229 Hamadan. Mausoleum des Avicenna; 1954. Photo *Dietrich Berndt*

231 Der Demavend im Elburzgebirge. Photo *Dr. Laurence Lockhart*

232-233 Luftbild der Kaspischen Tore. Photo *mit freundlicher Genehmigung des Oriental Institute der University of Chicago*

234 Schafe überqueren einen Fluß an der Kaspischen Straße. Photo *Paul Popper*

235 Das Tal des Sefid Rud im Elburzgebirge. Photo *Paul Popper*

236 Das Südufer des Kaspischen Meeres bei Chalus. Photo *Paul Popper*

237 Steppe östlich des Kaspischen Meeres mit sogenanntem Alexanderwall. Photo *mit freundlicher Genehmigung des Oriental Institute der University of Chicago*

238 Herat (Alexandreia Areion). Ansicht der Stadt mit ihrer Burg. Photo *James Burke, Life Magazine © 1967, Time Inc.*

239 Kandahar. Die Akropolis. Photo *James Burke, Life Magazine © 1967, Time Inc.*

240 Dahan-i-Ghulaman (Zarin). Kultbau Nr. 3; achaimenidisch. Ausgrabungen der Italienischen Archaeologischen Mission im Iran. Photo *F. Bonardi*

241 Emblem aus Alexandreia mit Portraitbüste Alexanders des Großen (?), gefunden in Begram; 1. Jhdt. v. Chr. Museum Kabul. Photo *Frances Mortimer*

242 Bemaltes Glasgefäß aus Syrien, gefunden in Begram; 1. Jhdt. n. Chr. Museum Kabul. Photo *Josephine Powell*

V *Triumph und Abschied*

243 Silbernes Phalaron mit der Darstellung eines Kriegselefanten; 4.–3. Jhdt. v. Chr. Eremitage, Leningrad. *Aufnahme des Museums*

252-253 Der Khawakpaß im Hindukush. Photo *James Burke, Life Magazine © 1967, Time Inc.*

255 Defilee im Gebirge bei Tashkurghan, Afghanistan. Photo *James Burke, Life Magazine © 1967, Time Inc.*

257 Der See Band-i-Amir im Hindukush. Photo *Paul Popper*

258 Der Amu Darja (Oxos) zwischen Mukry und Kerki in Turkmenistan. Photo *Fotochronika Tass*

259 Holzplastiken männlicher und weiblicher Figuren aus Kafiristan. Museum Peshawar. Photo *Frances Mortimer*

260-261 Der von einer Mauer gekrönte Erdwall von Balkh. Photo *Karl Flinker*

262 Ein noch nicht ausgegrabener Ruinenhügel bei Balkh. Photo *Dr. Walter A. Fairservis jr.*

263 Die Quelle des Syr Darja (Jaxartes) im Tien-shan. Photo *Photochronika Tass*

265 Kampfszene. Vorder- und Rückseite der Verzierung eines goldenen graekoskythischen Kammes aus Solocha in Südrußland; 4. Jhdt. v. Chr. Eremitage, Leningrad. *Aufnahmen des Museums*

266-267 Der Syr Darja (Jaxartes) in Tadschikistan. Photo *APN Moskau*

268 Skythischer Krieger verbindet einen Kameraden. Graekoskythische Silbergold(Elektron)-Vase aus Kul Oba bei Kertsch; 4.–3. Jhdt. v. Chr. Eremitage, Leningrad. Photo *Peter Clayton,* nach einer Galvanoplastik im Victoria and Albert Museum, London

268 Hadda. Buddha. Stuckarbeit; 3.–4. Jhdt. n. Chr. Museum Kabul. Photo *Josephine Powell*

269 Afrosiab bei Samarkand. Blick auf die Ausgrabungen. Hier hat möglicherweise Marakanda gelegen. Photo *APN Moskau*

270 Hadda. Stuckportrait eines Nomadenkriegers mit mongolischen Zügen; 3.–4. Jhdt. n. Chr. Museum Kabul. Photo *Josephine Powell*

271 Hadda. Stuckportrait eines betenden Nomaden; 3.–4. Jhdt. n. Chr. Museum Kabul. Photo *Josephine Powell*

272 Avers einer silbernen Tetradrachme mit dem Portrait des Königs Euthydemos von Baktrien; ca. 200 v. Chr. British Museum, London. Photo *Peter Clayton*

272 Avers einer silbernen Tetradrachme mit dem Portrait des Königs Menander von Baktrien; ca 162–148 v. Chr. American Museum of Natural History, New York. *Aufnahme des Museums*

273 Avers einer silbernen Tetradrachme mit dem Portrait des Königs Demetrios von Baktrien; ca. 190–170 v. Chr. British Museum, London. Photo *Peter Clayton*

273 Avers einer silbernen Tetradrachme mit dem Portrait des Königs Eukratides von Baktrien; 167–159 v. Chr. American Museum of Natural History, New York. *Aufnahme des Museums*

276 Kamelkarawane am Khyberpaß. Photo *Paul Popper*

277 Attock. Die vom Mogulkaiser Akbar im Jahre 1581 erbaute Festung zur Sicherung des Indus-Tales. Photo *Josephine Powell*

278–279 Swat-Tal. Blick von dem Dorf Bahrein aus. Photo *Roger Wood*

280 Ora (Ude-gram). Ansicht der Burg. Ausgrabungen der Italienischen Archaeologischen Mission in Swat. Photo *F. Bonardi*

281 Ora (Ude-gram). Ansicht der Grabungsstätte. Ausgrabungen der Italienischen Archaeologischen Mission in Swat. Photo *F. Bonardi*

282 Aornos (Pir Sar), von Alexander im Jahre 326 v. Chr. belagert. Photo *Sir Aurel Stein, mit freundlicher Genehmigung der Royal Geographical Society, London*

283 Avers einer silbernen Dekadrachme, die in Babylon zur Feier von Alexanders Sieg über Poros (326 v. Chr.) geprägt wurde. British Museum, London. Photo *John Webb*

284 Hadda. Stuckrelief eines Genius mit Doppelflöte; 3.–4. Jhdt. n. Chr. Musée Guimet, Paris. Photo *Editions des Musées Nationaux*

285 Hadda. Stuckrelief eines Daemons mit Fell; 3.–4. Jhdt. n. Chr. Musée Guimet, Paris. Nach J.-J. Barthoux: *Fouilles de Hadda*, Tafel 45

286 Hadda. Stuckrelief eines Genius mit einem Schädel; 3.–4. Jhdt. n. Chr. Musée Guimet, Paris. Photo *Editions des Musées Nationaux*

287 Hadda. Stuckstatuette eines Genius mit Blumen; 3.–4. Jhdt. n. Chr. Musée Guimet, Paris. Photo *Editions des Musées Nationaux*

288 Hadda. Stuckrelief eines Betenden; 3.–4. Jhdt. n. Chr. Musée Guimet, Paris. Photo *Editions des Musées Nationaux*

289 Gandhara. Steinrelief mit Gestalten in iranischer Tracht; 2.–3. Jhdt. n. Chr. Museum of Archaeology, Toronto. Nach *Syria,* 1960, Tafel X, 6

290 Charsada. Luftaufnahme von Shaikhan Dheri mit einem Teil der Stadtanlage aus dem 2. Jhdt. v. Chr. Photo *Luftwaffe von Pakistan.*
Taxila. Relief mit einer Szene aus dem Leben Buddhas; 2.–3. Jhdt. n. Chr. Nationalmuseum von Pakistan, Karachi. *Aufnahme des Museums*

291 Taxila. Graekorömischer Schmuck aus Sirkap; 1. Jhdt. v. Chr. – 1. Jhdt. n. Chr. Nationalmuseum von Pakistan, Karachi. Photo *Frances Mortimer*

292 Der Indus bei Sukkur. Photo *Josephine Powell*

293 Mohenjo Daro. Tonmodell eines Ochsenkarrens; 2500–1500 v. Chr. Nationalmuseum von Pakistan, Karachi. Nach Sir John Marshall: *Mohenjo-Daro,* Tafel CLIV, 10
Mohenjo Daro. Ochsenkarren von heute. Photo *Frances Mortimer*

294 Attische Kylix mit griechischem Kauffahrtei- und Kriegsschiff; um 540. v. Chr. British Museum, London. Photo *Trustees of the British Museum*

295 Becher, signiert von Nikosthenes, mit zwei griechischen Schiffen unter Segel; ca. 250 v. Chr. Musée du Louvre, Paris. Photo *Hirmer Fotoarchiv, München*

296-297 Landschaft in der Wüste Makran. Photo *Sir Aurel Stein, mit freundlicher Genehmigung der Royal Geographical Society, London*

298 Failaka am Persischen Golf. Stein mit einer Weiheinschrift des Soteles für Zeus, Poseidon und Artemis; vermutlich 4. Jhdt. v. Chr. Museum Kuwait. Zeichnung *Margaret Thomas*

299 Amphore des Andokidesmalers mit Ringern; ca. 530–520 v. Chr. Staatliche Museen, Berlin. Photo *Hirmer Fotoarchiv, München*
Oinochoë des Schuwalowmalers mit Jünglingen beim Ephedrismosspiel; ca. 425 v. Chr. Staatliche Museen, Berlin. Photo *Hirmer Fotoarchiv, München*

300 Boiotische Schüssel aus dem Kabirenheiligtum bei Theben mit zwei Jünglingen beim Tanz mit der Doppelflöte; 4. Jhdt. v. Chr. Staatliche Museen, Berlin. *Aufnahme des Museums*
Voluten-Krater des Karneiamalers: Maenaden spielen die Doppelflöte und tanzen vor Dionysos; ca. 410 v. Chr. Museo Nazionale Archaeologico, Tarent. Photo *Hirmer Fotoarchiv, München*

301 Babylon. Luftaufnahme. Photo *mit freundlicher Genehmigung des Generaldirektors der Altertümer, Bagdad*

302 Babylon. Das Ishtartor; 7.–6. Jhdt. v. Chr. Photo *mit freundlicher Genehmigung des Generaldirektors der Altertümer, Bagdad*

303 Babylon. Zeichnung eines *Sirrush* vom Ishtartor; 7.–6. Jhdt. v. Chr. Aus: *Mitteilungen der Deutschen Orientgesellschaft,* 1902
Babylon. Zeichnung eines Stiers vom Ishtartor; 7.–6. Jhdt. v. Chr. Aus: *Mitteilungen der Deutschen Orientgesellschaft,* 1902

304 Alexanders Leichenzug. Gemälde von André Bauchant; 1940. Tate Gallery, London. Photo *mit freundlicher Genehmigung der Trustees der Tate Gallery*

305 Alexandreia. Römische Lampe mit Darstellung des Hafens und der Königlichen Nekropole; 1. Jhdt. n. Chr. Eremitage, Leningrad. *Aufnahme des Museums*

306 Alexandreia. Bemalte Grabstele aus der Nekropole von Sciatbi mit der Darstellung eines makedonischen Reiteroffiziers; spätes 4. Jhdt. v. Chr. Musée Gréco-Romain, Alexandria. Nach Evaristo Breccia: *La Necropoli di Sciatbi,* 1912, Tafel XXII

307 Alexandria. Die Nebi-Daniel-Moschee erhebt sich möglicherweise über Alexanders Grab. Photo *Viollet*

Epilog: Magie des Ruhms

309 Alexander, von Greifen in den Himmel getragen. Bodenmosaik des Priesters Pantaleon in der Kathedrale von Otranto; 1163 bis 1166. Photo *Mansell-Alinari*

Register

Die mit * versehenen Zahlen verweisen auf die entsprechenden Abbildungen.

Peter Bamm

Eines Menschen Zeit

Droemer Knaur

S. Fischer-Fabian

DIE DEUTSCHEN CÄSAREN

Triumph und Tragödie der Kaiser des Mittelalters

Droemer

392	Oliver Hassencamp	Erkenntnisse eines etablierten Herrn *Der »möblierte Herr« von einst kehrt in seine Stadt zurück*
393	Dawn Ades	Dada und Surrealismus *Ein Überblick über zwei bedeutende Kunstrichtungen der Moderne* *62 Farbtafeln*
394	E. V. Cunningham	Sally *Die Geschichte einer jungern Frau im Mittelpunkt eines dramatischen Geschehens*
395	Hoimar v. Ditfurth	Im Anfang war der Wasserstoff *Eine Darstellung des Konstruktionsplanes der Natur* *Ca. 25 Abbildungen*
396	Ivar Lissner	Mein gefährlicher Weg *Die Lebenserinnerungen des wichtigsten Abwehrmannes von Admiral Canaris*
397	Johannes M. Simmel	Und Jimmy ging zum Regenbogen *Die bewegende Geschichte um Schuld und Sühne*
398	Mario Szenessy	Der Hut im Gras *Ein Hut am Rande des Moskauer Flughafens löst eine Geheimdienstaffäre aus*
399	Desmond Morris	Liebe geht durch die Haut *Der berühmte Forscher untersucht die Rolle des Intimverhaltens*
400	Arthur Koestler	Die Herren Call-Girls *Ein amüsanter Roman über die unermüdlichen Helden der Wissenschaftskongresse*
401	Lorenz Stucki	Lob der schöpferischen Faulheit *Chancen und Gefahren der Freizeitgesellschaft in Europa und den USA*
402	Ernest K. Gann	Lorbeer für die Besiegten *Die Geschichte des Kampfes um die Wüstenfestung Masada*
403	I. Schwarz-Winklhofer und H. Biedermann	Das Buch der Zeichen und Symbole *Geschichte und Bedeutung der Zeichen und Symbole aus Technik und Kultur* *Mit über 1300 Abbildungen*
404	Erich von Däniken	Meine Welt in Bildern *In diesem Buch führt Däniken entscheidendes Bildmaterial für seine These des Undenkbaren vor* *Mit 375 Abbildungen*
405	Hans Joachim Störig	Knaurs moderne Astronomie *Ein abenteuerlicher Streifzug durch den unermeßlichen Kosmos* *Mit 159 meist farbigen Abbildungen*

406	Abba Eban	Mein Land *Das moderne Israel. Ein Zeitdokument ersten Ranges!* *Mit 49 Abbildungen*
407	Cousteau-Diolé	Silberschiffe – Tauchen nach versunkenen Schätzen *Abenteuerliche Schatzsuche an der berüchtigten »Silberbank«* *Mit 90 meist farbigen Abbildungen*
408	Werner Keller	Da aber staunte Herodot *Wunderbare und komische, merkwürdige und gruselige Stories des »Vaters der Geschichte«* *Mit 24 Illustrationen*
409	Frederick Kohner	Amanda *Die Liebe eines erfolgreichen Schriftstellers zu einem junge Mädchen*
410	Elia Kazan	Dieses mörderische Leben *Ein aktuelles Thema unserer Zeit – ein hautnaher Gegenwartsroman*
411	Vicki Baum	Zwischenfall in Lohwinckel *Das zeitlos gültige Porträt einer kleinen Stadt* *Ein heiter-nachdenklicher Roman*
412	Herman Wouk	Der Feuersturm *Dieser große epische Roman erzählt die ergreifende Geschichte einer Familie vor dem Hintergrund des Zweiten Weltkrieges* *In 2 Bänden*
413	Walter Henkels	...aber der Wagen, der rollt *Henkels hat seinem Freund Walter Scheel mit dieser Anekdoten-Sammlung augenzwinkernd ein Denkmal gesetzt* *Mit 18 Zeichnungen*
414	Gottfried Reinhardt	Der Liebhaber – Max Reinhardt *Leben und Werk eines großen Menschen und Künstlers. Mit 66 Fotos*
415	Jürgen vom Scheidt	Innenwelt-Verschmutzung *Die verborgene Aggression:* *Symptome, Ursachen, Therapie* *Mit 90 Abbildungen*
416	John A. Walker	Kunst seit Pop Art *Die wichtigsten Kunstrichtungen der sechziger und frühen siebziger Jahre. 64 Farbtafeln*
417	Peter Bamm	Eines Menschen Zeit *Ein großer Schriftsteller – eine große Biographie*
418	Hans Joachim Bogen	Knaurs Buch der Biotechnik *Gezähmt für die Zukunft* *Zahlreiche, meist farbige Abbildungen*

419	Frederick Forsyth	Die Akte Odessa *Ein atemberaubender Roman vor dem Hintergrund unserer jüngsten Geschichte*
420	Robert Charroux	Vergessene Welten *Auf den Spuren des Geheimnisvollen* *Mit 53 Abbildungen*
421	Hans Biedermann	Handlexikon der magischen Künste *Von der Alchemie bis zur Zauberei* *Mit 90 Abbildungen*
422	John Kenneth Galbraith	Wirtschaft für Staat und Gesellschaft *Eine grandiose Analyse unseres Wirtschaftssystems*
423	Alastair Mackintosh	Symbolismus und Jugendstil *Eine Einführung in zwei moderne Kunstrichtungen* *64 Farbtafeln*
424	Peter Bamm	Am Rande der Schöpfung *Ein Band mit heiter-nachdenklichen Feuilletons*
425	George Mikes	Gelangweilt sterben die Spione *Ein wirklich komischer Roman über Spionage*
426	Walter R. Fuchs	Leben unter fernen Sonnen? *Ein faszinierender Vergleich zwischen Science-Fiction und moderner Wissenschaft* *Mit 95 zum Teil farbigen Abbildungen*
427	Esther Vilar	Das polygame Geschlecht *Das Recht des Mannes auf zwei Frauen*
428	Jürgen Thorwald	Die Illusion *Das Drama der Rotarmisten in Hitlers Heeren*
429	Norman Mailer	Marilyn Monroe *In dieser poetischen Huldigung erwacht der unvergessene Star noch einmal zum Leben* *Mit 100 Abbildungen*
430	Hans Habe	Leben für den Journalismus *Eine Zusammenfassung von Hans Habes bedeutendsten journalistischen Arbeiten* *Kassette mit 4 Bänden*
431	Dee Brown	Pulverdampf war ihr Parfum *Die sanften Helden des Wilden Westens, jene Frauen, die das Gesicht des amerikanischen Westens geprägt haben*
434	Vicki Baum	Verpfändetes Leben *Die Geschichte einer einzigartigen Karriere und ein schonungsloses Bild des Showbusineß*
435	Jacques-Yves Cousteau/ Philippe Diolé	Wale – Gefährdete Riesen der See *Die Begegnung mit den Walen, ein spannendes Abenteuer* *Mit 130 meist farbigen Abbildungen*

436	Werner Keller	Was gestern noch als Wunder galt *Die Entdeckung geheimnisvoller Kräfte des Menschen* *Mit zahlreichen Abbildungen*
437	Johannes Mario Simmel	Der Stoff, aus dem die Träume sind *Eine atemberaubende Geschichte aus der Welt jener Industrie, die Träume für Millionen macht*
438	Carlo Schmid	Politik als geistige Aufgabe *Reflexionen über das Wesen des Politischen*
439	Carlo Schmid	Europa und die Macht des Geistes *Verbindungslinien zwischen nationalstaatlichem und europäischem Denken*
440	Mary McCarthy	Ein Sohn der Neuen Welt *Die Geschichte eines jungen Amerikaners, der auszog, Europa zu entdecken*
441	Heinz Sponsel	Die Heilkräfte der Natur *Ein umfassender Überblick über die Naturheilkunde, ein praktisches Haus- und Handbuch*
442	Josef Kirschner	Manipulieren – aber richtig *Die acht Gesetze der Menschenbeeinflussung*
443	Morris L. West	Der Salamander *Der Kampf eines Mannes gegen die Mächtigen aus Politik und Hochfinanz*
444	E. V. Cunningham	Milly *Eine verblüffende Story voll atemloser Spannung*
445	Theodor Hellbrügge/ J. Hermann von Wimpffen	Die ersten 365 Tage im Leben eines Kindes Die Entwicklung des Säuglings
446	Isabel und Rudolf Mühlfenzl	Der Irrtum *Dieses Buch zeigt neue Wege in eine positive Zukunft der Weltwirtschaft*
447	Bernard Denvir	Fauvismus und Expressionismus *Ihre Entstehung in Frankreich sowie ihre Künstlergruppen. 64 Farbtafeln*
448	Frederick Forsyth	Die Hunde des Krieges *Der engagierteste Roman über das zweifelhafte Spiel hochbezahlter Söldner in Afrika*
449	Elisabeth Flickenschildt	Pflaumen am Hut *Mit minuziöser Beobachtungsgabe schildert der Roman den Lebensweg einiger Menschen*
450	Jacques-Yves Cousteau/ Philippe Diolé	Kalmare – Wunderwelt der Tintenfische *Abenteuer mit geheimnisvollen Meeresbewohnern* *Mit 124 meist farbigen Abbildungen*
451	Peter Bamm	Sämtliche Werke *Bamms bedeutendste Arbeiten sowie seine Autobiographie* *Kassette mit 5 Bänden*

452	Ian D. Hudson/G. Thomas	Was tun, bis der Doktor kommt? *Ein medizinischer Ratgeber für Eltern bei Krankheit und Unfall*
453	Hans Hellmut Kirst	Alles hat seinen Preis *Eine Serie von Verbrechen hält die Münchner Polizei in Atem*
454	Vicki Baum	Hell in Frauensee *Ein köstlich-heiterer Roman*
455	John le Carré	Dame, König, As, Spion *Ein fast unglaublicher Spionagefall*
456	Sebastian Leitner	So lernt man leben *Ein leichtverständliches Lern-Buch der modernen Verhaltenstherapie. Mit 50 Abbildungen*
457	Jacqueline Susann	Geliebte Josephine *Ein heiteres Hundebuch – eine herzerfrischende Geschichte*
458	Anthony Everitt	Abstrakter Expressionismus *Die Schulen der »gestischen Abstraktion« in Europa und Amerika. 64 Farbtafeln*
459	Utta Danella	Der blaue Vogel *Ein Roman über die bewegten Schicksale der Leute von Breedenkamp*
460	Eveline Amstutz	Lydias Gäste *Lydias Haus wird Zufluchtsort vieler Emigranten*
461	Trevanian	Im Auftrag des Drachen *Eine Besteigung der berüchtigten Eiger-Nordwand steht im Mittelpunkt dieses Thrillers*
462	Ludwig Koch-Isenburg	Blumen und Pflanzen im Garten *Umfassende Pflanz- und Gestaltungsvorschläge für eine vielfältige Blütenpracht* *Mit 70 zum Teil farbigen Abbildungen*
463	Günter Speicher	Heilen mit Erfolg *Von der Akupunktur bis zur Zellulartherapie*
464	Georg Steinbacher	Knaurs Vogelbuch *Das reich illustrierte Hausbuch für Vogelfreunde und Vogelliebhaber* *Mit 315 meist farbigen Abbildungen und 54 Zeichnungen*
465	Angus Wilson	Wie durch Magie *Zwei Menschen auf der Flucht vor sich selbst und der Suche nach ihrem Ideal*
466	Walter Henkels	Bonner Köpfe *Portraits der wichtigsten deutschen Politiker vom berühmten »Bonner Hofchronisten«*
467	Hans Mohl	7 Erfolgsprogramme für die Gesundheit zu den Themen: Ernährung, Bewegung, Rauchen, Alkohol, Vorsorge, Sicherheit, Psychologie *Mit Schaubildern und Checklisten*

468	Jürgen Thorwald	Blut der Könige *Das Drama der Bluterkrankheit in den europäischen Fürstenhäusern*
469	Jacques-Yves Cousteau/ Philippe Diolé	Calypso – Abenteuer eines Forschungsschiffes *Neue faszinierende Abenteuer des Cousteau-Teams* *Mit 112 meist farbigen Abbildungen*
470	Ludwig Ganghofer	Schloß Hubertus *Ganghofers größtes und erfolgreichstes Werk*
471	Walter Henkels	Neues vom Alten *Adenauer-Anekdoten*
472	Victoria Wolff	Stadt ohne Unschuld *Das dramatische Schicksal einiger Familien in Los Angeles*
473	Hans Herlin	Freunde *»›Freunde‹ liest sich wie ein Thriller und enthüllt schonungslos die ganze Tragödie Deutschlands.« (Arthur Miller)*
474	Lonnie Coleman	Bis ans Ende aller Tage *Die große Saga aus den Südstaaten Amerikas*
475	Manfred Köhnlechner	Vermeidbare Operationen *Naturheilverfahren bieten neue Wege zur Gesundheit*
476	Lilli Palmer	Dicke Lilli – gutes Kind *Ein humorvolles und lebenskluges Selbstportrait* *Mit 42 Fotos*
477	Werner Grabinger	Knaurs lachende Welt *Ein brillantes Potpourri heiterer bis boshafter Cartoons der internationalen Spitzenklasse*
478	Alexander Spoerl	Die Sache fing von vorne an *Eine spannende und abenteuerliche Geschichte für junge Leser*
479	Ludwig Ganghofer	Waldrausch *Der Einbruch der Technik in die konservative bäuerliche Welt eines unberührten Bergtals*
480	Rainer Barzel	Es ist noch nicht zu spät *Die Standortbestimmung eines Politikers: mutig, persönlich, sachlich*

Knaurs Kochbücher

601	Ulrike Hornberg	Schlemmereien vom Grill *Alles über die fröhliche Kunst des Grillens mit zahlreichen Rezepten köstlicher Grillgerichte* *Mit 10 farbigen Abbildungen*
602	Ulrike Hornberg	Kalte Küche – heiß begehrt *Vom einfachen Salat bis zum kalten Büffet die herrlichsten und pikantesten Rezepte* *Mit 8 farbigen Abbildungen*
603	Karin Iden	Eintöpfe und herzhafte Suppen *Eine Sammlung der schönsten Eintopfgerichte* *Mit 9 Farbfotos*
604	Veronika Müller	Pikantes – selbstgemacht *Delikat eingelegte Köstlichkeiten mit über 200 Rezepten* *Mit 10 Farbfotos und Zeichnungen*
605	Ulrike Hornberg	Köstlichkeiten – selbstgebacken *Vom Gebäck bis zur Torte und zum selbstgebackenen Brot. Mit 11 Farbfotos und vielen Zeichnungen*
606	Margret Uhle/ A. Brakemeier	Konfekt zum Selbermachen *Konfekt und besondere Leckereien – in der eigenen Küche zubereitet. Mit 10 Farbfotos und mehreren Zeichnungen*
607	Veronika Müller	Gesund kochen mit Milch, Quark und Käse *Leckere Gerichte, Aufläufe, feine Desserts, Eis und duftendes Gebäck* *Mit 8 Farbtafeln, Kalorien-/Joule-Angaben*
608	Isolde Bräckle	Alkoholfreie Getränke für Genießer *Longdrinks, Fruchtsaftgetränke, Gemüsecocktails, Milch-Mixgetränke* *Mit 8 Farbtafeln, Kalorien-/Joule-Angaben*
609	Ulrike Hornberg	Salate – bunt gemischt *Rohkost-, Geflügel-, Fleisch-, Nudel-, Käse- und Obstsalate – mit zahlreichen leckeren Rezepten* *Mit 8 Farbtafeln*
610	Margret Uhle/ Anne Brakemeier	Gesund kochen mit Gemüse *Alles Wissenswerte über einheimische und bekannte internationale Gemüsesorten* *Mit 8 Farbtafeln*